理念是真实的存在。
——柏拉图

商业的本质

THE
NATURE
OF
BUSINESS
AND
THE
INTERNET

和互联网

第 2 版

许小年 著

机械工业出版社
CHINA MACHINE PRESS

图书在版编目（CIP）数据

商业的本质和互联网 / 许小年著 . —2 版 . —北京：机械工业出版社，2022.12
（2024.1 重印）
ISBN 978-7-111-72123-9

I.①商… II.①许… III.①互联网络 – 产业发展 – 研究 – 中国 IV.① F426.67

中国版本图书馆 CIP 数据核字（2022）第 224974 号

商业的本质和互联网　第 2 版

出版发行：机械工业出版社（北京市西城区百万庄大街 22 号　邮政编码：100037）

责任编辑：王　芹		责任校对：龚思文　王明欣	
印　　刷：北京瑞禾彩色印刷有限公司		版　　次：2024 年 1 月第 2 版第 3 次印刷	
开　　本：170mm×230mm　1/16		印　　张：19.25	
书　　号：ISBN 978-7-111-72123-9		定　　价：89.00 元	

客服电话：（010）88361066　68326294

目　录

第 2 版序言

古希腊哲学家赫拉克利特说"人不可能两次踏入同一条河流",意思是万物皆在流变之中,此刻的河流不是下一刻的河流。《圣经》中也有一句话:太阳底下没有新鲜事。这两句话看似相互矛盾,实则互补性地道出了事物的表象和本质。流变的表象下是不变的河床,不变的河床决定了水流的方向。

自工业革命以来,技术进步日新月异,令人目不暇接,以前所未有的速度改变着我们的生产方式和生活方式。互联网从 20 世纪 90 年代中期进入应用阶段,经历了移动互联网、云技术、大数据、物联网到新近的区块链和 Web 3.0,今天的互联网技术和昨天的不同,明天说不定又耳目一新。然而万变不离其宗,"宗"即事物的本质。本质,是指事物本身固有的性质。世界上有千千万万个三角形,所有三角形的内角之和都等于 180 度,180 度的内角和就是三角形的固有性质。阳光下的本质是亘古不变的。

处于技术时代的企业既要强化学习能力，保持对新技术的敏感；也要善于提炼总结，深化对事物本质的理解。把握本质有助于消除迷茫、恐慌，避免盲目行动以及它带来的创新高风险，针对企业发展中的痛点问题大胆采用新的技术和管理方法。

在本书中，我一方面将互联网的本质归纳为四种效应，另一方面通过案例分析，说明零售、金融、制造等行业的商业本质。

互联网的强大在于随用户数指数增加的梅特卡夫效应，"太阳底下没有新鲜事"，这种效应也存在于铁路网、电话网等"旧经济"的网络中，只不过人们没有注意罢了。我们用简单的排列组合数学工具推导出互联网的这一性质，结合商业模式的网络图，定量地表达梅特卡夫效应的强弱。互联网的双边市场效应也不是什么新鲜事，农贸市场、百货商店都具有这种需求和供给相互促进的正反馈效应，互联网交易平台的新颖之处是它有一个巨大的虚拟空间，理论上可以承载任意多的消费者和供应商。至于互联网的规模经济效应和协同效应，各行各业比比皆是，差别仅在于互联网公司的固定成本比重更高，边际成本更低，这两个效应更大，有时甚至给人造成了无穷大的错觉。

本书第 1 版注重概念的提出与思辨，第 2 版在保持原有结构大致不变的同时，增加了应用案例，借助案例深入探讨商业的本质。在互联网的各种应用中，社交媒体具有最强的梅特卡夫效应，用户之间的互动是平台价值的源泉，诱导和激发用户交流是成功的必要条件。交易平台的梅特卡夫效应比社交平台弱，因为同类用户很少甚至没有互动，厂商只和消费者产生关联，而与平台上的其他厂商不相往来。交易平台的双边市场效应显著，供应商的丰富性吸引消费者登录下单，庞大的消费者群体又会招徕厂商在线上开店。平台的突出优势是边际成本低到接近零，即新增一个客户几乎不增加费用，规模经济效应似乎无限大，但它有个软肋，即竞争者的边际成本也很低，可以用更诱人的条件轻易地挖走客户。创建平台容易，守住阵地难，平台的开放性质决定了不能提高客户端的进入壁垒，防止竞争者侵蚀客户基础必须设法构筑退出壁垒。领英（LinkedIn）的案例表明，持续地提供适合客户需要的差异化产品和服务，能够增加客户的退出成本和竞争者的进入成本。正是在这个意义上，我们说退出和进入壁垒是平台商业模式的本质。

零售的核心要素是选品与供应链管理，在终端客户那里表现为商品的性价比和购买体验。需要注意的是，我们这里讲的零售不是第三方电商交易平台，而是赚取买卖差价的传统零售业态，是零售＋互联网。对于"＋互联网"的行业，分析框架是下面介绍的工业互联网，尽管零售业面对的是消费者，但不是人们一般理解的 2C 逻辑。零售＋互联网的模式几乎没有梅特卡夫效应，互联网的作用是触达亿万消费者，让零售商能够及时收集和分析数据，准确了解消费者的需求，根据需求的变化进行采购、库存和供应链管理。互联网放大了规模经济效应和协同效应，特别是虚拟空间能容纳数以千万计的商品，协同效应非线下商店可比。尽管互联网提高了零售商的效率，但没有改变零售业的性质，要想在这个进入门槛低、竞争异常激烈的行业中生存，包括互联网在内的技术投入仍需集中在选品与供应链管理上。

金融的本质是风险控制，而非"互联网思维"所宣扬的速度和规模。金融是一项高杠杆的业务，银行等信贷机构实际上借用储蓄者的资金放贷，自有资本只占很小一部分，由于中小储蓄者的风险承受能力很低，银行的首要任务是为他们控制风险，规模的扩张毫无疑问是第二位的。从金融机构盈利的角度看问题，贷存利差一般仅有 2 个百分点，这意味着发生一笔坏账要用 50 笔贷款的利润去核销。用"互联网思维"做金融，追求规模和速度，必然导致风险控制放松，不良资产吞噬资本金的速度远比外部融资快，这是 P2P 接二连三爆雷的根本原因。这并不是说互联网在金融业无用武之地，在数字化的基础上应用互联网，银行可以更有效地控制风险，因为风险源于信息不对称，而数字化互联网的作用正是降低和消除信息不对称。当我们视互联网为控制风险的工具时，分析的逻辑再一次转向工业互联网。

第 2 版增加了工业互联网（Industrial Internet of Things）的篇幅，如本书第 9 章所述，工业互联网并不限于工业，也涵盖了农业和服务业企业，因此称为企业互联网或企业物联网可能更为合适。为了避免不必要的新词和新的定义，我们在本书中沿用约定俗成的工业互联网一词。

就现阶段的状况而言，工业互联网的大部分工作是在企业内部展开的，既然在企业内部没有基于用户互动的梅特卡夫效应，也不具备供给和需求相互促进的双边市场效应，那么工业互联网的分析逻辑是规模经济效应和协同效应。工业互联网和企业信息化既相关，又存在根本的不同。信息化是用计算机软件执行业务流程，例如以财务为核心的 ERP、客户关系管理 CRM、生产管理 MES、仓库管理 WMS 等，IT 系统分为几大功能模块，每一模块均由流程驱动。工业互联网以数字化为前提，管理者需要从业务流程和数据流动两个视角重新审视全公司的运营，通过数字化系统建设和流程再造提高效率，解决痛点问题，实现业务和管理上的新突破。数字化工业互联网的系统架构也不同于信息化时代的工业软件，面向服务的架构 SOA（Service-oriented Architecture）避免了 ERP 等传统软件过于复杂、开发时间过长等弊端，逐渐成为标准，是企业快速响应客户需求、缩短工期、减少应收账款的必要 IT 工具。

在技术快速变化的今天，数字化工业互联网已不是锦上添花，而是企业生存与发展的必需，尤其在当下中国经济处于转型的关键时期。伴随着工业化的资本积累已基本完成，产能普遍过剩，投资驱动的高增长不再，增量市场消失，存量市场上的竞争越来越激烈，企业迫切需要差异化的产品与服务，以便早日摆脱没有前景的红海市场。以西门子为代表的传统工业，其技术适用于标准化产品的大批量生产，而差异化意味着非标的多品种和小批量。虽然在过去几十年间人们一直在探讨和尝试柔性生产方式，但只有到了数字化互联网的阶段，才具备了彻底解决这个问题的条件。在第 2 版中我们提供了服装行业大规模个性化定制的实际案例，其原理不难复制应用于其他行业，具体方案则要根据行业和企业的特点，设计不同的系统架构，开发不同的软件模块。

除了个性化定制，我们在第 2 版中还讨论了制造业利用数字化互联网技术的转型升级，从单纯的设备制造与销售转变为制造加服务，不断增加服务的技术含量，最终转型为服务和科技企业。此外，本书还介绍了一个消费品公司全方位数字化营销的实例，从中可以看出将数据视为资产，对数据进行系统性治理和经营数据的重要性。

近期关乎企业组织扁平化和自驱动的谈论及媒体报道越来越多，数字化工业互联网的采用使企业组织的重塑成为可能。我们提醒读者注意，组织再造的前提是业务中台和数据中台的功能基本健全，系统可向前台团队赋能和提供数据，增强业务团队的独立性和自主性，充分发挥员工的主观能动性和创造力，同时由于所有数据注入了数据湖，企业能够利用算法实时分析数据，发现潜在的风险点，提前预警并做好预案，提高风险控制水平。在业务中台和数据中台不到位的情况下，过早改变组织结构，可能造成管理混乱和风险失控，企业需要慎之又慎。

最后，我们强调企业数字化转型的系统化渐进方法，系统梳理业务流程，系统规划数字化方案，分阶段实施。因为涉及企业的所有方面，数字化转型必须是一把手工程，从企业的战略定位和战略目标入手，明确数字化系统对于实现战略目标的意义和作用，不断进行业务、数字化系统和组织结构三者间的适配性调整，更好地为客户创造价值，将企业的经营管理推向新的高度。

第 1 版序言

互联网是 20 世纪的一项伟大创新，互联网和移动通信技术相结合，极大地改变了经济的运行方式和人们的生活方式。从零售、金融、通信、医疗，到教育、媒体、娱乐，经济和社会各个方面无不受到互联网的强烈冲击，行业结构和企业形态发生了深刻的变化。

消费互联网自 21 世纪初至今经历了它的黄金时期，有迹象表明它的巅峰已过，但这并不意味着互联网时代渐近尾声。工业互联网方兴未艾，移动互联网加数字技术齐头并进，机器互联和人机互联繁荣发展，互联网演变为物联网（Internet of Things，IoT）。谁也无法预测，万物互联的供给侧一旦对接已然高度互联网化的需求端，将出现什么样的生态、什么样的商业模式，将给我们带来什么样的惊喜。

多少企业家和投资家抓住了消费互联网的历史性机会，跃入创新创业的洪流，造就了谷歌、亚马逊、阿里巴巴和腾讯那样的巨型科技公司，成为互联网时代的宠儿。然而，更多的创业者倒在了走向辉煌的道路上，数以亿计的投资随着他们的失败而付诸东流。一将功成万骨枯，创新必然要付出如此惨重的代价吗？创业者能否总结过去的经验和教训，在今后的创新活动中少走弯路，避免重蹈覆辙？对这些问题的回答在很大程度上取决于我们对创新的理解。经查阅文献，笔者发现有两种似乎相互矛盾的观点。

哈佛大学的经济学教授约瑟夫·熊彼特（Joseph Schumpeter）认为，创新是对现有经济与行业格局的破坏，即"创造性毁灭"；职业经理人可以在相对稳定的环境中依照例行规则管理好企业，却不可能进行创新，因为创新意味着颠覆他们精心维护的现有体系。创新是企业家特有的也是唯一的职能，成功或失败取决于企业家的直觉和勇气而非职业经理人擅长的计划和执行，用于描述企业家的词语是"首创性""权威""远见""智慧和意志的巨人"，他们的行为适合用心理学而不是经济学来解释。

在熊彼特看来，第一，企业家具有非同寻常的思维方式，他们从敏锐的观察和丰富的联想中产生创新的念头，面对尚不确定且难以预测的未来，没有可供参考的数据和可以依赖的规则，只能根据经验和凭着模糊的感觉做出重大决策。虽然他们无法清晰说明决策的逻辑，但能分清主次、抓住要害，而且事后屡屡被证明是正确的。第二，企业家有自由的心灵和战斗的冲动，否则不可能承担创新的重任。他们梦想建立一个私人王国，以梦想的实现证明自己的卓越。他们渴求成功，不是为了成功的果实，而是为了成功本身。他们积累财富，不是为了满足自己的物质需求，而是为了投资更大的事业。他们享受创造的欢乐，因为只有在创造中才能充分施展他们个人的能力和智谋。他们寻找困难，为改变而改变，视冒险为乐事。第三，企业家勇于面对社会传统观念与既得利益集团带来的阻力，善于抓住机会，激发人们的想象力，说服人们接受新事物。在这方面,他们更多的是使用意志而不是才智,凭借个人的威望而不是创始的思想。

熊彼特将创新归因于无法复制的企业家个人气质、心理与认知方式;管理学大师彼得·德鲁克(Peter Drucker)则相信:"企业家精神是一种行动,而不是人格特征。它的基础在于观念和理论,而非直觉。"德鲁克同意,企业家"最主要的任务是做与众不同的事,而非将已经做过的事情做得更好"。但这并不意味着创新是一项高风险的活动,非要一类特殊的人才——企业家才能完成。德鲁克进一步论述道:"企业家精神之所以具有风险,主要是因为在所谓的企业家中,只有少数几个人知道他们自己在做些什么。大多数人缺乏方法论,违背了基本且众所周知的法则。"

本书沿着德鲁克的思路,运用经济学原理分析与互联网相关的商业模式,试图验证一些"基本且众所周知的法则",为读者研究创新的方法论提供案例。这些法则绝不是什么商战获胜的秘诀,也不大可能用于新技术和新产品的设计,而仅仅有助于思考商业模式与操作策略,规避显而易见的误区,降低试错成本,减少资源浪费。

笔者倾向于综合熊彼特和德鲁克的学说,将前者视为对颠覆式创新和创业企业(Startup)的观察和总结,而将后者视为主要针对大公司有组织的和系统化的创新,这些公司从事的多为目标相对明确的改进型创新。互联网时代颠覆式创新的典范非史蒂夫·乔布斯(Steve Jobs)莫属,熊彼特在其著作中描写的企业家的每一项特质,几乎都能在《史蒂夫·乔布斯传》中找到真实的对应:一个以自我为中心的创新者,毕生奋斗的目标是"在宇宙中留下一点痕迹"。德鲁克则更像是给公司的高管上课,援引贝尔实验室和通用电气的案例,破除"大企业不创新"的偏见(熊彼特的一个观点），主张创新和企业家精神是可以学到的，并告诉企业怎样管理创新，如何制定创新战略，在哪里得到创新的启发。

自始至终，前人的智慧指引着笔者对本书的构思和写作。

本书的结构如下。第 1 章介绍互联网之前的网络，包括运输和通信两大类，我们以铁路网为例，说明历史上是技术、市场和企业的互动将人类带入工业社会。第 2 章讲述互联网简史。第 3 章和第 4 章是本书的理论基础，或许会令读者感到枯燥，特别是第 4 章应用排列组合公式推导出网络特有的梅特卡夫效应（Metcalfe Effect），显得稍稍复杂一些。鉴于这个效应对于后续各章的重要性，希望不熟悉数学公式的读者能大致把握梅特卡夫效应和双边市场效应的原理。

本书的其余各章为应用分析。第 5 章在理解零售商业本质的基础上，从效率和客户体验的维度对比线上电商和传统店商，预测零售行业的未来是多种业态长期并存，而不可能一枝独秀。第 6 章讨论 P2P 商业模式的天生缺陷，展望互联网小微金融的未来与实现路径。第 7 章强调平台战略中进入壁垒的作用，认为持续为客户创造价值是建立和守住平台的关键。第 8 章将线上租赁和公共品的一种供应方式视为"共享经济"模式，探讨了自由开源软件运动的两个可能的动机：寻求精明的商业策略及改变世界的情怀。在这一章中，笔者还批判了《零边际成本社会》一书的主要结论。

第 9 章围绕一家传统服装制造企业的转型，讲述数字化技术和工业互联网，由工业互联网不同于消费互联网的属性，推测其不同的发展道路与商业模式。第 10 章融合两家企业的经验，勾画数字化和物联网企业的组织结构。尽管我国数字化和物联网发展仍处于早期阶段，但我国企业在这方面的创新有可能改写管理学的经典结论。第 11 章再次引用第 3 章和第 4 章所讲的各种经济效应，给出互联网公司估值的概念性框架，并借助复杂系统的研究成果，论证俗称的股市"非理性"其实和基于规则的理性决策并不矛盾。

致　谢

　　谨以此书献给我的母亲。母亲教我诚实做人，认真做事，她是我研究与写作永不枯竭的动力。

　　母亲叶铮 1923 年 11 月 3 日生于浙江省宁波市镇海县田央村，1945年在上海沪江大学就读时加入中国共产党，先后在皖西革命根据地、安徽省安庆地区新民主主义青年团、国家机械工业部和第一机械工业部任职。1983 年退休，2002 年 8 月 20 日病逝于北京。

　　母亲离开我至今已整整 20 年，随着那个悲痛时刻的远去，我的思念非但没有消减，反而与日俱增，愈加强烈。年近古稀，别无所求，期待与母亲在另一个世界团聚时，奉上她心心念念的文字，仰望她欣慰而自豪的笑容，那笑容将为我的生命注入超越此世的恒久意义。

　　在母亲的精神激励下，在学生和朋友的支持下，本书的第 1 版于2020 年初付梓。经过两年多的企业调研，第 2 版增加了商业模式的案例分析和数字化工业互联网的内容介绍，希冀跟上技术发展的步伐，为我国企业的转型升级尽绵薄之力。

感谢中欧国际工商学院的校友和学生，他们对知识的渴求将烦琐的文字工作转化为一个教师无法推卸的使命，他们的热情期盼使我在疲惫中振奋，时刻用先贤"传道、授业、解惑"的训诫鞭策自己。2018 年8 月，我正式退休，正是这些校友和学生发起了签名请愿，促使学院在2019 年 3 月授予我"终身荣誉教授"的称号，我因此得以继续从事教育这一崇高的职业。

我要特别感谢张代理先生和王玉锁先生，他们打开了各自企业的大门，欢迎并全力支持我的调研和访谈。这两家企业在核心业务上创造性地运用数字化与物联网技术，极富超前意识地探索和试验数字化时代的组织变革。它们的经验给予我很多启发，构成了本书第 9 章和第 10 章的主体。

在本书的写作过程中，武克刚、宋军、朱新礼、潘石屹、田明、占志波、李士发等好友提供了安静的环境和便利的生活条件，程虹女士、宋梅女士和田明先生为我安排了研究助理，宋明璞、王玮琪、高浩丹、李涛、朱逸清等人的贡献出现在本书的各章之中。宋梅女士、朱宇女士就书稿的修改提出了宝贵的意见。陆燕女士整理了第 2 版书稿，并配了插图。对于这些朋友的帮助，在此一并致谢。

一个经济学人涉足技术领域，偏差与错误在所难免，笔者承担由此可能产生的一切责任。

2022 年 10 月 16 日

第 1 章

前世网络

互联网不是人类建造的第一张网，甚至也不是现代的第一张网。无论古代还是现代，网络都和交通（Communication）相关，如果我们把交通理解为运输和通信的话。让我们首先来看运输网。

运输网

公元前 221 年，秦始皇统一六国后，第二年即着手修建以都城咸阳为中心的驰道。驰道全长 6800 公里，通向新征服的东方六国。跑在这张全国性公路网上的是皇帝和他的扈从，以及经皇帝许可的政府官员及军队。

罗马人修路架桥的历史似乎更早，从公元前 5 世纪开始，随着统治疆域的扩大，罗马大道伸向已知西方文明世界的各个地区，连接欧、亚、非三大洲，形成环抱地中海的空前格局。⊖根据现代学者的估计，罗马大道总共 12 万多公里，其中铺设石块路面的就有 8 万公里（见图 1-1）。这张古老的道路网无异于罗马帝国的血管系统和神经系

⊖ https://en.wikipedia.org/wiki/Roman_roads#/media/File:Roman_Empire_125_general_map_(Red_roads).svg.

统，离开了这张网，罗马帝国的军事、行政、财政、邮政和贸易便无法正常运转。西谚有云："条条大路通罗马。"实际上，罗马通过条条大路掌控着各行省和主要城市的局势，维持了长达七八百年的地中海霸权。直到今天，部分罗马大道仍在意大利、法国、英国、西班牙等地使用。

图 1-1　罗马大道网络

资料来源：https://worldhistory.org/article/758/roman-roads/.

现代世界的早期网络出现在英国。18 世纪下半叶，蒸汽机的应用拉开了工业革命的序幕，马车已无法满足搬运煤炭、铁矿石和重型机器的需要，于是英国人开挖了运河，随后又将运输的重心转移到了铁路网。1825 年 9 月 27 日，第一条蒸汽机驱动的公共铁路线在斯托克顿和达灵顿之间通车，全长 40 公里，由被称为"铁路之父"的乔治·斯蒂芬森（George Stephenson）设计，这一年亦被公认为"铁路世纪"的元年。斯蒂芬森既是具有创新精神的工程师，也是出色的企业家，他和儿子以及另外两个合伙人成立了公司，专门生产机车车头。1829 年，斯蒂芬森以"火箭"号牵引车头在技术竞赛中胜出，除了 500 英镑奖金，还赢得了一份设计与建筑从利物浦到曼彻斯特铁路线的合同。 1830 年 9 月 15 日，这条线路建成投入使用，开幕式成了新技术的盛大庆典，吸引了包括英国首相在内的政界和工业界人士到场，斯蒂芬森等人亲自驾驶八列火车从利物浦出发，在人们热烈的欢呼声中抵达曼彻斯特（见图 1-2）。

图 1-2 1830 年从利物浦到曼彻斯特的蒸汽机车

资料来源：https://en.wikipedia.org。A. B. 克莱顿（A. B. Clayton）绘制。

● **人　物**

乔治·斯蒂芬森（1781—1848），英国机械工
程师、发明家，出生在英国诺森伯兰的一个煤矿
工人家庭里。由于家境贫困，斯蒂芬森8岁时帮
人放牛，14岁时当上蒸汽机司炉的助手，繁重的
劳动使他产生革新机械的愿望。从未接受过正式
教育的斯蒂芬森17岁时才开始进夜校读书。因工
作成绩优秀，他被破例提拔为矿上第一个工匠出身的工程师。经过多
次试验，斯蒂芬森在1814年制造出了一辆能够使用的蒸汽机车，11
年后试制成功世界上第一台客货运蒸汽机车"旅行号"。1829年，斯
蒂芬森以"火箭号"新机车赢得建造利物浦到曼彻斯特铁路的合同，
并于次年建成该段铁路，是为世界上第一条城际蒸汽客运铁路线。斯
蒂芬森于1847年当选为英国机械工程师学会的第一届主席。

资料来源：https://en.wikipedia.org.

利物浦到曼彻斯特铁路线的开通激发了英国人的投资热情，多条
城际铁路接连开工。斯蒂芬森敏锐地预见到，单条铁路线最终会连接
成一张网络，需要尽快统一各条线路的轨道宽度。在斯蒂芬森的倡导
下，英国于1845年立法确定铁路标准轨宽为1.435米，这个宽度后来
成了世界标准。19世纪中期，英国已有铁路3600公里，年运送旅客
3000万人次，相当于同年的人口总数。到19世纪下半叶，铁路已接
通了英国大大小小的城镇，形成全国性的运输网络。

大西洋彼岸，19世纪晚期的美国也在其工业发达地区建成了密如
蛛网的铁路网（见图1-3）。

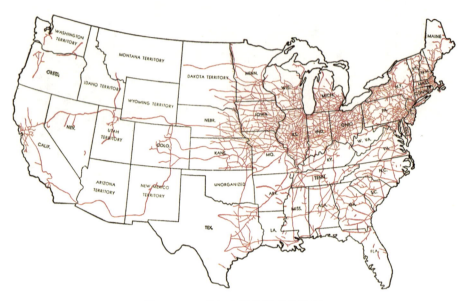

图 1-3　19 世纪晚期美国的铁路网

资料来源：https://en.wikipedia.org.

　　事实证明，斯蒂芬森的轨道标准对铁路技术的推广起到了至关重要的作用。从理论的角度看，如果轨道宽窄不同，运输线路局限于一国一地而不能相互连通，将大大地降低网络特有的梅特卡夫效应（详见本书第 4 章）。秦始皇在修建驰道的同时，规定了车轨的宽度，"车同轨"才可形成交通网络，正如"书同文"才能顺畅地沟通交流。罗马帝国也规定了道路和车轨的宽度，保证不同的车辆在帝国境内畅通无阻。在本书的第 2 章我们将看到，当局域网扩展延伸到彼此相连时，通信协议成为必需，TCP/IP 等协议之于通信相当于轨道标准之于道路网，为不同的电脑硬件和操作系统提供了统一的标准语言，使覆盖全球的互联网成为可能。

　　继铁路网之后，下一个登台的运输网是电网（见图 1-4）。铁路网运送煤炭，而电网运送由煤炭等转化成的电能。

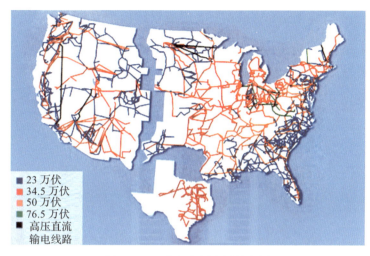

图 1-4　19 世纪美国全国性电网

注：美国电网目前由东部电网、得克萨斯电网和西部电网三大部分组成。20 世纪 90 年代，美国联邦政府放松了对电力行业的管制，放开了供电市场和价格。面对复杂多变的需求，电力供应商们运用人工智能进行电力的调度，就像电话公司用自动电子交换机控制话音和数据传输一样。

资料来源：https://en.wikipedia.org.

　　和蒸汽动力相比，电力传输没有噪声和空气污染，不需要建造大型厂房和安装笨重的机器，也不必靠近蒸汽机必需的水源，并且免去了煤炭运输的麻烦。电力对人们生活的影响更大（见图 1-5），电灯取代了煤气灯和蜡烛；机器从工厂走进家庭，开创了家用电器的时代；与人们生活密切相关的服务业在制造业之后兴起，成为发达市场经济的主体；电力也为后续的技术创新，如电话、电视、电脑、无线通信和互联网奠定了基础。

　　铁路运输受轨道的限制，电力传送需要架设高压线。为了寻求更为灵活的运输工具，德国工程师卡尔·本茨（Karl Benz）经过多年研发，于 1886 年首先推出了内燃机汽车的商业化产品；1908 年美国企业家亨利·福特（Henry Ford）采用流水线生产 T 型车，大幅度降低了汽车的成本和价格，汽车从奢侈品变成了中产阶级家庭的生活必需品。随着汽车的普及，公路再次兴盛，并替代铁路成为区域性中短途交通运输的主要渠道。1965 年前后美国动工修建连接各州的公路网，在长途运输上也将铁路边缘化了。

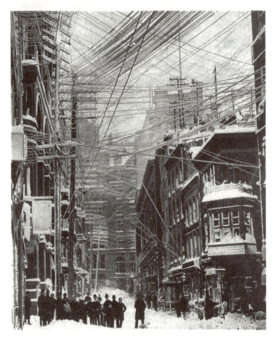

图 1-5   19 世纪美国电力经济

注：1888 年的纽约市，各个电力公司和电话公司密如蛛网般的电线布满天空。一场暴风雪造成大面积停电和通信中断，电力公司和电话公司吸取教训，将空中的电线埋入地下。

资料来源：https://en.wikipedia.org.

自工业革命开始，技术进步便从未停顿，从蒸汽机到互联网，所有这些创新无不强有力地推动了经济的增长。

技术、市场与经济增长

前工业时代，英国 GDP 平均每年增长 0.5%～1.0%，以蒸汽机技术为标志的工业革命将 GDP 增长率提高到 1780～1830 年间的年平均 1.7%。工业革命完成之后，英国的 GDP 增长率非但没有放缓，反而在 1830～1860 年间进一步上升到年平均 2.5%。[一]实现可持续甚至是加速的经济增长，铁路功不可没。

在大西洋的另一边，铁路对经济发展的促进作用更为显著。19 世纪下半叶，美国开始投资建设铁路，南北战争结束后加快了铺设的速度。1869 年横贯美国的铁路干线竣工，拓荒者乘火车涌入中部大平原，在那里开拓了大片的农地和牧场，更多的人越过落基山脉，来到太平洋沿岸的加利福尼亚和俄勒冈，推动了美国的西部开发，从此各州连接成为一个巨大的全国性市场（参见图 1-3）。1875～1890 年，美国进入铁路的投资密集期，这一时期的 GDP 增长率达到 4.1%（Macroeconomics，Gordon），铁路部门一度是除农业之外的最大就业部门。

顺便提一下，工业化时期的经济增长与宏观政策无关。在英国经济起飞一百多年后，才诞生了旨在刺激需求的凯恩斯经济学。在从工业革命到今天的绝大部分时间里，供给侧涌现出的新技术是经济增长的根本和社会发展的动力。新技术不仅创造了新的投资机会和就业机会，而且提高了劳动生产率从而提高了人均收入，而就业和收入的增加又带来了旺盛的消费需求。有收入支持的消费需求反过来又刺激生产，经济进入供给和需求相互推动的良性循环，在宏观层面上表现为经济增长。

[一] Broadberry S, Campbell B, et al. British Economic Growth, 1270-1870: an output-based approach[J]. Studies in Economics, 2013: 56.

火车这一新事物对于经济增长的意义，不只是比马车速度更快、装载量更大的运输工具，它引起了深刻的经济社会结构的改变，带来了资源使用和配置效率的飞跃。大机器工业生产的效率远超传统农业，工业取代农业成为经济的主导部门，这一过程本身就释放出巨大的经济增长能量。由于早期工业化必需的大宗商品是煤炭和铁矿石，受运输成本的限制，采用蒸汽动力机器进行生产的工厂一般都设置在煤矿和铁矿附近，例如德国的鲁尔工业区。铁路大幅降低了运输成本，随着火车进入了大小城镇乃至乡村，工业生产方式就此摆脱了矿产资源的地理位置局限。如果将蒸汽机视为工业革命的心脏，毫不夸张地讲，铁路就是遍布全身的血管系统。

需要指出的是，仅有技术创新还不足以改变生产方式，**市场规模**才是变革的决定性推手。虽然机器的效率比手工高很多，但由于资本投入太大，生产批量过小会使分摊到单位产品上的机器成本过高（详见第 3 章中的规模经济效应），传统的人力加简单工具相比机器生产仍具有成本优势。自给自足的家庭经济只能使用手工纺车（见图 1-6），当市场规模随着铁路网的延伸不断扩大，生产批量不断增加时，机器的使用才变得有利可图，越来越多的现代工厂才建立起来（见图 1-7），逐步取代手工工场和家庭承包作业，将人类带入工业时代。

正是铁路将它所到之处的人口纳入统一的市场，才造就了前所未有的市场规模。太平洋铁路连接了相隔数千公里的美国东西海岸；英国内陆城市的家庭吃上了沿海捕捞的鱼虾，企业将英国先进的机器运到海港，再在那里将它们装上蒸汽动力轮船，出口到其他国家。国际贸易日趋繁荣，市场超越了国界，开启了我们今天所说的全球化时代。

图 1-6　一位爱尔兰老人在用手工纺车

资料来源：https://en.wikipedia.org。美国国会图书馆馆藏。

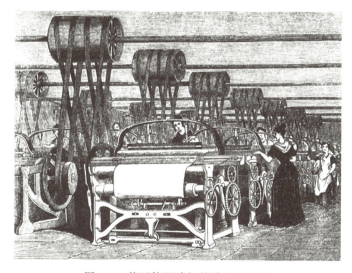

图 1-7　英国使用珍妮纺纱机的工厂

资料来源：https://en.wikipedia.org.

铁路网的出现促进了人口向城市集中，特别是作为交通枢纽和商品集散地的大城市。铁路运输具有快速、准时和成本低的特点，一方面吸引企业在城市开设工厂；另一方面也便于人口从农村、郊区向城镇迁移，满足了企业不断增加的劳动力需求。随着 1847 年世界上第一班廉价通勤列车从伦敦驶出，中心城市扩展到了郊区和邻近县城。

人口聚集到城镇，使社会分工进一步深化。在农村里，一个村子的需求无法养活一个专职裁缝，农妇因此必须自己纺纱织布，自己缝制衣服。但在城市里人口多、需求大，为专业的纺织和服装生产厂家提供了足够的市场空间，于是制衣从家庭劳动中分离了出来。为满足市场需求，服装制造商有可能用机器替代人工进行大规模的工业生产。更为重要的是，长期从事一项专业性工作，工人熟能生巧，操作技能不断得到改善。同样，专业化的工程师和管理人员则通过经验和知识的积累，加快了技术创新和管理创新的步伐。生活在工业革命时期的亚当·斯密（Adam Smith）视分工为经济增长的终极源泉，应当说是极具洞见的。

专业化分工越发达，对协作整合的要求越高。服装制造始于棉花的种植，到消费者把衣服穿上身，在长长的加工、运输和销售链条上，不知有多少企业参与其中，经过十几乃至几十道转手，才最终实现产品的价值。如果协作的环节成本过高，例如织布厂距离制衣厂太远而导致运输成本过高，或者两家厂商无法就布匹的销售价格和数量达成一致，我们称之为**交易成本**过高，此时，供应链条就有可能发生断裂，导致社会分工与协作的失败。幸运的是，铁路降低了运输成本，企业聚集在城镇，使沟通更便利、信息传播速度更快，降低了交易成本。

　　就扩大市场规模、降低交易成本而言，今天的互联网和昔日的铁路网并无本质区别，人们一般认为的互联网创造的新业态，在历史上其实也有迹可循。

　　1893 年，理查德·西尔斯（Richard Sears）在芝加哥开办了一家邮购公司西尔斯，销售手表、珠宝等商品，取得初步成功后便扩展到玩具、缝纫机、自行车、生鲜产品、体育用品甚至汽车，其商品目录也从最初的 100 多页增加到 300 甚至 500 多页。消费者足不出户，坐在家里即可通过寄发邮件下单，西尔斯收到订单和定金后再发货，货到后如消费者不满意，则钱款如数退回。这一切成为可能，皆因铁路的出现。西尔斯利用铁路交通向广大的乡村地区投放邮购目录，同时给消费者送去他们订购的商品。聪明的读者一定会联想到今天的亚马逊和淘宝，在现代的语境中该如何称呼西尔斯呢？与电商相对应，西尔斯是"邮商"或"铁商"吗？考虑到西尔斯本人从铁路货运代理开始他的商业生涯，"铁商"是相当准确的名称，如果人们不会把它错认为五金行的话。

　　凭借铁路邮购，西尔斯成长为当时美国乃至世界第一大零售商，直到 20 世纪 70 年代才让位于迅速崛起的沃尔玛，后者的商业模式优势同样来自网络技术——高速公路网，以及连接其遍布全球的商店和仓库的卫星通信网。今天，沃尔玛又面临亚马逊的挑战，互联网使电商直接触达数以亿计的个人消费者，正再次重塑零售业。

　　新技术不仅催生新的商业模式，而且时常引发下一波创新浪潮，技术进步呈现出自我繁衍和**收益递增**的趋势。为了调度列车和通报火车的运行情况，英国人 1838 年在西部铁路线上架设了世界上第一条商业电报线路。从此之后，火车开到哪里，电报线路就架到哪里。早期的电报使用的是电线和电缆，之后很快又出现了无线通信技术。不知不觉中，伴随着四通八达的铁路网，历史上第一张通信网形成了。在此之前，人类只能依靠声、光信号，在可听与可视的范围内进行短距离通信，电报使人类的沟通超越了感官所及的范围。

通信网

发明家亚历山大·格拉汉姆·贝尔（Alexander Graham Bell）于1877 年创立贝尔电话公司，一度垄断了世界电话通信市场。

1878 年 1 月 28 日，在获得了贝尔电话公司的许可后，乔治·W. 科伊（George W. Coy）等人的纽黑文电话公司开张，手工电话交换机投入商业使用（见图 1-8），公司招徕了第一批当地客户共 21 人，每人每月收费 1 美元 50 美分。

图 1-8 手工电话交换机，网络通信的雏形

资料来源：https://en.wikipedia.org。得克萨斯理查德森公共图书馆藏，大约拍摄于 1900 年，拍摄者不详。

● **人 物**

亚历山大·格拉汉姆·贝尔（1847 年 3 月
3 日—1922 年 8 月 2 日），出生于英国爱丁堡的
美国发明家和企业家。其祖父、父亲、兄弟都从
事演说术与发声法的研究，母亲和妻子都耳聋，
这一切都影响着贝尔对听力和语言的研究。他因
发明实验听力设备获得了世界上第一台可用的电
话机的专利权，并在 1877 年 7 月创建了贝尔电
话公司，即美国电话电报公司（AT&T）的前身，一度垄断了世界电话
通信市场。贝尔的学生评价他"终其一生都在与隔绝人类的沉默做斗
争"。贝尔还发明了一台测量听力的仪器、一台可用来发现人体内金
属的仪器以及载人的巨型风筝，改良了留声机，并在光通信、水翼船
及航空等方面取得了开创性成果。

资料来源：https://en.wikipedia.org.

这台原始的交换机开创了网络通信的新时代，在此之前，无论电
报还是电话，人们只能做点对点的单线联系，如果 A、B、C 三个人
要实现互通，需要建设连通 A 与 B、A 与 C 和 B 与 C 的三条线，使
用交换机后，有连通 A 与 B 和 B 与 C 的两条线就够了，A 与 C 之间
不必再有线路直通。A 若想给 C 打电话，信号可走 AB 线，由交换机
转接 BC 线到达 C，这样就节省了电话网络的建设费用，而且用户数
量越多，人均成本就越低，我们在本书的第 4 章中将网络的这个性质
表述为"梅特卡夫效应"。

梅特卡夫效应超越了一般的规模经济效应，是网络强大力量的
一个主要来源，铁路网、电话网对经济产生了较非网络技术更为深

远的影响，原因也正在这里。我们将在第 4 章中详细分析梅特卡夫
效应。

随着网络规模的扩大，单位成本不断下降，电话从面向大公司和
富裕人家的奢侈品很快变成了大众消费品。1915 年，AT&T 开通了美
国东西海岸的长途电话服务。1921 年，全美共有 1400 多万部电话，
几乎覆盖了城镇和农村的每一个家庭，其中 AT&T 占有 64% 的市场
份额，长途电话完全为其垄断。AT&T 保持了它的霸主地位直到 1984
年被迫开始分拆，原因之一是美国政府不满这个"巨无霸"在华尔街
的支持下，不断收购独立的运营商，"大树底下寸草不生"，就像今天
的大型互联网公司一样。

1926 年，跨越大西洋的伦敦—纽约电话电缆铺设完成，世界性
的通信网初见端倪。

通信网络的下一个飞跃是移动通信技术。移动通信的历史可上溯
到 1918 年，德国人在柏林到佐森的军用列车上试验了无线通信。在
第二次世界大战（简称二战）期间，各主要交战国广泛使用了肩载、
车载、舰载和机载的无线通信设备，战后移动通信进入民用领域。
1948 年，AT&T 建立了第一个移动通信网，覆盖圣路易斯市和周边
的 100 个城镇及铁路沿线的车站，这个系统被称为移动通信的第零代
（0G）。

1973 年 4 月 3 日，摩托罗拉的工程师马丁·劳伦斯·库珀（Martin
Lawrence Cooper）拨打了世界上第一台移动电话（见图 1-9）。1979 年，
第一代（1G）模拟技术移动通信网络在日本东京建成。20 世纪 90 年
代出现第二代（2G）数字化移动通信网，欧洲采用的标准是 GSM，
美国则采用的是 CDMA 标准。值得一提的是，日本电报电话公司旗

下的 NTT DoCoMo 在 1999 年引入了互联网服务，由此开始了移动通信和互联网的融合。

图 1-9　"大哥大"之父马丁·劳伦斯·库珀展示他创造历史的移动电话

资料来源：https://en.wikipedia.org。Rico Shen 拍摄于 2007 年 6 月。

2G 移动通信的应用很快从电话语音扩展到数据，特别是与互联网相关的数据，2G 的数据传输速度和容量开始无法满足新的需求。2001 年 5 月 NTT DoCoMo 公司开发的第一个商用 3G 系统投入使用，采用新的数据打包传送方法（Packet Switching），大大提高了网络传输的效率。技术可能性的扩展刺激了应用的迅速增长，不久即达到 3G 网络的能力上限，新一代技术的开发势在必行。2009 年美国和斯堪的纳维亚国家开发了基于 IP⊖的第四代移动通信技术（4G），一举将传输

　⊖　IP，即 Internet Protocol，直译为"互联网协定"，它说明了传送数据的大小、发出和收取地址，类似于纸质邮件的信封。

速度提高 10 倍以上，更重要的是，4G 无线通信实现了和互联网的完全对接。

在过去 10 年间，互联网移动通信飞速发展，接入网络的设备和服务应用急剧增加，数据流量暴涨，4G 通信系统的容量很快将不敷使用。在这样的形势下，国际组织和各国政府启动了 5G 标准的制定工作，厂商纷纷投入资源，研发 5G 的软硬件技术。2018 年 6 月，首个完整的 5G 国际标准正式出炉；同年 12 月，韩国三大电信运营商在韩国部分地区推出 5G 服务；几天后，美国 AT&T 宣布在美国 12 个城市开放 5G 网络；2019 年 6 月，我国工信部向中国电信等四家运营商发放了 5G 商用牌照。[⊖]

据报道，5G 系统可以接入千亿台设备，数据传输速度比 4G 快100 倍，时间延迟从 30～70 毫秒缩短为低于 1 毫秒（千分之一秒）。大容量的系统为物联网的广泛使用铺平了道路，快速传输免除了高清视频下载时令人心焦的等待。时间延迟短意味着反应速度快，这对于汽车的自动驾驶至关重要，几分之一秒的差别可能就决定了路上是车祸悲剧还是安然无恙。

回顾从罗马大道到移动互联网的技术发展轨迹，网络在人类文明史上无处不在，虽然今天 5G 的功能已超出古希腊人对诸神的想象，然而具有划时代意义的发明仍数蒸汽机和铁路网。蒸汽机使人类从农耕文明跨入现代工商文明，铁路将工商文明传播至世界五洲。电网、电话网和移动通信网续写了铁路的故事，创造了更大规模的市场，不断深化社会分工与协作，便利和丰富人们的生活。

　　⊖　https://baike.baidu.com/item/5G/29780?fr =aladdin.

小　结

我们将人类有史以来发明的网络分为两类：运输网和通信网。公路网、铁路网、水路网、空路网和电网被归入前一类（如果视电网的作用为能源运输的话）；电报网、电话网、电视网和互联网则属于后一类，人们在网上搬运传输的不是物质产品和能源，而是信息和数据。无论哪一类网络，它们对企业和经济发展的促进不仅体现为工具效率的提高，而且因交易成本的降低，扩大了市场规模，深化了社会分工，从而驱动经济增长。网络的第三层效益是孕育新的商业模式和生活方式，正如铁路网之于百货商店，互联网之于电商、社交。

第 2 章

今生互联网

互联网的概念早在 20 世纪 60 年代就被提出，并在美、英等国进行了试验。早期的互联网是指以一台电脑或服务器为中心，连接多个终端，构成物理上独立和封闭的局域网（Local Area Network，LAN），如图 2-1 中放大的方格所示。

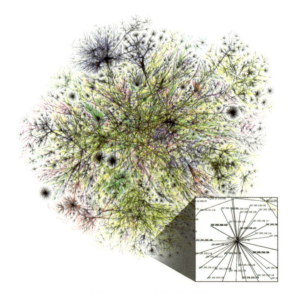

图 2-1　互联网的样子

注：如果你能看见互联网，它就像动物的神经系统一样，图中的每一个节点代表一个局
　　域网，以一台电脑或服务器为中心，连接该区域内的多个终端（如图中右下角所示），
　　这些节点相连构成互联网，即所谓"互联网的互联网"。
资料来源：https://en.wikipedia.org.

1969 年，美国国防部高级研究计划署（Advanced Research Projects Agency，ARPA）着手建立一个被命名为 ARPAnet 的网络，几位研究人员和教授首先试图将加州大学洛杉矶分校（UCLA）和斯坦福研究所（SRI）的局域网连接起来。1969 年 10 月 29 日，大学生查尔斯·克莱因（Charles Kline）在 UCLA 这端的电脑键盘上敲了一个字母 L，用电话询问等候在另一端的人收到没有，在得到 SRI 那边的确认回答后，克莱因用键盘发出第二个字母 o，另一端又确认收到，然而在打第三个字母 g 的时候，系统宕机了⋯⋯一个小时之后，系统重新启动，克莱因终于发出了世界上第一条互联网短信"Login"。

两个字母"Lo"拉开了一场技术革命的大幕。

大学与研究所阶段

1969 年底，犹他大学和加州大学圣巴巴拉分校加入后，ARPAnet 的成员增加到 4 个，到 1981 年，它连接的区域增加到 213 个，独立于 ARPAnet 的互联网也由美国政府机构如美国国家航空航天局、能源部、国家科学基金会，以及高等院校分别开发建立。20 世纪 70 年代初，欧洲各国纷纷建立自己的互联网，几乎和美国同时起步，其中英国开发的 X.25 网络数据标准被国际电信联盟（ITU）接受为国际标准，X.25 跨出国界，进入美国、加拿大、中国香港地区等。与 ARPAnet 不同，X.25 从一开始就允许包括公司在内的民间机构接入，而前者仅限于军队、政府、研究机构和大学。

如此多的网络并存，各有各的标准，使得网络和网络之间的连接和通信相当困难。意识到统一标准的重要性，美国国防部委托并资助斯坦福大学的文顿·瑟夫（Vinton Cerf，见图 2-2 左），进行互联网通用标准的研究，他和罗伯特·卡恩（Robert Kahn，见图 2-2 右）设计了 TCP/IP 标准，两人和其他几位科学家或工程师被称为"互联网之父"。这使我们想起了斯蒂芬森，他在铁路时代建立了轨道宽度的标准，为铁路线连接成网络奠定了基础。

图 2-2　文顿·瑟夫（左）和罗伯特·卡恩（右）

资料来源：https://en.wikipedia.org。韦尼·马尔科夫斯基（Veni Markovski）拍摄。

1983 年 1 月 1 日，ARPAnet 的所有用户转换到新的 TCP/IP[⊖]标准上。在这个过程中，瑟夫等人第一次使用了"互联网"（Inter-networking，后被简化为 Internet）这个词，从动名词"连接网络"变成了名词"互联网"。经过一番争执，美国人压倒了欧洲人，使其TCP/IP 标准成为国际标准，为世界互联网发展铺平了道路。

1989 年，"天才"蒂姆·伯纳斯 – 李（Tim Berners-Lee）向他所

⊖　TCP，即 Transmission Control Protocol，译为"传输控制协议"。TCP/IP 提供了数据点对点连接的信息，说明数据的封装打包方法、发出与终点地址、传送方法、传输路径以及接收方法。

在的欧洲核子研究组织（CERN）提出构建万维网（World Wide Web）的设想，以方便该组织的研究人员分享和更新信息。这个设想的一端是超文本（Hypertext）链接，将分布在不同物理空间的文件、音像、图片、视频组织形成多媒体网页，存放在服务器上；另一端是用户，他们借助浏览器（Browser，同时也是网页编辑器）将所需的网页列表展示在终端屏幕上，然后逐一登录这些网页，浏览、修改、下载，或将自己的网页上传。

伯纳斯－李的这一设想最终催生了三项对互联网至关重要的技术发明：一是用于制作网页的标准语言 HTML（Hyper Text Markup Language），二是网页传输和通信的标准 HTTP（Hyper Text Transfer Protocol），三是我们俗称的"网址"URL（Uniform Resource Locator）。

1990 年 12 月，伯纳斯－李开发出第一个浏览器，并建立了世界上最早的网页，用来说明他正在从事的万维网研究项目。万维网上的无数网页相当于一个分布式图书馆，只要知道网址，用户就可以利用浏览器很快找到他想要的网页。1993 年万维网对所有人免费开放，伯纳斯－李一直坚持非营利原则，不申请专利，不收专利费，人人皆可使用，这极大地促进了互联网的扩散和普及。

● 人　物

　　蒂姆·伯纳斯－李，1955 年 6 月 8 日出生于英国伦敦，父母均为数学家。1976 年，伯纳斯－李获牛津大学王后学院物理学学士学位，1980 年在 CERN 担任独立承包人，1984 年以研究员身份加

入该组织，1989 年开始构建万维网。1994 年伯纳斯 – 李离开 CERN，转至麻省理工学院组建万维网联盟（World Wide Web Consortium）。2004 年获封英国爵士，2009 年当选美国国家科学院院士，2017 年因"发明万维网、第一个浏览器和使万维网得以扩展的基本协议和算法"而获得图灵奖。

资料来源：https://twitter.com/MediaMuseum；https://en.wikipedia.org.

伯纳斯 – 李并不是当代唯一具有经世济民情怀的技术大家，在本书第 8 章中，我们还将看到理查德·斯托尔曼（Richard Stallman）和莱纳斯·托瓦兹（Linus Torvalds）等开源自由软件的先行者，他们本来也有机会成为像比尔·盖茨（Bill Gates）那样的亿万富翁，却自愿选择了造福社会的道路，激烈地反对为获取商业利益而垄断技术。人性是复杂的，既有富甲天下的野心，也有普惠众生的抱负，这两种不同的动机对技术进步都起到不可替代的作用。

解除管制，商用爆发

1992 年，美国国会意识到政府的限制已成为互联网技术进一步发展的障碍，于是通过《科学与先进技术法案》，允许商业网接入政府所建的骨干网如国家科学基金会网（NSFNET），1995 年则取消了对商业互联网的所有限制。及时解除管制使互联网的商业应用如开闸洪水，迎来爆发式增长。

如果说瑟夫、卡恩、伯纳斯 – 李等人的开创性工作使全球一张网变为现实，那么美国在线（American Online）1993 年向普通的 PC 使用者提供接入服务，则是将这个世界上的每一个人连接到这张大网上。接下去要解决的问题，是如何在这张网上找到每个人所需要的信息。

虽然伯纳斯－李几年前就编制了网页索引，但是网页浏览器的普及始于 1994 年网景（Netscape）公司发布的商业性产品。1995 年微软（Microsoft）利用 Windows 近乎垄断的地位，捆绑推广它的浏览器 IE（Internet Explorer），击败网景公司，很快占据了 90% 以上的浏览器市场。然而，正像我们将在第 7 章中讨论平台时所强调的，规模从来就不是能保证长久成功的因素。进入 21 世纪，微软 IE 的市场份额一路下滑，近年来仅剩个位数，远远落后谷歌 Chrome 的 62%。[○]谷歌的崛起得益于一种新的网上信息查找方法，尽管这种方法的原创属于另一家公司。

当时还是斯坦福大学博士生的杨致远创办了雅虎（Yahoo！），于 1994 年推出搜索引擎，用户不必知道网址，输入关键词即可根据需要查找网页。虽然网页搜索早已有之，例如伯纳斯－李编制的网页索引就是搜索的雏形，但是雅虎对于搜索引擎的普及功不可没。1998 年 12 月，雅虎的日均访问量达到 2.35 亿人次，注册用户数量达 4700 万，成为无可争议的市场领头羊。遗憾的是，雅虎在搜索上的先发优势并没有持续太久，它的搜索是图书馆式的，按照大类—小类—子类的树状目录查找，不仅对用户的知识储备量要求高，而且只能手工编制目录索引，工作效率远远跟不上网页数量的急剧增长。

1996 年，同样是斯坦福大学博士生的拉里·佩奇（Larry Page）和谢尔盖·布林（Sergey Brin）在学生宿舍中开发了一种新的搜索方

○ https://en.wikipedia.org/wiki/Usage_share_of_web_browsers. 2022 年 6 月 15 日，微软停用 IE 浏览器。

法，根据关键词在网上找出关联度高的网页，实现了更高的用户端查询效率，更为重要的是，这种编制索引的方法不需要人工干预，由机器自动执行。1997 年两人试图将这项技术以 100 万美元的价格卖给雅虎，遭到拒绝后，于 1998 年注册成立谷歌公司（Google），谷歌很快反超雅虎，成为网上浏览和搜索的首选工具。

● 人　物

杨致远，1968 年出生在中国台湾省台北市，2 岁丧父，10 岁时随母亲移居美国加利福尼亚州。1990 年以优异的成绩考入斯坦福大学电机工程系，只用 4 年时间便获得了学士和硕士学位，其间结识了大卫·费罗。两人在 1994 年共同创立雅虎互联网导航指南，意识到网页查询蕴含的巨大商机，于次年注册成立了雅虎公司（Yahoo！），杨致远任首席执行官。1996 年雅虎在纳斯达克上市，很快主导了网页搜索市场。1997 年底，雅虎日均访问量达到 9000 多万人次，比所有对手日均访问量的总和还要多；1998 年 12 月，日均访问量进一步增加到 2.35 亿人次，注册用户数量高达 4700 万。

由于搜索方法落后，雅虎失去市场优势而渐趋衰落，在与脸书（Facebook）和微软的收购案中谈判失败后，雅虎 2016 年以 48 亿美元卖给了美国移动通信巨头威瑞森（Verizon）。

雅虎曾于 2005 年以 10 亿美元投资阿里巴巴，购买了其 40% 的股份，至今仍握有约 15% 的股份。阿里巴巴 2022 年中的市值为 6800 亿美元。

资料来源：https://en.wikipedia.org.

● 人 物

拉里·佩奇，1973 年出生在美国的一个犹太家庭，父母都是大学里的计算机科学教授。他本科就读于美国密歇根大学安娜堡分校，后进入斯坦福大学攻读计算机科学博士学位。从童年时期起，佩奇就沉浸在科学和技术杂志中，他在 2013 年给谷歌员工的一封信中写道："我记得（年轻时）花了很多时间仔细阅读书籍和杂志。"佩奇持续更新自己的知识，以"活到老学到老"勉励自己。除了科技，佩奇热爱音乐，可以演奏萨克斯风。佩奇提到音乐教育激发了他对计算速度的研究兴趣和迷恋，"从某种意义上说，我觉得是音乐训练带来了谷歌的高速发展""假如你是一个打击乐手，你必须在毫秒级的时间内完成一次击打"。

佩奇（左）和布林（右）在租来的车库办公室里

谢尔盖·布林，犹太裔美国人，1973 年出生在苏联，6 岁时随父母移居美国。受祖父和父亲的影响，布林于 1990 年进入马里兰大学攻读数学和计算机科学，毕业后前往斯坦福大学继续深造，在那里认识了计算机科学博士生拉里·佩奇。在经历了初期短暂不甚愉快的交往后，两人惺惺相惜，成了亲密的好友。布林专注于数据挖掘，佩奇则从学术论文的相互引用中得到启发，重点研究网页内容的关联度。两人最初在宿舍里使用廉价电脑，试图开发出超文本的网络搜索引擎。随着这项计划成功的可能性越来越大，两人暂停了在斯坦福的学业，向苏珊·沃西基（后成为谷歌高级副总裁）借来车库，继续谷歌搜索的研发。

资料来源：https://en.wikipedia.org.

接入和搜索的实现使互联网具备了普及到每一个人的技术条件，开启了消费互联网商业应用的繁荣期。1994 年杰夫·贝佐斯（Jeff Bezos）的亚马逊上线销售电子书，eBay 则在 1995 年开始了网上拍卖以及便利线上交易的电子支付。技术铺路，商业助推，互联网用户数量呈现出指数级增长。

● 人　物

杰夫·贝佐斯，1964 年出生于美国新墨西哥州，幼时即表现出对科技的浓厚兴趣，他曾操控一个电子钟将他的小表弟反锁在房间外，也曾把父亲的车库改装成实验室。高中时他加入佛罗里达大学的"学生科技训练项目"，毕业时荣获美国优秀学生奖学金，入读普林斯顿大学，获得电机工程以及计算机科学的学士学位。贝佐斯大学毕业后在华尔街从事金融工作，当他偶然看到一个数字——2300%，得知这是互联网使用人数的增长率时，他激动万分，毅然辞掉收入稳定且丰厚的工作，决心投身于互联网行业，希望获得像微软那样的成功。1995 年，贝佐斯从纽约搬到西雅图，用 30 万美元的启动资金，在郊区租来的车库中创建了全美第一家网络零售公司——亚马逊。随着网上书店的成功，亚马逊开始涉足音像、医药、宠物、家居、网络拍卖等众多领域。

当传统的图书出版商申请接入亚马逊的线上销售系统时，亚马逊开发出了 API（Application Programing Interface，应用程序编程接口），并于 2002 年推出亚马逊网络服务（Amazon Web Services，AWS），为外部厂商提供诸多线上开发服务，这是云计算的滥觞。2006 年 3 月，亚马逊简易储存服务上线，标志着云存储的商业化。2019 年初，亚马逊以 7970 亿美元的市值成为第一大公司，超过了苹果、微软；2021 年底，市值进一步提高到超过 1.8 万亿美元。

资料来源：https://en.wikipedia.org.

面对高速扩张的互联网，人们自然会想象，迟早有一天网络要将地球上所有的人连接起来。这一想象正在变成现实，社交媒体的出现使这一天提前到来。

2003 年，哈佛大学本科生马克·扎克伯格（Mack Zuckerberg）创办了一个网站 Facemash，哈佛学生可以上传自己的照片，在网上评比看谁更帅或更漂亮。几天后网站即被学校关闭，理由是侵犯版权和个人隐私。在学校撤销了这些指控后，扎克伯格扩充了网站，在艺术史期末考试之前上传艺术图片和评论，帮助学生应付考试。2004 年扎克伯格注册成立脸书公司（Facebook），第一笔投资来自 Paypal 的联合创始人彼得·蒂尔（Peter Thiel）。2012 年公司上市，市值高达 1040 亿美元，创造了当时的股票首次发行纪录。2018 年 4 月，脸书公司的活跃用户数达到惊人的 22 亿，占世界总人口的 30%，同年中国腾讯微信月活跃用户数为 11 亿，两家社交媒体即覆盖了接近一半的世界人口，人类真正进入了地球村时代。

　　讲到互联网的历史，史蒂夫·乔布斯是一个不可遗漏的名字。2007 年苹果公司推出触屏智能手机 iPhone。由于完全抛弃了键盘，这款手机有着比当时同类产品都大且显示清晰度更高的屏幕，台式电脑操作系统演变而来的手机操作系统 iOS 可方便地驱动触屏，并使手机具备了多数网上操作的功能。iPhone 标志着移动互联网时代的到来。2010 年，苹果公司进一步发布了屏幕更大、功能更加齐全的 iPad。今天人们用到"互联网"一词时，在大多数场合下实际指的就是"移动互联网"。

● 人　物

　　史蒂夫·乔布斯，改变世界的美国创新企业家。1955 年出生于美国旧金山市，生父是叙利亚人，曾在威斯康星大学攻读博士学位，生母是有着瑞士－德国血统的同校学生。史蒂夫诞生后就被加州的蓝领工人保罗·乔布斯和克

拉克·乔布斯夫妇收养了，条件是必须保证其未来接受大学教育。乔布斯 1972 年入读里德学院；1974 年和同学一道去印度寻求精神启蒙，在那里研习了禅宗，自此终生践行不辍。1976 年，他和沃兹尼亚克创办苹果电脑公司，并于次年推出 Apple Ⅱ——世界上第一款量产的 PC，配有鼠标和图形用户界面。1985 年，乔布斯离开苹果创办了 NeXT，将以太网、多媒体、数字等技术融入电脑，虽然没有取得轰动的商业成功，但是为他回到苹果后的创新、爆发做了多方面的铺垫。1997 年，苹果与 NeXT 合并，乔布斯重掌他亲自创立的公司，以令人眼花缭乱的速度接连推出 iMac、iTunes、iTunes Store、Apple Store、iPod、iPhone、App Store、iPad，成为世纪之交最具创造力和影响力的企业家之一。2003 年乔布斯被诊断出胰腺癌，2011 年 10 月去世。乔布斯生前曾说："我想在宇宙中留下一点痕迹。"他做到了。

资料来源：https://en.wikipedia.org.

如同火车的调度需要快捷的通信工具，由此而催生了电报一般，互联网的广泛使用和海量数据的处理要求更大的数据存储空间和运算能力，于是云计算技术应运而生。2006 年 8 月，亚马逊成立了子公司 Amazon Web Service（简称 AWS），发布弹性计算云（Elastic Compute Cloud 2，EC2）。据说亚马逊推出云服务带有偶然性，一说是为了给大量的电商冗余 IT 能力寻找出路。[一]零售有很强的季节性，订单处理、仓储物流、计算机软硬件的能力必须按照高峰期的销售量来配置，最大销量通常出现在圣诞节前，圣诞节一过，如何处理闲置能力就成了管理层头痛的事情。既然闲着，何不出租？云的概念由此而来。又一说是贝佐斯为了打破公司技术部门对资源的垄断，为每个研发团队分

　　○　https://www.dataversity.net/brief-history-cloud-computing/#.

别配置了计算能力，以鼓励他们进行创新。[○]

无论真实情况如何，这项技术一经问世就显示出巨大的市场潜力。2008 年 4 月谷歌发布 Google App Engine，2010 年 2 月微软启用 Azure，与亚马逊的 AWS 共同形成美国云计算三足鼎立的格局。我国三大云服务商为 2009 年创建的阿里云、2010 年正式开放对外服务的腾讯云，以及 2011 年揭幕的华为云。

有了云计算，公司、机构和个人不必再为服务器或电脑资源有限而发愁。从理论上讲，人们只需要一个键盘和一块显示屏，通过移动互联网接到网上也就是"云端"，就可以调用近乎无限的存储空间和计算能力，仅需按照使用量的多少付费给云计算服务商，而不必自己投资建设数据中心和机站。云计算是互联网时代的基础设施，相当于用户接入电网获取电能，而不必自建发电厂和输电线路。

工业互联网

云存储和云计算能力的实现使互联网技术有可能进入工业和包括金融在内的服务业。20 世纪 80 年代，早在以太网诞生之时，人们就畅想了机器相互连接的网络。1982 年，卡内基 - 梅隆大学改装的一台可乐售货机成为第一例联网的机器，它可以在线报告机柜内的可乐存量。1999 年前后，麻省理工学院就有研究人员开始谈论物联网（Internet of Things，IoT）的概念，而工业互联网（Industrial Internet of Things，IIoT）一词要到云技术问世后才被正式采用。

○　Brad Stone. The Everything Store: Jeff Bezos and the Age of Amazon [M]. London: Little Brown&Company. 2013: 211.

2006 年，由美国多家工业控制和软件公司成立的 OPC（Open Platform Communications，开放平台通信）基金会推出统一架构（Unified Architecture，UA），以保证在没有人工干预的情况下，工业设备、仪器、程序、数据源之间安全可靠地进行远程通信。2014 年，美国 AT&T、思科、通用电气、IBM、英特尔公司组成工业互联网联盟，推进机器、设备的互联和运行的智能分析，协调开发工业互联网技术。在 2013 年的汉诺威工业博览会上，德国国家工程院发布了"工业 4.0"，这是德国政府大力推动和学界、企业界积极参与的结果，代表了独立于美国的另一工业互联网的系统架构和系统标准。

2016 年通用电气发布 Predix，这个雄心勃勃的项目意在为石油、航空、汽车、电力、交通、医疗、环境等 12 个行业提供一个工业互联网的开发平台[⊖]，实现排产和物流智能化管理、产品互联化、现场任务管理、设备效率管理、智能环境以及运行优化六大功能。

通用电气在这份纲领性文件中以风力发电为例，说明 Predix 的应用示意。如图 2-3 所示，左边的风力发电机组上安装了各种传感器，形成一个物联网，向 Predix 边缘计算器发送风机运行的**实时**数据，经过初步处理和分析的数据再通过无线上传到云端。边缘计算可使风机运行状态得到及时调整，并减少因上传数据而导致的网络拥堵和云资源占用。Predix 为它的工业客户提供了名为"云制作"的整套开发工具以及基础数据库，客户企业可以利用这些工具建立风机的数字模型和数据存储结构，进行数据分析、维护和扩充数据库。整个系统可在图 2-3 右边的移动终端上实时显示，实时操作和控制。此外，使用 Predix 的平台还可对接客户企业外部的网上数据，以及其他企业的系统。

⊖ http://media.energie-industrie.com/Presentation/predix_the_platform_for_the_industrial_internet_whitepaper_761200.pdf.

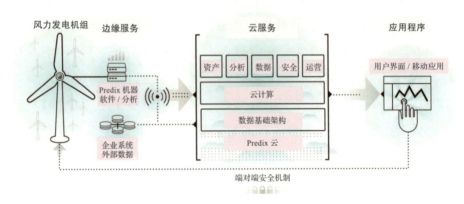

图 2-3　通用电气 Predix 的应用示意图

资料来源：http://media.energie-industrie.com.

德国西门子公司几乎同时在 2016 年推出它的工业互联网平台 MindSphere[⊖]，采用 OPC UA 的国际通信标准，利用它在制造业长期积累的经验，支持能源、交通、建筑、医疗等这类企业的物联网改造和数字化转型。西门子强调 MindSphere 平台工具丰富、对接便利，客户企业可通过多种多样的 API，在平台上调用数据管理、数据分析、通信、客户管理等模块化工具，快速开发自己的工业互联网系统。2018 年 7 月，西门子和阿里云签署备忘录，共同推进中国工业互联网的发展。2019 年 4 月，MindSphere 发布中国版，在阿里云上成功部署并开始运营。

实践似乎证明了，通用电气和西门子在工业互联网方面的开拓过于超前，长期的平台投资没有取得预期的回报，无论开发者如何推销，使用工业互联网平台的公司都寥寥无几，以至于市场上传出了通用电气剥离和出售 Predix 的消息。有文章分析指出，Predix 遭受的挫折反映了一家硬件公司进入陌生的软件行业的尴尬，通用电气缺乏

⊖　https://iiot-world.com/wp-content/uploads/2017/03/Siemens_MindSphere_Whitepaper.pdf.

经验和专业队伍，它提供的应用软件不能满足多行业和企业千差万别的需求。笔者在国内调研的过程中发现，较之平台提供的软件通用性差，企业的数字化程度低甚至没有进行数字化，构成推广应用工业互联网的一个更为严重的障碍。

所谓数字化，就是把图像、声音、文件、模拟信号转变为电脑可读的二进制数字，为物理世界和人类社会配置统一的"语言"，以便连接物和物、物和人，以及人和人，实现万物亿人之间信息的顺畅流动和不需要"翻译"的直接沟通。数码相机是人们熟知和常用的数字化工具，用数码相机拍摄和发送的照片实际上都是一串串的数字，移动通信从 2G 开始传输的就不再是语音而是数字信号了。

只有当设备、人员、材料、资金等物理资源都数字化并相互连接之后，企业才能使用云端的计算与存储能力，利用云端的资产管理、运营等功能模块（参见图 2-3 中间一列），跟踪和调动企业的物理资源。从理论上讲，数字化企业的每一个物理资源都在云端有个映像，形成数字双胞胎（Digital Twin），如图 2-4 所示的航空喷气发动机。企业先在虚拟空间中建立发动机的数字模型，根据发动机的传感器提供的实时数据，如进气口风扇转速、燃烧室温度、喷气压力等，同步运行数字模型，不间断地观察、监测，并在必要时改变发动机的工作状态。

由多台设备组成的数字双胞胎被称为虚拟 - 物理系统（Cyber-Physical Systems，CPS），如图 2-4 中就有一个这样的系统。虚拟 - 物理系统和物联网有相当程度的重合，我们可以把后者看成前者的一个子集，或者说前者是后者的扩充。虚拟 - 物理系统在物联网的基础上增加了工作流程、各种通信工具和控制手段，以完成一项具体的任务，如图 2-3 所示的风力发电。

图 2-4　航空喷气发动机及其数字双胞胎

资料来源：https://eugenie.ai.

　　就在笔者修改这本书稿的时候，又有一个新的名词"元宇宙"（Metaverse）席卷媒体，真是令人感慨，研究跟不上造词的速度，更不要说应用了。笔者认知有限，猜测元宇宙大概是虚拟－物理空间的升级版吧，一个广泛采用增强现实（Augmented Reality，AR）技术的升级版。据说，苹果公司的 CEO 库克避免使用"元宇宙"这个词，而更愿意称其为增强现实。[⊖]有文章认为，在元宇宙中不仅虚拟和物理世界更加紧密地融合，更加频繁地互动，而且可能创造出物理世界所没有的新事物。科幻能否以及何时变为现实？我们无从预测，目前确知的是，虚拟－物理系统也罢，元宇宙也罢，从中产生的海量数据远远超出传统技术的计算和处理能力，人类不得不求助于至今仍一知半解的新算法——人工智能（Artificial Intelligence，AI）。

　　2016 年谷歌开发的 AlphaGo 击败围棋世界冠军，激起世人对人

工智能的极大兴趣，由于这方面的文章已有很多，我们就不在这里重复了，只强调这项技术对互联网的重要性。如果说移动互联网是互联网 2.0，数字化和人工智能则是互联网 3.0 的主要特征。也有人认为，下面将要介绍的区块链技术是互联网 3.0 的基础。

一些人在为人工智能、互联网的前景兴奋不已的同时，也不无忧虑地看到了技术投射到未来的阴影，汇集网上海量数据的智能机器会不会进化为超越人类的新物种，以至于人类将被机器所支配甚至沦为它们的奴隶？乐观主义者则坚信被造物的智慧永远不可能超过造物者，他们担忧的反倒是人间的支配性力量——一些人对另一些人的支配，特别是拥有越来越多数据和越来越强大算力的科技公司，如谷歌和亚马逊。为挑战谷歌代表的科技霸权，一批技术极客热情地投入到开发新型互联网基础结构的工作中，他们想从科技公司手中夺回数据权和隐私权，交还给权利的原本所有者——个人，当然，他们也希望在这场争夺中赚个盆满钵满。

2008 年，一个化名为中本聪的人（或团队）发表了一篇文章《比特币：一种点对点的电子现金系统》(*Bitcoin: A Peer-to-Peer Electronic Cash System*)，次年又发布了比特币的开源软件，标志着区块链技术的诞生和进入实际应用领域。

区块链和数字货币

现有的主流互联网模式是中心化的（Centralized）。举例而言，甲、乙 2 人在亚马逊平台上交易，甲是消费者，购买乙生产的手机。

甲用移动终端下单，订单通过亚马逊的中央系统传递给乙，乙根据订单进行生产，再由亚马逊安排物流运送，交付给甲。网上点对点的互动是间接的，无论搜索、社交还是电商，都要通过谷歌、脸书和亚马逊这样的中心化平台来处理数据和完成交易。

中心化平台的一个重要作用是建立**信任**，平台一方面核实乙是不是合法合规的厂家，另一方面确保甲的订单和支付是真实可信的，只有当甲乙双方彼此信任时，交易才可能顺利进行。然而，当交易环节过多时，一个甚至多个平台也会显得力不从心。想象从原材料、零件的采购到手机生产，再到交到消费者手里，中间经过采购、加工制造、批发、物流、仓储到送货，再强大的中心化平台如亚马逊也不可能跨行业、跨企业地覆盖整个流程，或者说全程跟踪的成本过高，以至于没有平台愿意这样做。

区块链与主流互联网模式的根本不同在于它是去中心化的（Decentralized），不需要以平台为中介，消费者和厂家之间就可以建立起点对点的信任关系。在区块链网络中，互不相识的甲直接向乙下单，同时用加密数字货币在线向乙支付款项。

与中心化平台相比，点对点的直接交易有什么优势呢？第一，甲和乙不再需要亚马逊那样的中介即可成交，由此节省了平台交易佣金，对于利润本来就薄的厂家和价格敏感的消费者，这也是一笔不可忽略的费用。第二，甲乙双方的数据安全都更有保障，这是因为区块链的交易记录是分布式的，分散在网络的各个节点上，黑客难以攻击，犯罪分子难以盗取。而中心化平台的数据中心目标明确，一旦攻击成功就收获巨大，黑客们有很强的动力不断进行尝试。去中心化的数据存储也防止了大型科技公司使用客户的数据牟利，这样的可能性令用户对中心化平台的疑虑日益加深。第三，如果乙将自己的原材料采购信息也展示在区块链里，甲不仅能像跟踪快递那样实时了解订单的执行状态，而且可以一直追溯到手机零部件和材料。

像手机这样的产品要求追查到源头似乎有些过度严谨，但食品和医药行业的溯源起码在某些情况下就十分必要了，这也是为什么越来越多的讨论指向了区块链技术在供应链管理方面的应用。与此相类似，物联网可能是区块链的另一个用武之地。IBM 已开始提供基于区块链的物联网产品和服务⊖，并宣称除了上面提到的安全、可靠等优点，用户还可以把更多的信息如关键设备的运行数据，以及物流运输过程中的温度、地点、到达时间打包进区块，传送给交易涉及的相关各方。

截至目前，区块链广泛应用的领域仍然是货币金融领域。数字货币的概念虽然早有人提出并付诸市场实践，但一般公认中本聪于 2008 年首次构建了一个数字货币系统，为区块链的大规模推广使用铺平了道路。

数字货币也可分为中心化的和去中心化的，中国人民银行正在研究和试点的 DCEP（Digital Currency Electronic Payment，应用于电子支付的数字货币）是中心化数字货币的典型代表，脸书 2019 年 6 月推出的 Libra 也属于这一类；去中心化数字货币中的佼佼者无疑是比特币（Bitcoin）和以太币（ETH），后者由民间区块链平台以太坊（Ethereum）发行。脸书的 Libra 机制不能发行美元，它更像是一个跨国界、跨币种的全球支付工具。比特币则完全不同，它脱离了美联储的轨道，自主地、按照公开和既定的规则在网上发行数量有限的货

⊖ https://www.ibm.com/jp-ja/topics/blockchain-iot.

币，只要买卖双方接受，比特币就可以像美元那样流通，也可以在市场上兑换成美元。

比特币是密码学、互联网技术和经济激励的巧妙结合，它带来了一种建立信任的全新方式。信任无影无形，对于现代工商文明而言，却是社会和经济秩序的基石。货币作为市场交易的一般等价物，其实质是信任。我今天用 10 元买了一个汉堡，商家之所以接受我付的纸钞，并非因为这张纸本身价值 10 元，而是因为商家相信，明天用它采购面包时，面包厂也会接受这张 10 元纸钞。纸钞的真实性和可流通性有国家信用担保，比特币则借助加密技术和分布式账本（Distributed Ledger）来保证交易和支付记录的真实性与完整性，而无须依靠一个中心化的识别或验证权威——政府或大公司。关于防伪和防篡改的具体技术细节，感兴趣的读者可参考《区块链：技术驱动金融》[⊖]一书的第 1 章和第 2 章。

有别于依赖大型科技公司的互联网 2.0，以太坊的联合创始人盖文·伍德（Gavin Wood）在 2014 年提出了基于区块链技术的互联网 3.0 的概念，得到了民间和政府越来越多的关注。2018 年，美国经济学家兼投资家乔治·吉尔德（George Gilder）出版了《后谷歌时代：大数据的没落与区块链经济的崛起》，大胆而又不无根据地预言了谷歌所代表的中心化数据处理模式的衰败，以及互联网 3.0（尽管作者在书中没有使用这个词）将如何重塑经济和人们的生活。2021 年 10 月，风险投资公司 Andreessen Horowitz 的高管们赴美国首都华盛顿，为国会议员们描述了他们眼中的下一代互联网，并解释了他们的监管建议。媒体对这次会议的报道产生了广泛的影响，推动互联网 3.0 的声

㊀ 纳拉亚南，贝努，费尔顿，等.区块链：技术驱动金融 [M].林华，等译.北京：中信出版社，2016.

势进一步上涨。

正如本书前言中所引熊彼特的论点，创新通常是现有技术的重新组合，而非从无到有的发明。中本聪创造性地组合密码学和互联网技术，引入经济激励以维护和更新分布式账本，由此开辟出一个崭新的领域，等待后人的继续探索和充分发挥。

● 人　物

据说，中本聪是一个日裔美国人的化名，其真实身份至今不详。中本聪于 2008 年发表《比特币：一种点对点的电子现金系统》，描述了比特币的性质和算法，2009 年 1 月他发布了首个比特币软件，正式启动比特币系统的运行。在比特币的第一个区块中，中本聪写了一条短信：据《泰晤士报》消息，财政大臣将展开第二轮拯救银行的计划。时值国际金融危机的高峰，有人把这条信息解读为中本聪对现有银行体系的怀疑，进而推测他创建比特币的动机。

资料来源：https://en.wikipedia.org.

左图为身份不明的中本聪手持一枚比特币的象征物
右图中央是美联储的圆形图徽，背景为美联储办公楼

资料来源：The Cryptonomist（左图），Kevin Lamarque/Reuters（右图）。

2010 年 12 月，中本聪淡出江湖，将项目移交给比特币社区的其他成员。据说，中本聪持有 75 万～110 万个比特币，2021 年底这些比特币的市场价值超过 730 亿美元。

如果说中本聪是真的想用比特币代替纸币，从而限制货币的发行以降低金融系统的风险，那么他不是持有这种想法的第一人。学者们一直对 20 世纪 70 年代以来的货币银行体系感到担忧，笔者也曾在一篇文章中指出，2008 年国际金融危机的一个重要原因是美联储的货币超发。如何解决货币超发的问题？有人设想立法规定货币发行量，奥地利学派建议回归金本位，用黄金供应的天然有限性制约中央银行。诺贝尔经济学奖得主哈耶克进一步提出一揽子金属混合本位制，以避免黄金生产落后于经济增长时可能出现的通货紧缩。

中本聪推出的比特币总共约 2100 万枚，从技术上杜绝了超发，这也是为什么比特币的价格从 2010 年的 10 美分暴涨到 2021 年 11 月的最高点 68 000 美元。进入 2022 年，其价格回落到 43 000 美元左右。尽管波动很大，但是就过去十几年的总体趋势而言，比特币兑美元一路快速升值，或者说美元兑比特币一路贬值。

假如发行数量固定，比特币是否也存在金本位制面临的问题：当经济规模扩大到一定程度时，会出现因货币相对短缺而影响市场交易进行的现象。市值仅次于比特币的以太币采用不同的区块链技术，解决了这个问题。以太币的数量没有上限，但这并不意味着某一机构或个人能够在任意时间发行任意数量的货币。在以太币的技术体系中嵌入了一个自动调节计算难度的回路，使得获取以太币的成本不断增加，就像开采黄金的成本不断增加一样，成本的上升有效地滞缓了货币发行的节奏。

互联网在中国

一般认为，互联网在中国的先行者可以追溯到北京计算机应用技术研究所的钱天白先生，他在 1987 年 9 月 14 日发出中国的第一封电子邮件："越过长城，我们可以触达世界的每一个角落。"1989 年中国开始建设四大国家级互联网骨干网，1994 年全面接入国际互联网。1995 年张树新创立首家互联网服务供应商——瀛海威，标志着互联网进入寻常百姓家，用户可以利用普通电话线拨号上网。1996 年麻省理工学院博士张朝阳创建爱特信——搜狐的前身；1997 年丁磊设立网易公司，推出中文搜索引擎。1998～2000 年，腾讯、阿里巴巴、百度先后成立。关于 BAT（即百度、阿里巴巴、腾讯）的故事相信读者耳熟能详，我们就不再赘述了。

有意思的是，互联网在中国虽然起步晚，但进步神速，在某些方面已超过了美日欧发达国家。1998 年美国公司 Paypal 首创网上电子支付，2003 年阿里巴巴推出支付宝，2013 年微信支付正式上线。目前电子支付在国内普及程度之高，已到了老百姓出门不用带钱包的地步，手机扫码即可。反观国外，新冠肺炎疫情前笔者出国旅行，经常因为没带钱包而无法购物，大都市仍要用现金或信用卡，小镇和乡村就更不用说了。

后来者居上，这一现象引起了研究人员的关注。赶超之所以成为可能，以下两个因素值得关注。第一个因素是底子薄反而包袱轻，便于新技术的应用和推广。以消费者为例，上一代的支付手段是现金和信用卡，现金需要去银行或自助提款机提取，信用卡的发放需要银行审批，因此人们自然更愿意尝试线上支付。反过来讲，日本至今没有出现淘宝、京东这样的大型交易平台或电商，或许正是因为它的传统零售业极为发达，电商的生存空间过于狭小，互联网只被作为传统零售商的新工具，而难以独立成为新的商业模式。

有利于赶超的第二个因素是人口多，市场大。从本书第 3 章和第 4 章的讨论可知，互联网有非常强的规模经济效应，公司市场规模越大，赢利能力就越强，承担大量研发投入的能力也越强，从而越有可能取得技术领先地位。市场的规模经济效应看得见，而数据的规模经济效应虽然看不见但同样重要。我们知道，人工智能算法要用数据"训练"，谷歌团队收集了围棋选手很多过往的实战棋谱，用于训练 AlphaGo，棋谱（数据量）越多，算法的效率越高。尽管谷歌后来用机器和机器对弈产生数据，但是这并不会改变数据量和算法准确度的正相关关系。

在国内消费互联网高潮迭起的同时，工业互联网也取得了不小的进展。航天科工集团于 2017 年 6 月发布首个工业互联网平台航天云网 INDICS。⊖2019 年 8 月工信部认证了海尔 COSMOPlat、东方国信 Cloudiip、航天云网 INDICS、华为 FusionPlant、阿里 supET、富士康 BEACON 等十家工业互联网平台，2020 年新增腾讯 WeMake 等五家。值得一提的是，百度于 2017 年推出自动驾驶汽车的开发平台阿波罗（Apollo），华为于 2020 年给出其自动驾驶开发平台的架构（见图 2-5）。这些平台有的面向本行业，有些跨行业，目的都是为企业提供数字化工业互联网的基础设施、开发工具和应用程序。

近年来企业级的工业互联网应用也以很快的速度出现在各个行业中，就笔者实地调研过的案例而言，如青岛酷特（服装）、广州尚品宅

⊖　http://news.cnr.cn/native/city/20170615/t20170615_523803169.shtml.

配（家装）、宁波爱柯迪（铸铝）、北京广联达（建筑）、用友网络（软件），企业对工业互联网的理解已有相当深度，有些真正做到了 C2M（Customer to Manufacturing，用户直连制造），有些实现了大规模定制的流水线生产，助推了传统行业的转型升级，取得了相当明显的经济效益。我们将在第 9 章详细介绍这些企业的技术和商业模式创新。

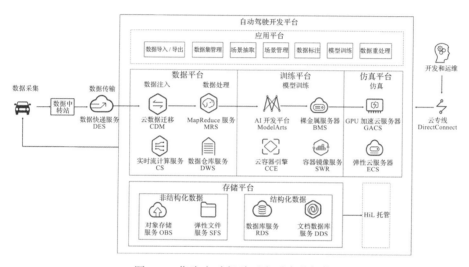

图 2-5　华为自动驾驶开发平台的架构

注：自动驾驶汽车可以被视为一台高效的数据处理器。汽车上装有十几甚至几十个传感器，采集路况、行人、周边车辆、交通信号等数据，输入汽车的控制系统。系统识别当下场景，预测前方情况，发出加速、减速或拐弯等指令，操纵汽车避免发生碰撞，尽快到达目的地。整套自动控制系统的开发需要利用华为的这个平台，平台分为数据应用、数据处理和数据存储三部分，分别对应图中的上中下三个方框。

资料来源：华为云官网，https://www.huaweicloud.com/solution/automotive/autonomous-vehicle.html。

　　和消费互联网的情况类似，我国企业一方面有可能在工业互联网方面缩小和发达国家的差距，赶上甚至超过国际领先水平；另一方面也要看到，无论技术、产品还是商业模式，我们还处于模仿式创新的阶段，少有从 0 到 1 的颠覆式创新。加强基础科学研究，放松管制，充分发挥企业特别是民营企业的作用，是迈向原发创新的关键。

回顾了网络的前世今生，我们怎样评价网络在人类文明进程中的意义？电子支付公司 Paypal 的创始人之一彼得·蒂尔将技术创新分为两类：从 0 到 1，以及从 1 到 N。以笔者的陋见，蒸汽机和铁路网，或许还要加上由轮船航线构成的海运网，是当之无愧的从 0 到 1，对人类生产方式和生活方式的冲击远超今日的电脑加互联网。第一次使用非自然力，蒸汽机和铁路网将人类从传统农耕文明带入现代工商文明。电网虽然也是一个飞跃，但仍属于化石燃料能量传输的从 1 到 2，即从火车运煤，到烧煤发电，再由电网传导能量。

电报是通信技术的从 0 到 1，在通信第一次超越人类感官所及的范围之前，人类眼观长城烽火，耳听渔阳鼙鼓，只能做短距离和简单的信息传递。如果电话可以算作通信的从 1 到 2，电视是从 2 到 3，那么互联网是从 0 到 1，还是从 N 到 $N+1$？互联网是否开启了一个全新的时代？如果是，又是一个在本质上有什么不同的时代？我们把这些问题留给读者在阅读本书后思考。

在现实世界中，我们看到了互联网的强大威力，也看到了它给我们生活带来的巨大变化。然而，二战以来有很多里程碑式的技术创新，例如核能、激光、半导体、集成电路和基因工程，为什么都没有像互联网这样令人惊奇和着迷？各种技术的社会反响与它们的实际效能并不总是一致的，原因之一是产品的大众曝光度。电商和社交平台把互联网送进了千家万户，核能则"天生寂寞"，至今没有一款用核能的消费品，或许电力除外，但消费者也无法区分是核能发电还是常规的燃煤发电。与此相类似，尽管软件和硬件同等重要，几乎所有的电脑使用者都知道微软的 Windows，而英特尔 CPU 的知名度则远远低于微软的 Windows。不知从什么时候开始，英特尔在每一台使用其 CPU 的微型机外面都贴上了 "Intel Inside" 的贴纸，提醒人们注意它对电脑技术的贡献。

当然，互联网触达亿万人的能力并非只靠幸运，它创造了一个前所未有的虚拟空间，将规模经济效应和网络效应放大到前所未有的程度。我们将在第 3 章介绍规模经济效应，在第 4 章推导网络效应的公式，用以分析各种各样的互联网应用。

小　结

早期的互联网技术发明者多为政府和学术机构的研究人员，互联网的商业应用则由市场上的企业家扮演主角。约瑟夫·熊彼特依此区分了发明与创新[⊖]，将创新定义为技术的大规模商业应用。如果说美国政府的资助培育了互联网技术，1995 年取消对互联网商业应用的所有限制，则是创新层出不穷的决定性转折点。

⊖　熊彼特 . 经济发展理论 [M]. 何畏，易家详，等译 . 北京：商务印书馆，2011: 98-99.

附录 2A

神经网络和人工智能

人类在过去几千年中建造了各种各样的网络，直到 20 世纪我们才知道，宇宙间最神奇的网络是人类的大脑。

如图 2A-1 所示，左边的脑神经网络图来自西班牙的神经科学家、病理学家圣地亚哥·拉蒙·卡哈尔（Santiago Ramón y Cajal），20 世纪初，他在显微镜下观察动物大脑的切片，极为认真地手绘了上千张这样的图片，为后人研究脑神经组织留下了珍贵的资料。

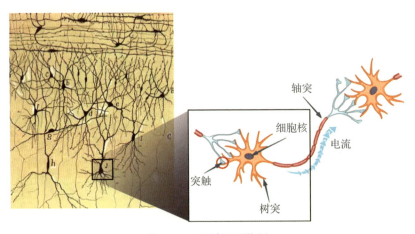

图 2A-1　脑神经网络图

资料来源：https://en.wikipedia.org.

图 2A-1 看上去是图 2-1 的生物版，图中的不规则黑斑点叫作神经元（Neuron），对应图 2-1 中互联网的节点。神经元由细胞核、树突和轴突组成，通过树突相互"连接"，形成一个复杂的神经网络系统。

神经元和神经元之间并非真正的物理连接，而是间隔一个小到仅有20纳米（1纳米等于百万分之一毫米）的突触，生物电流可以顺利通过突触从一个神经元进入另一神经元。关于脑神经网络的研究分为两支：一支探索大脑工作的微观生物学原理，另一支试图在机器上实现大脑的某些功能如逻辑推理和图像识别，即今天人们已耳熟能详的人工智能。

当树突接收到上一个神经元传来的信号时，细胞核像一个有感知的开关，会根据信号强度决定是否输出电脉冲，信号强度高于某个阈值时开关打开，一个电脉冲经过轴突流向下一个神经元，如果信号过弱则到此为止。如此传递下去，大脑中便形成了无数条神经元链路，比如说从感官神经元到肌肉神经元，当眼睛看到有车开过来的时候，大脑通过神经元链路判断存在的危险，于是指挥肌肉躲闪。为什么婴儿看到迎面来车时不一定会躲避？因为他们的神经元链路还没接通，而学习的作用正是增强神经元树突和轴突之间的"连接"，提高电信号传递的效率。

人类的大脑里约有1000亿个神经元，每个人拥有的数量都差不多，而且神经元总数一生没有太大变化，差别在于神经元的连接也就是神经网络的结构。

掌握了大脑的工作原理，科学家自然会想到用人工装置模拟大脑的工作。1943年，沃伦·麦卡洛克（Warren McCulloch）和沃尔特·皮茨（Walter Pitts）给出了人工神经元的数学模型——阈值逻辑单元，一个今天看起来再简单不过的条件不等式：如果输入大于阈值，输出1，否则输出0。既然只有1和0两个数，就可以用电路的开和关来表达。1957年，弗兰克·罗森布拉特（Frank Rosenblatt）首次用电子线路模仿神经元。1960 年，斯坦福大学教授伯纳德·威德罗（Bernard Widrow）和他的博士生马尔西安·泰德·霍夫（Marcian Ted Hoff）构造了可以自动更新参数的神经元模型，标志着机器自我学习的开端。[一]谷歌的 AlphaGo 就是读棋谱学招数，接连打败了人类的围棋世界冠军。

20 世纪 70 年代，大卫·H. 休伯尔（David H. Hubel）和托斯坦·N. 威塞尔（Torsten N. Wiesel）发现人类视觉系统采取分层级的方式处理信息，两人因此获得了 1981 年的诺贝尔生理学或医学奖。以人脸识别为例，第一层的神经网络从感官信号中提取边缘和轮廓特征，传送给第二层作为输入；第二层辨识出基本形状或局部面貌，输出给第三层……直到识别出一张人脸。由此人们了解到，大脑的认知是一个多层级递进的连续过程，这个过程投射到人工智能的研究上产生了深度学习（Deep Learning）的算法。

如图 2A-2 所示，第一列是输入层，中间两列是隐藏层，右边一列为输出层。隐藏层的每一个圆代表一个神经元，理工科出身的读者可以把它想象为一个函数。中间第一层的神经元 H_{11}、H_{12}、H_{13} 接收输入信号 x_1、x_2、x_3、x_4，处理的结果送到中间第二层的 H_{21}、H_{22}、H_{23} 做进一步萃取，最后得到两个输出 y_1 和 y_2。目前的深度学习神经网络有几十层甚至上百层，能够根据具体的需求，在海量的数据中发掘出各种 x 和 y 的关系，并在分析数据的过程中，自动调整人工神经元的参数，不断提高工作效率，就像人的大脑一样，越用越聪明。

遗憾的是我们既不知道神经元的参数，也不知道它们是怎样连接的，我们能观察到的只有输入和输出。然而这并不令人感到意外，谁

　㊀　王维嘉. 暗知识：机器认知如何颠覆商业和社会 [M]. 北京：中信出版集团，2019：47-85.

能说出自己的大脑如何将迎面来车的图像转化为躲避的动作指令呢？
人工智能的发展不仅带来了认识论的哲学挑战，而且引起我对"超人"
的恐惧，进而思考伴随着超人的伦理学问题。

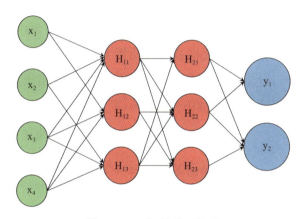

图 2A-2　两层的学习模型

　　读者如果有兴趣进一步了解神经网络和人工智能，我强烈推荐王
维嘉博士的著作《暗知识：机器认知如何颠覆商业和社会》，以及其
中金观涛先生所作的序言。

第 3 章

规模经济效应
和协同效应

2017 年 11 月 20 日，腾讯市值第一次突破 5000 亿美元，2018 年 1 月 25 日，阿里巴巴市值也达到了 5000 亿美元，折合人民币超过 3.3 万亿元，相当于 2017 年中国 GDP 的约 4%。在 2020 年全球十大市值公司中，科技公司占了七位，阿里巴巴和腾讯分别位于第六和第八位。而 10 年前仅微软一家入围世界十大市值公司，其余都是石油、电器、金融、通信等传统行业企业。

科技公司之所以能成为新时代的天之骄子，离不开互联网。互联网究竟有什么魔力造就了一个又一个巨无霸？

在分析互联网如何创造"奇迹"之前，需要先澄清词义。为了避免引起混淆和误解，我刻意回避了"网络效应""平台效应"这两个相当流行却没有准确定义的词语，而用**梅特卡夫效应**替代前者，用**双边市场效应**表示后者。本书中"网络"一词专指具体的和特定的网络，例如铁路网、通信网和互联网；"平台"一词也用于具体的和特定的平台，例如微信社交平台和天猫电商平台。从中文语法上讲，"网络"和"平台"两个词只用作主语或宾语，而不作为定语使用。

互联网之所以能成为当今世界的颠覆性存在，不仅因为网络特有的**梅特卡夫效应**，而且因为它同时具有传统行业的**双边市场效应**、**规模经济效应**（Economies of Scale）和**协同效应**；不仅因为它四"应"

俱全，从而赋予互联网公司超越传统行业企业的可能性，而且因为这些效应在互联网所创造的**虚拟空间**中被放大到了前所未有的地步，令受限于物理空间的传统网络如铁路网和电话网望尘莫及。

经济效应的辨析是研究商业模式的基础。在第 4 章中介绍了梅特卡夫效应之后，我们将在第 5 章中对比电商和传统店商，指出赚取买卖差价的电商模式其实没有什么梅特卡夫效应，双边市场效应也较纯交易平台弱得多，分析互联网冲击下的零售业，主要看规模经济效应和协同效应。尽管电商拥有理论上无穷大的虚拟空间，但是只要涉及线下实物产品，它的规模经济效应和协同效应仍取决于物理空间。这意味着，电商比传统店商并没有多大的效率优势，零售业未来的格局因此应是多业态并存的，不大可能出现赢家通吃的局面。

下面我们就详解四"应"之一的规模经济效应。

多多益善

西汉开国皇帝刘邦曾问麾下大将韩信：你带兵多少合适？韩信回答：多多益善。意思是越多越好。刘邦又问：你如此能带兵，现在怎么成了我的阶下囚？韩信说：我会带兵，而您会管将。

多多益善就是规模经济效应。俗话说"三军易得，一将难求"，优秀将领属于稀缺资源。韩信带兵千人和带兵万人，战果大不一样。给韩信更多的士兵，使其军事才能发挥到极致，可以夺取大规模战争的胜利，例如刘邦与项羽的最后决战，就是在韩信率军参战之后取胜的。同样的道理，商业中的规模经济效应也是通过规模的扩张，尽可能地放大企业核心资产或核心人力资源的效益。

规模经济效应很大程度上取决于**成本结构**。企业的总成本由**固定成本**和**可变成本**组成，固定成本的比重越大，规模经济效益越好。什么是固定成本？顾名思义，即不随产出数量变化的成本，例如厂房、设备、办公楼、电脑信息系统；可变成本则与产量高度相关，例如原材料、能源和人工费用等。

为了进一步理解规模经济效应和成本结构的关系，我们构造一个简单的数值案例。假设一家企业的固定成本为 1 万元，不妨想象为价值 1 万元的一台冲压机床，一年折旧完毕，摊入成本。工人操作这台设备将 2 元一块的薄钢板压制成汤匙[⊖]，为分析方便，不考虑材料之外的可变成本如人工、能源等。当产量为 1000 把时，总成本等于固定成本加可变成本即材料费，（10 000＋2×1000）= 12 000 元，单位成本为 12 000÷1000=12 元。如果产量增加到 3000 把，单位成本降到（10 000＋2×3000）÷3000 = 5.3 元。当产量为 5000 把时，单位成本更低，只有（10 000＋2×5000）÷5000 = 4 元。单位成本随产量的增加而递减，在汤匙售价不变的情况下，销售每一把汤匙的利润（价格减成本）随产量的增加而上升，这就是规模经济效应。

从这个例子可以看出，规模经济效益来自分摊到每单位产品上的固定成本的下降。不难验证，固定成本占总成本的比重越高，规模经济效益越好。假如固定成本等于 2 万元，可变成本仍是每块 2 元，产量为 1000 把时，平均成本是 22 元，而当产量增加到 5000 把时，平均成本为 6 元，单位成本降低了 16 元。在前面的计算中，当固定成本为 1 万元时，产量从 1000 把增加到 5000 把，平均成本只降低了 12－4 = 8 元。

可见，固定成本占总成本的比重越高，单位成本随产量提高而下

⊖　一块薄钢板压制一把汤匙。——编者注

降的幅度越大。这也是为什么资本密集的钢铁、水泥、重型机械、重化工、汽车、家电等行业中，大型企业居于主导地位（见图 3-1）。这些行业的固定资产动辄几十亿元、几百亿元，甚至上千亿元，只有产量达到一定规模，才足以分摊固定成本，实现盈亏平衡；产量一旦超过盈亏平衡点，大企业的利润就会迅速增加。

图 3-1　工厂设施与数据中心

注：由服务器、存储器组成的数据中心是互联网公司的一项重要的固定成本，它们的经济属性和钢铁厂的高炉或水泥厂的回转窑没有两样。

资料来源：https://en.wikipedia.org.https://www.facebook.com.

　　需要注意的是，固定成本并非一成不变，经济学教科书中经常有这样的表述：固定成本短期不变，长期可变。这样区分不同性质的成本未必准确，影响固定成本的主要因素不是时间，而是需求产量和设计产能。如果一条手机生产线的设计产能是一年 10 万部，当需求产量超过 10 万部比如说达到 11 万部时，厂家就要投资另建一条线，固定成本因此陡增。互联网公司也是如此，在流量和数据量大到现有数据中心无法承接时，必须投建新机房，购买更多服务器。将这一关系画成图像的话，横轴是需求产量，固定成本就是一条呈阶梯形上升的折线。

　　相比较而言，餐饮、零售等行业不需要多少固定资产投资，房屋店面都不必拥有，租用即可，因而对经营规模的要求比较低，小餐馆、小商店遍地开花，小本生意也可赢利。

　　规模经济效应的另一种表达是**边际成本递减**，即产量越大，新增一单位产出的成本越低，第 $N+1$ 吨钢的成本低于第 N 吨钢的成本，第 $N+2$ 吨的又低于第 $N+1$ 吨的，依此类推。在产品销售价格不变也就是单位产品收入不变的情况下，边际成本递减意味着**边际收益递增**，产量越大，新增一单位产出的收益越高，这里，收益定义为收入减去成本。在下一章中我们将看到，互联网公司的规模经济效应不仅存在于成本端，它的收入端也由于梅特卡夫效应和双边市场效应而呈现出很强的递增性质。

　　互联网和钢铁、汽车等传统行业一样，具有明显的成本规模经济效应，网站一旦建成，办公楼、服务器、系统软件等都是固定成本，这些成本与互联网公司的产出无关。互联网公司的产出是它卖出的电子游戏、电子书、食品、电视等商品和电子支付服务，销售量在很大程度上取决于网上的客户数，而网上新增加一个客户的成本接近于零。不仅如此，互联网公司的规模经济效应被其特有的成本结构进一步放大，传统企业的人力资源成本是可变的，随产出的增加而增加，而互联网公司的人力资源成本的相当大部分是固定的，建设和维护一个平台的费用与平台客户数量基本无关。

互联网公司的规模经济效应和钢铁厂没有本质的区别，只不过它的边际成本更低，规模经济效应更为显著而已。钢铁厂增加一吨的产量，起码还有矿石的成本、运输的费用和冶炼一吨钢的能源消耗，而网站上增加一个客户几乎没有成本。腾讯的一款电子游戏开发成功，网上可以有百万、千万人下载而不会增加腾讯的成本。淘宝网上已有四亿个活跃用户，第四亿零一个客户登录购买商品，不会给淘宝带来任何额外的负担，也就是边际成本近乎为零。

边际成本为零，是否意味着客户消费应该不要钱？事实上大多数平台的确是免费的，而且根据一个著名的经济学定理，最优市场价格应该等于边际成本，既然边际成本等于零，价格也应该等于零，据说这样不仅企业的利润而且社会福利也最大化了。于是有人开始憧憬未来的美好社会，并写了一本颇为流行的书《零边际成本社会》[⊖]，近来大热的"共享经济"也与此有关。该书作者乐观地预言，互联网的边际成本虽然现在还不等于零，但快速的技术进步将使那一天很快到来。不仅如此，物联网和新能源的普及将使物质产品的边际成本趋近于零。

十分不幸的是，即便有朝一日边际成本真的等于零了，零价格的美好社会也是可望而不可即的蜃景。为什么呢？难道经济学定理错了

　㊀　里夫金 . 零边际成本社会：一个物联网、合作共赢的新经济时代 [M]. 赛迪研究院专家组，译 . 北京：中信出版社，2014.

吗？与其说定理错误，不如说是片面表达的误导。完整的经济学表述应该是：如果**忽略固定成本**，社会最优价格等于边际成本。⊖现实世界中的问题是企业不可能忽略固定成本，其产品价格必须覆盖固定成本，否则无法回收厂房、设备的投资。不能回收投资，世界上也就不会有企业。关于这个问题的深入讨论，我们留在第 8 章展开。

与规模经济效应类似又不完全相同的是协同效应，区别在于前者和单一产品的数量相关，而后者取决于品种的丰富程度。

从百货大楼到"万物商店"

协同效应虽然也依赖规模，但它源于品种增加带来收入增加，而不是单一产品平均成本的下降。人们熟知的百货商店即有明显的协同效应，百货大楼的建设投资代表一笔固定成本，入驻的商家越多，大楼的利润就越高，因为除了谈判、考察所消耗的人力，新增一个商家的成本可以忽略不计，新增租金收入基本上就是百货大楼的利润。

百货大楼容纳商家的能力受到物理空间的限制，而互联网的虚拟空间几乎是无限的，前所未有地放大了协同效应。一幢大楼可进驻几百个商家，最多以千计，而淘宝一个网站上就有 1000 万个店铺！

腾讯建设和维护微信的成本是基本固定的，微信平台上承载的服务越多，电商、广告、游戏、支付、理财、银行等，各项服务的供应商越多，腾讯公司的效益就越好。苹果公司的协同效应体现在数以

⊖　或者说，边际成本定价法只适用于已建成企业的经营，而不适用于新建企业。对投资新企业需要做总量分析而不是边际分析，目标是最大化投资回报，即最大化总收益与总成本之差。

百万计的 App 上，新增一个 App，比如说爱奇艺，并不消耗苹果公司的任何资源，却给苹果公司带来新的收入，即爱奇艺支付的平台使用费。当然，羊毛出在羊身上，最终埋单的还是爱奇艺的用户，消费者成为付费会员后，才能下载它的影音作品。免费的音乐和视频虽然也有，但消费者必须先看一两分钟烦人的广告，这样一来，投放广告的商家构成爱奇艺的另一重要收入来源。

商家之间的协同也不可忽视，百货大楼里热销的新款跑步鞋有可能带动邻近帽子店的销售。在京东上买了手电，顺便再下单两节电池。商品种类越是齐全，客户购买的便利性体验越好，百货公司或电商的收入也就越高。

强大的规模经济效应和协同效应还不是故事的全部，互联网的"核武器"是第 4 章将介绍的双边市场效应和梅特卡夫效应。双边市场效应来自供给和需求的相互促进，滚雪球般的市场扩张使互联网公司的体量迅速超越传统企业；而梅特卡夫效应使一般企业难以想象的指数级增长成为可能。这四种效应的叠加造就了亚马逊、谷歌、腾讯、阿里巴巴等大型公司，它们以令人眼花缭乱的频率强势进军各行各业，从制造业、零售业到金融业、医疗业、媒体业和娱乐业，几乎无处不在（见图 3-2）。

亚马逊卖书、卖货，现在卖"云"——线上存储和计算服务；谷歌造汽车、做眼镜——不是一般的近视镜，而是战斗机飞行员头盔上 AR 视镜的民用版；腾讯通过投资涉足众多领域，所投公司的价值已超过其自身市值。互联网大潮汹涌而来，不仅让现有企业感受到了前所未有的危机，而且使创业者望而生畏。"赢家通吃""大树底下寸草不生"，企业，特别是身处传统行业的中小企业，还有生存的空间吗？

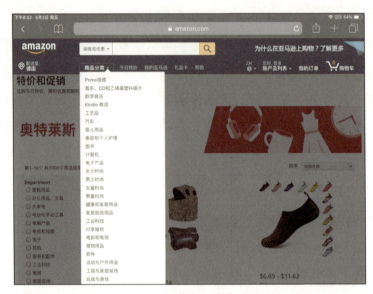

图 3-2　亚马逊主页与传统百货商店

注：亚马逊的 CEO 贝佐斯提出要做"万物商店"（the Everything Store），公司主页上显示
　　的商品分类表明他所言不虚。点进每一商品类别，可以发现成千上万的产品和厂家。
　　互联网平台产生巨大的协同效应，令传统百货商店望尘莫及。

资料来源：https://www.amazon.cn.https://www.sina.com.cn.

知彼知己，错位竞争

恐慌源于不知彼，迷茫皆因不知己。

实际上，笔者写作本书的初衷就是运用经济学原理，分析互联网现象和商业模式，辨识互联网的种种效应及其产生的条件，即在什么条件下哪些效应发挥什么样的作用，在什么条件下这些效应衰减乃至消失。在理性认知的基础上，既要充分估计这项新技术的冲击和潜力，也要避免盲目跟风和模仿。

以规模经济效应而论，它的前提是完全相同的产品或服务，**差异化**——哪怕稍有不同，都有可能阻断规模经济效应的蔓延。在百度称霸的国内网上搜索市场中，同时存在着钢铁、化工等行业的垂直搜索网站，细分市场的差异化防止了赢家通吃。垂直搜索网站公司长期在一个行业中耕耘，对客户更为了解，从而开发出更适合客户需求的网页和搜索方法，并利用多年积累的专业知识，有针对性地收集、组织和发布数据，形成行业内相对通用搜索的效率优势。不仅如此，垂直搜索网站还搭建了钢铁、化工等行业原材料的交易平台，组织召开专业会议，从线上走到线下，依托生产厂家、仓库和用户的网络，巩固自己线上垂直搜索的地位。通用搜索当然可以凭借资金与流量的雄厚实力，收购垂直网站，但那将面临业务、IT 系统和团队的整合难题，毕竟这个世界上失败的并购远远多于成功的。

哈佛大学商学院教授迈克尔·波特（Michael Porter）于 20 世纪80 年代初提出著名的"五力模型"[⊖]，他识别了行业内的竞争程度、潜在进入者的威胁、替代产品的可能冲击、供应商的议价能力以及客户

⊖　迈克尔·波特. 竞争战略 [M]. 陈丽芳，译. 北京：中信出版社，2014.

的议价能力，认为企业的战略目标是控制这五个因素，建立起保护企业的坚固堡垒，将竞争对手排除在外，确保企业获取超额利润，而实现这个目标的关键是成本优势和差异化。如何取得并保持成本优势呢？我们发现，企业必须具有独特的商业模式、组织方式或技术，这些从本质上讲仍然可归结为差异化。波特的"五力"竞争理论经久不衰，其有效性不断被后续的统计和案例研究证明，早已成为商学院学生必修的经典课程。互联网和数字化技术在不同程度上重塑了波特的"五力"竞争理论，但并未改变其基本逻辑，以及最重要的结论：企业必须也只能通过差异化在竞争中获胜。

脸书在社交网络方面拥有压倒性优势，活跃在专业人士中的领英不仅没有知难而退，而且越办越好，诀窍同样是细分市场中的差异化服务（详见第 7 章）。国内的微信在社交媒体方面的地位类似于脸书，强势但并非一枝独秀，具有类似社交功能的微博与它并立，两者既竞争又互补，微信着眼于小范围的互动交流，微博则可以做大范围的信息发布。

如果不能做到差异化，公司的实力再强也难以动摇先发者的优势。腾讯曾经试图挑战新浪微博在信息发布和社交上的领先地位，于2010 年推出腾讯微博，投入大量的人力和财力争夺用户，最终因收效甚微而不得不在 2018 年放弃。赶超的难点在于新浪微博的免费使用，而客户迁移到腾讯微博却是有成本的，迁移成本不只是下载和熟悉新软件所花费的时间，还有新浪微博上关注的对象和粉丝的损失。2011年腾讯发布与微博产生差异化的微信，这才打开一片新天地。微信的崛起并不意味着微博的末日，用户注册微信的同时保留了微博，因为两者存在差异，无法完全相互替代。

眼看微信火爆，阿里巴巴不甘落后，于 2013 年隆重推出自己的社交产品"来往"，不料却重蹈覆辙。来往被疑为微信的姊妹版，连 Logo（标识）看上去都似曾相识（见图 3-3），完全不能撼动微信的根基。待到阿里巴巴另辟市场，于 2015 年正式发布面向企业的沟通平台"钉钉"，方大获成功，在社交媒体的竞争中扳回一城。

　钉钉　　　　　来往　　　　　微信

图 3-3　猜猜它们代表什么

注：来往的 Logo 似乎暗示了它所遭遇困难的根源，即不能在市场上定义自己。钉钉采用截然不同的图案，给人耳目一新的感觉。当然，钉钉成功的关键是与微信错位竞争。

资料来源：https://www.dingtalk.com.https://www.laiwang.com.https://weixin. qq.com.

国画大师齐白石曾对弟子说"学我者生，似我者死"，商业之道与艺术相通。企业需要认真学习互联网公司的技术、营销方法、商业模式的新思路，但又不能照抄照搬，即使模仿也要有创新。创新的目的是提供差异化产品，化解大公司的规模优势。如前所述，规模经济效应的前提是完全相同的产品或服务，取得先发优势的大公司依仗接近于零的边际成本，长期用零价格也就是免费使用的策略打压潜在的挑战者。如果挑战者引入差异化产品，大公司要么看着自己的用户流失，要么投入资源开发性价比更高的类似产品，以便留住用户。这样一来，大公司的边际成本不再为零，规模经济效应因此会被削弱，削弱到什么程度取决于挑战者的产品在市场上的受欢迎程度。

规模不可怕，可怕的是同质化，是缺乏创新能力。

互联网公司理论上无穷大的虚拟空间也不可怕，除了音频、视频、软件等可在线上传输的产品，互联网公司并未从虚拟空间获得无穷大的协同效应。凡是线下交付的产品和服务，边际成本非但不为零，还有可能是递增的。以电商为例，虽然在亚马逊平台上增列一个品种的边际成本近乎为零，但满足客户订单需求的成本不等于零。亚马逊先向供应商购买，再转卖给客户，买卖的差价是亚马逊的利润，当差价为负时则出现亏损。亏损的商品挂在网页上，从长期来看是没有意义的，电商的销售品种数量以及协同效应受到线下市场供给和需求的限制。

一旦到了线下，电商的协同效应优势可能变成它的劣势。云中的飞鸟落到地面和走兽竞争，它有多少胜算呢？电商的品种越多，单品的平均采购批量越小，而批量越小，采购价格就越高，因为在小批量生产的情况下，供应商在自己的原材料采购、生产、配送等环节上没有规模经济效益。换句话说，互联网公司的规模经济效应和协同效应在相当大程度上取决于**供应商的生产规模**而不是互联网公司的**客户规模**。

电商由此落入一个无解的悖论，为了充分利用虚拟空间的优势，便大力开发所谓的"长尾商品"，即品种多而每种批量都很小的商品（详见第 5 章）。但是，小批量商品的采购成本高，而销售价格又受到传统零售业的压制，不能相应提高，因此长尾商品很少能赚钱，电商经营品种越多亏损就越大。大型电商长期不赢利，其中的一个主要原因正是如此。零售的第一个环节是采购，而"万物商店"的思想让电商输在了起跑线上。

看清这一点，即使在电商大兵压境的形势下，传统零售商也不必灰心泄气，可充分发挥自己在某些品种（即 SKU，定义见第 5 章）特别是头部商品上的规模优势。"头部商品"意指品种相对较少但每一品种的批量都比较大的商品。恰恰因为线下受物理空间的限制，传统零售商具有抵制"万物商店"诱惑的天然倾向，它们不断优化品种，淘汰亏损的长尾，聚焦可赢利的头部，若再能围绕电商难以提供的线下体验开展特色经营，和电商形成竞争 – 互补的关系，继续占有零售业的一席之地是完全可预期的。

《孙子兵法》有云："知己知彼，百战不殆；不知彼而知己，一胜一负；不知彼，不知己，每战必殆。"商场如战场，古人的智慧并未过时。知己知彼，不仅有助于中小企业找到和坚守自己的定位，也有助于互联网巨头找到和坚守自己的边界。子曰："七十而从心所欲，不逾矩。"我们不妨将"从心所欲"解释为企业家特有的市场直觉和冒险精神，而"矩"则来自经验总结和理性思考。

"阳光下没有新鲜事"，运用经济学的原理和分析方法，我们能够解释互联网世界中的种种现象，即使对于看似更为神奇的梅特卡夫效应，我们在第 4 章中也可发现其清晰可循的规律。

小　结

互联网的规模经济效应和钢铁、水泥等传统行业没有什么不同，都是由成本结构决定的，区别是在互联网的虚拟空间中，规模经济效应似乎可以趋向无穷大，市场上流行"赢家通吃""大树底下寸草不生"等说法，反映了人们一种谈虎色变的心理。实际上，互联网在虚拟空间中的规模经济效应不可能无穷大，因为它的固定成本也是阶梯上升的。更重要的是，只要涉及线下操作，例如零售电商，虚拟空间中的规模经济效应就必然受制于物理空间。阻止大企业规模经济效应无限延伸的一个有效方法是差异化竞争，哪怕差别不大，后来者或弱小者都能够赢得生存和发展的机会，就像腾讯和新浪在社交媒体上的竞争所体现的那样。

附录 3A

中小企业的规模经济效应：
In-N-Out 汉堡快餐店

麦当劳兄弟 1948 年将汉堡的产品和生产流程标准化，大大提高了餐饮业的规模经济效益，20 世纪 50 年代又采用特许加盟（Franchise）的方式进行扩张，并在所属餐馆全面提供"得来速"（Drive-through）即驱车点餐取货的服务，可以说是以一家公司之力创造了一个快餐业。由于规模经济效应显著，快餐业不久就形成了寡头垄断的格局。根据 QSR 杂志的估计，2019 年麦当劳在美国有 13 800 家门店，包括加盟费在内的销售收入高达 370 亿美元。就汉堡快餐店而言，紧随麦当劳之后的是汉堡王，在美国有 7260 家店，销售收入约 100 亿美元。第三名为温迪（Wendy's），拥有 5900 家门店。[⊖] 前三名合计销售收入约占美国汉堡快餐市场的 75% 以上。

在参天巨树的阴影之下，小草应该是很难生长的吧？答案是未必。笔者每次前往美国加州出差或旅行，都为 In-N-Out 汉堡快餐店的顽强生命力感到惊讶。这是一家创立于加州，主要布局在美国西海岸的连锁餐馆，和麦当劳一样，提供牛肉汉堡、薯条、饮料等快餐食品。与麦当劳不同的是，In-N-Out 为家族管理的非上市公司，以直营而非加盟的方式提供高性价比的食品和服务。截至 2018 年，In-N-Out 有 334 家连锁店，覆盖美国 6 个州，年营业额超过 5 亿美元。

⊖ https://www.titlemax.com/discovery-center/money-finance/the-revenue-of-fast-food-chains-in-america/.

餐饮业进入壁垒低，又不得不面临大公司的泰山压顶之势，In-N-Out 采取了什么样的策略得以在夹缝中生存和发展呢？答案是差异化和简单化。

In-N-Out 的差异化竞争诀窍只有一个词——新鲜。新鲜的牛肉，现吃现炸的肉饼，薯条也是新鲜土豆炸制的，而麦当劳的肉饼和薯条都先在中央工厂炸好冷冻，配送到各个店面，再加热制成汉堡套餐出售。中央工厂的设置是为了集中加工，强化规模经济效应。新鲜或冷冻保鲜，听起来如此微小的差异，能有不同的口感吗？笔者多次体验过，感觉 In-N-Out 的汉堡相对更鲜嫩、合口，可能是因为没有经过冷冻和二次加热而保持了较多水分，薯条的味道也和麦当劳的不一样，让人回味无穷，即便不是 In-N-Out 的忠实客户，为了换换口味，也会再次光顾。

差异化的产品要求不同的体系支持，为了保证每天都用新鲜牛肉，In-N-Out 的门店不能离中央工厂太远，必须在食材当天可以送达的范围内，免去冷冻的环节。限制店址的代价是门店数量增长较慢，2013～2018 年，它平均每年仅增加 4%。然而，这正是公司清晰定位的表现，专注区域性细分市场，有舍方能有得，牺牲规模来突出差异化的优势。反观麦当劳，允许店址选择有更大的自由度，增加店面数量以充分发挥中央工厂的规模经济效应，为此不得不容忍从中央工厂到店面的更长配送距离和配送时间，而隔天送达就必须冷冻，食材的新鲜度因此而降低。

这正是"猫有猫道，鼠有鼠道"，猫和鼠都能成功，怕的是觉得对方生意好，鼠走了猫道，或者猫走了鼠道。

　　In-N-Out 的简单体现在仅有 16 个 SKU（可简单理解为商品种类）上，其中饮料 12 种，食品只有汉堡、芝士汉堡、双层汉堡和薯条4 种（见图 3A-1）。市场上有一句流行语：少即是多。种类少使 In-N-Out 在单类食材上增加了采购批量，降低了进货成本，虽然规模经济效应不一定比麦当劳大，但相对夫妻店和移动快餐车具有成本优势。种类少还缩短了客户点餐与排队等候时间（见图 3A-2），提高了翻台率，间接降低了单店面积和租金成本。

图 3A-1　In-N-Out 只有 4 种食品、12 种饮料，共 16 个 SKU

资料来源：作者摄影。

　　In-N-Out 的差异化竞争、独特的门店选址和极简的经营策略取得了良好的效果，表现为产品的高性价比，其官方菜单上三款汉堡的价格均低于 4 美元，一个套餐的价格通常在 6 美元左右，而其他大型连锁快餐店的套餐价格则一般在 8～9 美元，移动快餐车的套餐售价则往往高于 10 美元。

图 3A-2　得来速服务，让顾客即可不必下车点餐和取餐

资料来源：作者摄影。

　　读者或许会问，4 种食品如何满足消费者的个性化需求？ In-N-Out 的秘诀是可拓展菜单。根据过去数十年对消费者需求的了解，In-N-Out 通过食材和佐料的不同用量组合，搭配出 30 多种味道不同的汉堡，例如消费者可以加量至三层甚至四层肉饼，或者在汉堡中夹薯条及薯条酱汁；或者，消费者也可以减量，比如不要肉饼或不要芝士。数量调制一方面部分地满足了消费者的个性化需求，让 In-N-Out 的常客也会有新的就餐体验；另一方面，它也要求员工能熟练掌握 20 多种不同的汉堡制作方法，操作难度大于主流快餐店。为了招聘到技术较为熟练的员工，公司的起薪比同行高 15%～20%，门店经理的年薪是其他快餐店的 2～3 倍，人工的高成本通过生产效率的提高来消化，形成效率和薪酬之间的良性循环。

有意思的是，不知是否受到 In-N-Out 和其他特色汉堡快餐店的启发，麦当劳也走上了新鲜食材之路，用四年多的时间重塑它的供应链和业务流程，终于在 2019 年见到效果，制止了它的市场份额下降。[⊖]In-N-Out 如何应对这一新的形势尚有待观察，差异化竞争无止境，相信这家已有 70 多年历史的企业会以进一步的创新保住它的市场地位。

⊖ https://www.cnbc.com/2019/06/24/fresh-beef-helps-mcdonalds-gain-market-share-for-first-time-in-5-years.html.

第 4 章

梅特卡夫
效应和双边
市场效应

本章是全书的理论基础，虽然显得有些枯燥，但是鉴于其重要性，还请读者和我一道耐心地做一些简单的逻辑推理，以便深入理解互联网的商业性质。

人们很早就意识到网络的力量。1844 年，发明家塞缪尔·芬利·布里斯·莫尔斯（Samuel Finley Breese Morse）上书美国众议院，大力推介他的有线电报技术，几经周折之后，政府最终同意出资 3 万美元建设巴尔的摩和华盛顿之间的一条试验线路。1845 年 4 月 1 日这条线路正式对公众开放，经营结果惨不忍睹，开业前四天的收入是 1 美分，第五天进账 12.5 美分，三个月累计收入 193.56 美元，而运营成本则高达 1859.05 美元。[○]公众和政府迅速丧失了对电报的兴趣，有人认为这不过是个新鲜玩意儿，或者更坏，是一场精心策划的骗局。

在嘲讽和反对声中，莫尔斯坚定地相信这项革命性通信技术的前景，他认为必须建立大规模的网络，增设站点，充分显示电报技术的效能，才能克服传统和惯性对新技术的抵触和阻碍。站点越多，就近发电报越方便，使用的人就越多；使用的人越多，电报

○ 斯坦迪奇. 维多利亚时代的互联网 [M]. 多绥婷，译. 南昌：江西人民出版社，2017.

公司的收入越高，就越有能力投资建设更多的线路和电报站点。供给和需求之间形成相互促进的良性循环，这就是我们将在下文介绍的"双边市场效应"。莫尔斯设想建设遍布全球的电报网络，将所有国家连接起来，这一超前的设想在一百多年后的互联网时代变成了现实。

在从政府申请经费迟迟未果之后，莫尔斯不得已转而与民间商界合作，创建了磁力电报公司，从 1845 年秋天开始，动工架设从纽约到费城、波士顿、布法罗、新奥尔良的电报线。持续的努力和电报带来的"奇迹"——包括两名棋手在相隔几十英里[⊖]的两座城市中通过电报对弈，使人们对电报的态度从怀疑变成了狂热。两年之后，美国的电报线路增加到 2000 英里，1850 年这一数字进一步上升到 12 000 英里，由多达 20 家的电报公司经营。[⊜]

莫尔斯对网络的直觉被 20 世纪的工程师和经济学家所证实，罗伯特·梅特卡夫（Robert Metcalfe）给出了描述网络节点互动的定量公式，诺贝尔经济学奖得主让·梯若尔（Jean Tirole）与合作者奠定了网络双边市场效应的理论基础。梅特卡夫效应和双边市场效应都具有收益递增的性质，互联网公司因此而如虎添翼。

● 人　物

塞缪尔·芬利·布里斯·莫尔斯（1791—1872），美国画家和发明家，早年接受艺术教育并以绘画为职业。1825 年他外出旅行时，年轻的妻子在家突然患病去世，消息传递迟缓，莫尔斯赶回家中时已人去

⊖　1 英里≈1.61 千米。
⊜　斯坦迪奇.维多利亚时代的互联网 [M].多绥婷，译.南昌：江西人民出版社，2017.

楼空，被悲痛击倒的他由此萌发了研究长途通信技术的念头。1832年
10月，莫尔斯在萨丽号邮船上与电学博士杰克
逊攀谈，后者用马蹄形磁铁和电池当场演示了
电磁感应现象。"这真是太神奇了！"莫尔斯看
到了一个奇妙无比的新天地。在他41岁那年，
莫尔斯干脆放弃了绘画职业，转而研究电学。
1844年，在座无虚席的华盛顿国会大厦里，莫
尔斯用激动得有些颤抖的双手，操作倾注了自
己十余年心血研制成功的电报机，向巴尔的摩
发出世界第一条商业线路上的第一份电报："上
帝创造了何等的奇迹！"

资料来源：https://en.wikipedia.org。图片由马修·布雷迪（Mathew Brady）拍摄于1857年。

梅特卡夫效应

除了第3章介绍的规模经济效应和协同效应，网络还具有独特
的梅特卡夫效应。鉴于梅特卡夫效应是理解各类互联网商业模式的关
键，我们将借助一个简单的概念模型，推导出梅特卡夫效应。与由成
本结构决定的规模经济效应和协同效应不同，梅特卡夫效应源自网络
用户之间的互动，这个概念模型可以清晰地展示这种互动。

让我们设想一家电话公司投资9元，架设a，b两人之间的一条
电话线（如图4-1中的粗实线所示），两人每月的通话费为10元，公
司的利润为1元。我们在这里略去了除投资之外的其他所有成本，以
便尽可能地保持分析的简洁。如果公司想扩大经营规模和提高经营收

入，决定增设 b 和 c 之间的一条线，b 和 c 的通话也将给公司带来 10
元的收入。公司的收入翻番至 20 元，但成

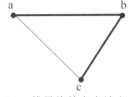

本也翻番到 18 元，利润 2 元，都是呈同幅
度线性增长。如果公司想进一步扩大规模，
是否要投资再建新线呢？不一定。

图 4-1　推导梅特卡夫效应（a）

公司这时发现，可以利用两条线路实现 a，b，c 三人之间的通信，
而不必架设从 a 到 c 的线路（见图 4-1 中的细线）。公司只需在节点 b 安
装一台电话交换机，当 a 和 b 通话时，交换机阻断来自 c 的呼叫，以避
免干扰 a 和 b，在 a 和 b 通话结束后，交换机再连接 c 和 a。公司以两条
线路的成本 18 元，产生三倍也就是 30 元的收入，如果忽略交换机的成
本，则利润为 30-18 = 12 元。换句话说，当节点数从 2 增加到 3，也就
是增加了 50%，收入和利润分别增加 200% 和 1100%！感受到网络的
魔力了吧？在经济学中，我们称这一现象为"**边际收益递增**"，意思是
每新增一节点的收益不断上升。即使电话交换机是有成本的，也比建一
条从 a 到 c 的线路的成本小得多，因此不会颠覆边际收益递增的结论。

让我们继续这个脑力游戏的推理，如果电话公司再架设一条从 c 到
d 的线路，三条线可以使六对客户通上话，即 ab、ac、ad、bc、bd、cd
（见图 4-2），公司的收入增长（60-30）/

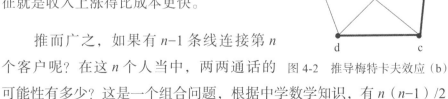

$30 \times 100\%$ = 100%，而成本只增加了（27-
18）$/18 \times 100\%$ = 50%。边际收益递增的特
征就是收入上涨得比成本更快。

推而广之，如果有 n-1 条线连接第 n
个客户呢？在这 n 个人当中，两两通话的
可能性有多少？这是一个组合问题，根据中学数学知识，有 n（n-1）/2

图 4-2　推导梅特卡夫效应（b）

种可能。如果 $n = 10$，则有 45 对节点通话；当 $n = 100$ 时，两人组合的数目达到 4950，即电话线路增加 9 倍，而话费收入增加（4950 − 45）/45 = 109 倍！电话公司的收入或者网络的价值随用户数呈**指数增长**，这个关系被称为梅特卡夫定律，用公式表达如下：

$$V_M = k_1 n^2 \tag{4-1}$$

式中，V_M 代表具有梅特卡夫效应的网络价值，k_1 是个常数，n 是网络节点或网络用户数。

● **人　物** ⋯⋯⋯⋯⋯⋯⋯⋯⋯⋯⋯⋯⋯⋯⋯⋯⋯⋯⋯⋯⋯⋯

　　罗伯特·梅特卡夫（1946—），出生于纽约市布鲁克林区，获麻省理工学院电机工程和商业管理学士学位。1973 年，梅特卡夫发明了以太网——短距离联通电脑的技术标准。他在 1979 年成立电脑网络设备制造公司 3Com；1980 年，凭借发明以太网获得美国计算机协会颁发的 Grace Murray Hopper 奖。梅特卡夫 1990 年从 3Com 退休，转而发行《InfoWorld》杂志并为其撰写专栏文章。他于 2001 年成为一家风险投资基金的合伙人，2005 年获美国全国科技奖章。

　　　资料来源：https://en.wikipedia.org.

　　读者需要注意的一点是，梅特卡夫定律不是物理学意义上的精确定律，而是从大量观察中得出的统计学意义上的近似公式。2015 年，中国科学院的三位研究人员分析了脸书和腾讯的实际数据[⊖]，证明梅特

———————————————

⊖　https://link.springer.com/article/10.1007/s11390-015-1518-1.

卡夫定律是成立的，互联网公司的市场价值的确与网络节点数的平方成正比。

在运用公式（4-1）时需要特别注意的另一点是，用户数的增加并不自动增加公司的价值，V_M 仅给出一个网络的理论或潜在价值，而不是实际市场价值。网络的市场价值取决于用户之间互动的活跃程度、互动产生的交易，以及互联网公司从互动和交易中获得的收益，例如广告费或交易佣金。在互联网投资圈里，基金经理们经常谈论活跃用户数和用户数的增长，其实最终决定价值的是用户的**互动方式**以及互联网公司的**商业模式**。只关注活跃用户数而忽视商业模式，创业公司往往"赔本赚吆喝"：不计成本和收益，一味追求用户数的增长，场面上热热闹闹，公司亏损却越来越大，不得不依靠一轮又一轮的外部融资维持生存，"输血"一旦中断，公司便只有关门大吉。

所谓商业模式就是指怎么赚钱，如果赚不到钱或者看不到赚钱的希望，市场不会按照公式（4-1）给网络公司估值。这也是为什么互联网公司经常在网上举办各种各样的活动，激发用户之间的互动，从而增加公司的收入。新浪以每年 600 万元的价格购买了中超足球联赛 2011～2015 赛季的视频版权，并于 2015 年开始运营篮球黄金联赛。根据不完全统计，篮球黄金联赛 2017 赛季的全年微博话题量接近 10 亿，视频播放量达 5 亿，超过 1000 万人在新浪网和微博上观看比赛，并参与讨论、点赞、转发。举办和播放热门的体育赛事促进用户互动，用户虽然没有为内容和网上交流付费，但是他们的积极参与使新浪可以触达更多的人，使在新浪上投放的广告能被更多人看到，这样，新浪就可以向厂商收取更高的广告投放费。

虽然互联网的特征是具有梅特卡夫效应，但这一效应并非互联网所独有，铁路网或公路网同样具备梅特卡夫效应。想象图 4-2 所示为铁路线路，我们不必修筑从 a 到 c 的直接线路，从 a 经 b 到 c，即可将货物或旅客从 a 运送到 c，需要增加的仅仅是 b 点扳道岔的设施和工人，将列车从 ab 段导入 bc 段，或者当 ab 段上有车时，设定从 c 点发出列车的时间，防止出现撞车事故。铁路上的道岔相当于电话网络中的交换机，与电话网络不同的是，火车行驶需要时间，当 ab 线被占用时，从 c 到 a 的列车就不能通过，必须在某地等候错车。而从 a 到 b 的电话信号可瞬间到达，只要 a 和 b 挂了电话，c 就可以和 a 或者 b 通话。列车行驶需要时间，弱化了铁路网的梅特卡夫效应，但这只是量上的差别，并没有从根本上改变一个事实：相比线路建设成本的增加，铁路的商业收益增加得更快，铁路的边际收益也是递增的。

通信网络的特点在于 a 和 c 的连接不影响或很少影响其他节点，使用交换机即可实现多个用户之间的电话信号在一条线上同时传输，互联网甚至不用交换机就能做到这一点，因而它的梅特卡夫效应较电话网络更强，尽管性质并没有根本的不同。

值得一提的是中国公司对网络估值方法的贡献，腾讯创始人之一曾李青提出了扩展的梅特卡夫定律，表达为：

$$V_Z = k_Z n^2 / R^2 \tag{4-1a}$$

式中，V_Z 代表曾氏网络价值，k_Z 是个常数，n 是节点数。依照曾李青本人的解释，R 类似于万有引力定律中的物体间距离，由节点连接的时长、速度、界面和内容四个因素决定。[一]我们期待不久的将来，研究人员能用实际数据验证这个定律。

　⊖　http://www.360doc.com/content/14/1010/20/14872595_415885487.shtml.

梅特卡夫效应可以被看作一种规模效应，但它与第 3 章介绍的规模经济效应有一个根本的不同，即前者中节点或客户数量的增加不仅摊薄了固定成本从而降低了单位平均成本，而且带来了**收入的指数增长**。对于传统行业比如煤炭行业，如果煤价是 500 元 / 吨，矿山每增产 1 吨煤的收入都是 500 元，边际收入不变。互联网平台上新增 1 个用户的收入假如是 10 元，新增第 2 个用户的收入可能是 15 元、20 元甚至更多，因为用户之间的互动随着用户数增加呈指数上升，网络具有**边际收入递增**的性质。

有意思的是，梅特卡夫从对互联网的观察中得出以他的名字命名的定律，但并不是所有的互联网公司都具有梅特卡夫效应。这个强大的效应产生于节点间活跃的互动，对于某一类网络，互动仅发生在**不同类别**的用户之间，例如淘宝和天猫平台上，互动和交易仅在供应商和消费者之间进行，供应商和供应商之间鲜有交易，消费者和消费者也互不相识。这类互联网平台的价值源于供应方和需求方的相互吸引和相互促进，遵循学术界的先例，我们称之为**双边市场效应**。

双边市场效应

我们将双边市场效应定义为：**不同类型用户之间正反馈交互所创造的价值**。请注意"不同类型用户"的限定条件，这意味着同类用户之间没有互动，因此双边市场效应弱于梅特卡夫效应。优步（Uber）等出租车服务平台具有很强的双边市场效应，一方面，打车的需求越高，司机的预期收入越高，就有越多的司机加入优步网约车的行列；另一方面，司机和车辆越多，打车就越方便，并且随着供给的增加，价格会越来越低，于是会吸引越多的消费者。

　　和梅特卡夫效应一样，双边市场效应不是互联网所特有的，甚至不是网络所特有的。实际上，任何一个市场比如浙江义乌小商品市场都可以看到供给和需求的相互促进。采购者愿意去义乌，因为那里有琳琅满目的小商品可供选择；生产厂家愿意在义乌设点，因为那里有来自全国甚至全世界的众多采购者。就供给和需求之间的良性循环而言，义乌和优步没有本质的区别，只不过前者的规模受到物理空间的限制，而后者在互联网虚拟空间中有着看似无限的潜力。

　　区分双边市场效应和梅特卡夫效应很重要，在双边市场中，并非任意两个节点都可能产生交互。在大多数情况下，同类用户无交互，如图4-3所示，网约车平台上的司机 b_1 和 b_2 之间没有沟通，打车人 c_1 和 c_2 彼此素昧平生。4个节点只有4对可能的互动，即 b_1c_1，b_1c_2，b_2c_1，b_2c_2，而图4-2中同样4个节点有6对可能的互动。对比图4-2和图4-3，我们可以清晰地从网络结构以及交互的丰富程度上看出梅特卡夫效应和双边市场效应的差别。

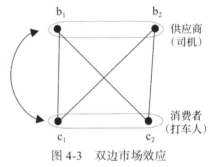

图4-3　双边市场效应

　　在互联网的商业模式中，用户分两大类是常见的现象，比如图4-3中的司机和打车人。爱彼迎（Airbnb）平台用户分为房东和房客；美团外卖用户分为餐馆和消费者；天涯社区用户分为写手和读者；优步平台用户分为司机和乘客。

　　用户不分类别的是社交平台，如图4-2所示，节点互动线显然较双边市场密集，对于同样的用户数，社交平台的理论价值也高于双边市场。那么，应该怎样计算双边市场的网络价值呢？如果一个消费者从所有 m 个供应商那里购买产品，也就是有 m 笔交易，2 个消费者就存在 $m \cdot 2$ 笔交易的可能，n 个消费者和 m 个供应商可能的交易有 $m \cdot n$ 笔，如果平台能对每一笔交易收取佣金，则平台的收入或价值可表达为：

$$V_{\mathrm{P}} = k_2 m \cdot n \qquad\qquad （4\text{-}2）$$

式中，m 是供应商数量，n 是消费者人数，V_{p} 是双边市场平台的理论或潜在价值。从这里往后，我们用 n 代表网络中的消费者节点数，除非另作说明，读者可以近似地认为 n 就是网络节点数。虽然准确地讲，节点总数等于 $n + m$，但因供应商数量 m 和消费者人数 n 相比，是一个小到不影响基本结论的数字，故忽略不计。

比较公式（4-1）和公式（4-2），不难看出两类网络效应的差别，梅特卡夫效应是网络节点数的**指数函数**，而双边市场效应是节点数的**线性函数**，倍数等于供应商数量 m。从这两个等式可知，社交网络的理论价值远高于交易平台，因为在一般情况下 n 比 m 大得多。例如微信有 10 亿个用户，根据等式（4-1），$10^9 \times 10^9 = 10^{18}$，微信网络的理论价值是一百亿亿级的；淘宝网上约有 1000 万个商家和 4 亿个活跃用户，从等式（4-2）得出 $10^7 \times 4 \times 10^8 = 4 \times 10^{15}$，其理论价值是千万亿级的，远远小于微信网络。

互联网的价值强度是用维数或阶数衡量的，公式（4-1）是用户数 n 的指数函数，公式（4-2）是 n 的线性函数，我们说理论上梅特卡夫效应比双边市场效应高一维或高一阶。指数函数和线性函数的区别如图 4-4 所示，当用户数 n 较小时，指数曲线在直线之下，当 n 足

够大比如说大于 n_1 时，指数曲线超过直线，并且和直线的距离越来越大。我们可以把直线想象为互联网公司的成本，随用户数增加而线性增加，把指数曲线想象为收入，随用户数增加而指数增加，两者之差是利润，利润也随用户数增加而指数上升。

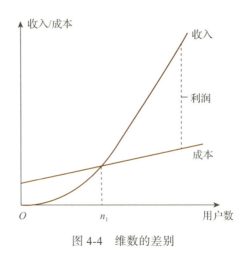

图 4-4　维数的差别

投资者青睐互联网公司，原因正在于梅特卡夫效应驱动下利润的指数增长，传统行业哪怕是规模经济效应很强的公司，也很难有这样的诱人前景。投资者并不在意公司当下是否赢利，他们看重的是活跃用户数、流量，公司能否迅速扩大规模，什么时候越过 n_1，实现投资的超额回报。不看当前赢利的投资者经常被说成是炒作互联网概念，实际上，至少他们之中的有些人是在做理性计算，只不过是另类理性罢了。这样的投资方法当然有一个风险，那就是被投企业还没达到 n_1 点就因耗尽资源而倒下。

投资互联网概念的另一个风险是企业可能不具备任何梅特卡夫效应，甚至连双边市场效应都没有。

似是而非的互联网

电商是最早应用互联网技术的一个行业，这里我们所说的电商指的是亚马逊、京东那样的线上零售商，而不是 eBay、天猫等线上交易平台。亚马逊从厂家购买商品，再卖给消费者。消费者除了在网上查看商品，不和厂家打交道，他们在亚马逊下单，从亚马逊接收所购商品。如图 4-5 所示，电商 B 从 2 个供应商处采购，卖给 3 个消费者，这些交易中获得的收益构成电商的收入和网络的价值来源。厂家和消费者之间没有互动与交易，这是和图 4-3 所示交易平台的一个本质区别。

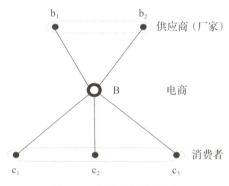

图 4-5　电商的网络结构

注：电商 B 从厂家 b_1，b_2 采购商品，卖给消费者 c_1，c_2，c_3，阻断了供应商（厂家）和消费者的互动，无意间削弱了梅特卡夫效应和双边市场效应。

相对交易平台，电商的优势在于供应链和物流管理，它为消费者筛选厂家和产品，严格控制产品品质，确保及时和准确地配送，代价是减少了消费者和厂家之间的互动，牺牲了梅特卡夫效应和双边市场效应，因而削弱了电商网络的理论价值。用公式可表达为：

$$V_E = k_3(n + m) \quad\quad （4\text{-}3）$$

式中，V_E 是电商网络价值，n 和 m 分别是消费者和厂家数量，k_3 是一个系数。

对比公式（4-3）和公式（4-2），n 和 m 从相乘变成了相加，网络的理论价值只是节点数的**线性函数**，节点互动的减少造成网络价值的进一步下降。对于同样的消费者数量 n，电商的网络价值远低于交易平台。在交易平台模式中，消费者数量 n 对交易平台的价值贡献被供应商数放大了 m 倍，如果像淘宝那样供应商数 m 是 1000 万，有 n 个消费者的网络价值就被放大了 1000 万倍。在电商模式中，即使供应商数仍是 1000 万，**也没有价值放大的倍数作用**，因为这些供应商不和消费者打交道，而是只卖产品给亚马逊。在消费者眼中，"供应商"只有亚马逊一家。

和电商类似的是 P2P 平台，表面上看，P2P 平台联结了**借款人和出借人**，起码应该有资金需求和资金供给两大类客户的双边互动，就像天猫、优步的模式一样。深入考察资金来源，P2P 平台实际上靠它的风险判断和风险控制能力，保障资金的安全来吸引理财人。没有严格和到位的风险控制，出借人不敢贸然借钱给企业或个人，而 P2P 平台上的风控供应者只有一个，那就是 P2P 平台自己。P2P 平台的网络结构图和电商的一样（见图 4-5），与交易平台的不同（见图 4-3）。电商卖货品，P2P 平台卖信用评级，这是两者的唯一区别。我们会在第 6 章进一步讨论互联网金融的问题。

但是共享单车，这个曾经风靡一时的投资概念，头戴"互联网"和"共享经济"两顶桂冠，却既没有梅特卡夫效应，也没有双边市场效应，因为平台上只有一家供应商 B——共享单车公司，消费者之间也不发生互动和交易，其网络结构如图 4-6 所示，从一点向外放射，看上去已不像网络了。如果用公式表达，当供应商数 $m = 1$ 时，公式（4-3）简化为：

$$V_S = k_3 n \qquad （4\text{-}3a）$$

即网络（如果还可以称为网络的话）价值是用户的线性函数。

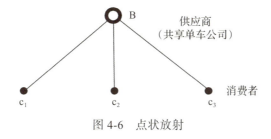

图 4-6　点状放射

当网络退化到如图 4-6 所示的点对点放射状时，我们就回到了一家公司服务多个客户的传统商业模式，互联网在这里变成了像机床和电脑那样的纯粹的工具，而没有多少商业模式创新的意义。这类点状放射的"互联网公司"和电话、铁路公司没有可比性，更不要说社交网络平台了。分析这类公司的方法和传统的钢铁、水泥厂没什么两样，主要看成本结构决定的规模经济效应和协同效应。

经济学与商业

我们从经济学的角度介绍了四种效应，这些概念对于经营商业有什么帮助呢？依笔者之见，创业、经营、管理等商业活动本质上是艺术而非科学，起码不是自然科学意义上的科学，商业世界不存在物理学定律那样确定和准确的公式，经济学的作用因此不是预测未来市场需求或给出最优经营策略，而是提供思考问题的原理性框架以及辅助决策的分析工具。彼得·德鲁克指出，企业首先要致力于"做正确的事情"，其次才是正确地做事。经济学有助于辨别哪些是正确的事情，例如企业的规模应该做多大，应该从事哪些业务和放弃哪些业务等。

在一个高速增长的经济环境中，企业有着天然的扩张冲动，本书第 3 章中所述的规模经济效应似乎从理论上支持了扩张：单位平均成本随着产量的增大而降低，这意味着企业越大越好。然而凡事皆有限度，产量大固然可以降低生产成本，但管理成本也会随着企业的规模增大而上升，决策者需要在收益和成本之间进行权衡。无论自建产能还是收购，仅当新增的收益即边际收益大于新增的成本即边际成本时，扩张才是值得的。企业不是越大越好，当边际收益等于边际成本时，企业应当停止扩张的脚步，而当边际收益小于边际成本时，则要果断地收缩。

基于同样的原理，企业跨界经营也需要边际分析法。跨界的目的是获得协同效应，例如电动车厂收购电池厂，或者电商公司投资建立自己的线上支付系统。反之，房地产开发商制造新能源汽车，煤炭企业做半导体芯片，无论在上下游配套、产能、技术，还是团队、客户基础等各方面都没有协同效应，如此跨界，失败的可能性很大，因为新进入者相对行业内的现有企业处于劣势，以己之短，攻人之长，哪里能有什么胜算？即使存在协同效应，也要对比收益和成本。一家汽车销售服务 4S 店投资了汽车零件制造企业和保险公司，看上去能产生协同效应，汽车零件用于 4S 店的车辆维护维修业务，汽车保险卖给现有客户，实际上二者却分属于商业本质与 4S 店服务业完全不同的制造业和金融业。由于没有制造业和金融业的团队和知识积累，进入成本和经营成本远高于多元业务的协同效应带来的收益，这家 4S

店很快就因亏损而被迫放弃了零件制造和汽车保险业务。

在市场实践中，边际收益和边际成本很难精确计算，只能粗略地加以估计。对于企业而言，应用经济学原理的要义不在定量而在定性分析，在于战略决策的系统性思考框架，把握商业的本质和大线条的逻辑关系，避免出现重大决策失误。除了发展战略，企业的商业模式也是经济学的研究对象之一。

商业模式是企业为客户创造价值的方式，也是企业的赢利模式，大致对应德鲁克所说的"事业理论"[⊖]。商业模式回答企业经营的核心问题：客户为什么购买你的产品和服务？为什么从你这里而不是从与你类似的其他企业那里购买？换个角度提问，你为客户提供了什么样的**独特**产品和服务？或者你有什么样的**核心竞争力**？核心竞争力是一家企业拥有的他人难以模仿的独特优势，例如华为和三星也能生产智能手机，但苹果手机在市场上享受溢价，原因之一是苹果的应用商店里有数百万个 App，从音乐、购物到游戏、旅行一应俱全，众多的商家在苹果的平台上开发 App，且苹果为自己的手机专门研发的 iOS 操作系统功能齐全、使用方便，并能持续地更新和升级，吸引了众多的商家，而其他手机厂商不得不依靠第三方的安卓操作系统。独有的iOS 系统便是苹果公司的一项核心竞争力。

核心竞争力必须是他人难以模仿和复制的，如果三星能够以较低的成本研发出自己的操作系统，招徕厂商使用三星的平台，就会削弱苹果的技术优势和议价能力，问题在于手机操作系统的开发不可能一蹴而就，需要不断地投资，在运行中逐步改进升级。在可以预期的未来，苹果将继续保持在自有操作系统上的优势，其软硬件一体化的商

⊖　德鲁克，马恰列洛.管理：上册 [M].辛弘，译.北京：机械工业出版社，2009.

业模式将带来超越竞争对手的产品性能。由此可知，核心竞争力的要点是独特性而不是先进性，在互联网技术相当普及的今天，单凭先进的技术已不足以支撑企业的核心竞争力和商业模式。

核心竞争力在经济学中被称为市场"进入壁垒"，进入壁垒越高，企业的市场议价能力越强，产品利润率（Profit Margin）就越高。华为公司面临市场竞争时，总是选择相对较难的技术路线和产品路线，今天的艰难意味着明天的技术壁垒高，壁垒保护下的高利润率是知难而上的底层商业逻辑。与利润率模式（Margin Business）相对的是放量的商业模式（Volume Business），富士康承接手机的生产制造业务，技术壁垒低，供应商之间竞争激烈，严重挤压利润率。富士康就走薄利多销的路线，以量取胜，建造和管理能容纳几十万工人的大型生产基地，尽可能地放大规模经济效应，它的核心竞争力是组织、协调和运用大量资源的能力。

企业高管们会发现，经济学的思维方式不仅对常规业务，对创新也是有益的，起码有助于克服畏惧高风险的情绪。德鲁克指出，创新的高风险其实是个错觉，产生错觉的原因是企业家"缺乏方法论，违背了基本且众所周知的法则"。[○]"基本且众所周知的法则"就是常识，经济学原理不过是常识的抽象和概括表达。

促使笔者写作本书的一个原因是推动经济学原理的实际应用。互联网进入中国，一方面产生了市值高居世界前十的大公司，使中国在电子支付、电商和网络社交的普及方面处于领先地位；另一方面我们也看到数不清的互联网创业公司的惨痛失败，特别是 P2P 公司的大面积倒闭冲击了金融体系，影响了社会的稳定。如果人们相信，互联网

○　德鲁克 . 创新与企业家精神 [M]. 蔡文燕，译 . 北京：机械工业出版社，2009：25.

如同蒸汽机一样，仅仅改变了经济规律的表现形式而不可能改写经济规律本身，如果人们运用基本的经济学原理来分析五光十色的互联网商业模式，或许可以减少对成功经验的误导性宣传，减少亢奋和恐慌心理驱动的跟风，从而避免大量宝贵资源的浪费。

正是因为经济学原理和商业逻辑互通，经济学人参与商业活动成为一时之风。谷歌前 CEO 埃里克·施密特（Eric Schmidt）读了《信息规则：网络经济的策略指导》一书后，与该书作者之一加州大学伯克利分校经济学教授哈尔·R. 范里安（Hal R. Varian）进行了深入的交谈，力邀后者担任公司的咨询顾问，并于 2002 年说服他出任谷歌的首席经济学家。越来越多的科技公司在市场实践中意识到经济学原理的重要性，亚马逊聘用的全职经济学家人数是美国高校规模最大的经济系的好几倍。[⊖]

微软曾试图收购雅虎的搜索业务，前者聘请的经济学家分析了搜索的规模经济效应等其他间接效应，认为处于行业第二位的搜索引擎必须达到一定的市场占有率才能生存下去。[⊖]微软后来放弃了这项收购，显然经济研究的结论对公司的决策产生了重要的影响。

在策略层面上，仔细辨认不同场景中的规模经济效应、协同效应、梅特卡夫效应和双边市场效应，有助于构建与之相适应的商业模式和制定有针对性的操作方法。例如为了充分发挥规模经济效应，传统的钢铁、水泥企业应该建立多渠道 2B（面向供应商）客户销售网，而不必照搬 2C（面向消费者）业务的网上营销手法。在生产这一端，企业应尽可能地采用大型设备，如大功率发电机、大容量高炉、大吨位水泥回转窑以及大规模流水生产线。采用大型设备虽然一次性投入

⊖⊖　阿西，卢卡 . 科技公司中的经济学家和经济学 [J]. 比较 .2019：3.

大，但单位成本是随着产能增加而递减的。

如果一家互联网公司的梅特卡夫效应十分显著，一个有效的策略就是激发和活跃用户之间的互动。侧重于专业人士的社交网络领英正是这样做的，该公司在平台上建立专业群并组织各种各样的论坛和讨论会，吸引知识界和商业界的高端人才参与，通过交流讨论熟悉彼此，从中发现招聘和求职的需求匹配。领英的商业模式是收取会费、广告费和招聘佣金，所有这些收入来源都与用户数及用户活跃程度相关。

双边市场战略的要点在于供应商和消费者两大类用户的互动，为了吸引用户登录，形成供给和需求的正反馈，《平台革命》一书的作者建议免费开放平台的使用，只对平台上发生的交易收费，例如点击付费，在这一商业模式下，收费结构与收费标准关系到平台的成败。除此之外，先推供给还是先拉需求也大有文章可做，有兴趣的读者可参考该书的第 5 章内容。[⊖]

倘若不能清晰识别各种不同的效应，盲目模仿他人行之有效的方法，则浪费资源又贻误市场时机。领英的做法搬到优步上是"文不对题"，虽然对供给和需求的良性循环或许有微小的促进作用，但不大可能显著提升后者的业务，因为乘客间并无互动的需求，即使偶尔互动也极少产生交易。在第 5 章中，我们将分析美国两大零售巨头亚马逊和沃尔玛的相互模仿和竞争，沿着规模经济效应和协同效应的主线展开讨论，可以清晰地看到两者在战略和策略上的得失。

⊖ 帕克，埃尔斯泰恩，邱达利 . 平台革命：改变世界的商业模式 [M]. 志鹏，译 . 北京：机械工业出版社，2017：79-104.

经济学原理的应用还包括辅助决策的数据分析，即传统的商业智能（Business Intelligence，BI），例如精准推销和广告效益计算；市场交易机制设计和商业模式确定，例如制定广告拍卖流程和平台收费方法。

从经济学的角度区分各种不同效应，有助于对互联网公司做出较为准确的估值。我们知道，公司的增长潜力越大，以市盈率（PE）衡量的估值越高（详见本书第 11 章）。网络特有的梅特卡夫效应对公司业绩增长的推动是最强有力的，其次为双边市场效应，再次是基于成本结构的规模经济效应以及协同效应。具有梅特卡夫效应的公司理论上应该有较高的估值，双边市场效应对估值的增强作用排在第二位，而只有规模经济效应或协同效应的公司几乎享受不到估值的溢价。当然，各种效应和估值之间的对应关系是粗略的和概念性的，与其说用于指导估值，不如说帮助我们思考估值，针对不同的效应选择不同的估值分析框架。

社交平台有着最强的梅特卡夫效应，微信、脸书、推特（Twitter）各自都有数以亿计的使用者，引入游戏、音频、广告、支付、理财等产品或服务，可以将网上巨大的交互流量变成现金收入。脸书以百亿美元的天价收购了 WhatsApp，看中的正是社交媒体难以估量的潜在商业价值。之所以用"潜在"二字是因为梅特卡夫定律给出的只是理论值，理论能否变为现实，取决于平台上有多少产品和服务，以及这些产品和服务能否很好地满足用户的需求，能否产生足够多的互动和交易。

互联网公司如天猫、美团的双边市场效应十分显著，优步、爱彼迎也是如此，然而这些公司基本上没有梅特卡夫效应。亚马逊、京东、苏宁的双边市场效应较优步弱，因为消费者依赖平台保证产品品质，他们只和图 4-5 中的电商 B 打交道，与供应商则无互动往来，是"单边"而非"双边"的。P2P 的网络属性及商业本质和电商相同，这里不再赘述。

有意思的是，一些著名的互联网公司发展到今天，其网络特征逐渐淡化，梅特卡夫效应和双边市场效应也让位于传统的规模经济效应，例如就利润贡献而言，亚马逊从电商逐步转变为云服务提供商，从互联网应用的先行者变为数字时代的基础设施供应商。云服务的实质是通过出售存储和计算能力，出租亚马逊数据中心的服务器和技术团队的软件开发能力。数据中心的硬件投资和技术团队的薪酬可被视为固定成本，在设计产能之内新增用户的边际成本递减，换句话讲，云服务的规模经济效应和铁路、电力没有什么区别。

小　结

包括铁路网、电网、通信网在内的网络对经济和人们的生活产生了巨大的冲击，冲击力来自网络特有的梅特卡夫效应，互联网将梅特卡夫效应从物理空间带入更大的虚拟空间。梅特卡夫效应的大小取决于用户之间的互动方式以及互动的活跃程度。当用户仅做跨类型的互动时，比如交易平台上的消费者仅和供应商而不和其他消费者打交道时，梅特卡夫效应退化为相对较弱的双边市场效应。如果用户互动受到进一步限制，那么互联网将和传统的技术一样，只具有第 3 章讨论的规模经济效应和协同效应。厘清上述概念既有助于互联网公司选择相应的商业策略，避免走不必要的弯路和浪费成本，也可以为投资者评估互联网公司的价值提供一个可靠的分析框架。

附录 4A

规模经济效应和反垄断

如同我们在第 3 章中介绍的，互联网公司具有很强的规模经济效应，不仅数据中心、服务器等硬件，管理者和技术人员的薪酬也都是固定成本，不因客户数量的变化而变化。举例来说，如果开发和维护一个互联网平台需要 50 人的团队，无论用户是 20 人还是 20 万人，这 50 人的成本一点都不能少。在传统行业中，人员工资一般是可变成本，而在科技公司中往往是固定成本。从本章的分析已知，固定成本的比重越大，规模经济效益越好，每新增一个客户将不断分摊掉固定成本，服务一个客户的平均成本随着客户数量的增加而下降。

作为一项新技术，互联网的独特之处在于创造了一个理论上无穷大的虚拟空间，在虚拟空间里将传统的基于成本结构的规模经济效应指数级放大，由于网络存在梅特卡夫效应和双边市场效应，用户互动产生收益而几乎不必增加网络运行和维护的成本，换句话说，边际成本几乎等于零。虽然商品和客户数量的增加会使科技公司的数据中心处理能力遭遇瓶颈，需要相应添置服务器或购买云计算能力，但这项成本的增加远小于新增加的业务收入。同样由于梅特卡夫效应和双边市场效应，新增业务收入将指数级上升。

多重效应的叠加产生了前所未有的大型科技公司，一家这样的公司即有数亿个用户，市值以万亿元计。面对这一新现象，人们自然要问，这些科技公司是否已构成垄断力量？公众是否应敦促政府采取反垄断措施？在回答这些问题之前，我们先要搞清楚垄断的危害到底是什么。

对垄断最常见的第一个指责是人为限制产量，"恶意"抬高价格以赚取垄断利润，损害社会公众的利益。事实证明，这样的担忧是多余的，从电话、电脑、手机到通信和网络使用费用，信息技术产品和服务价格的总体趋势都是一路向下的，这一现象背后的主要原因是超强的规模经济效应和市场竞争。大型科技公司增加产量，降低而不是提高价格，以便扩大销售规模和增加利润。传统行业的降价空间有限，而科技公司通过降价不仅可以获得传统行业的规模经济效益，还因梅特卡夫效应和双边市场效应带来新的收入，公司因此能够承受更低的价格而不至影响利润率。

硬件成本的不断降低给了科技公司更大的降价空间。芯片是信息技术产品如手机和电脑的最重要元件之一，根据著名的摩尔定律，单位面积晶圆上的二极管数量每 18 个月翻一番。这意味着起码从理论上讲，同等功能的半导体芯片价格每 18 个月减半，使用芯片的产品公司从中获益匪浅。

只谈能力不能说明问题，还要看科技公司有无降价的意愿。坦率地讲，世界上恐怕没有一家企业愿意主动降价，但市场竞争的存在迫使它们不得不这样做。读者或许会问，那些巨无霸式的科技公司还担心竞争吗？对垄断的第二个指责正是抑制竞争和阻碍技术进步。现实中的科技公司没有一天不生活在巨大的竞争压力之下，尽管不是经济学教科书中的"完美竞争"（Perfect Competition），而是很不完美的寡头竞争。"寡头"一词在这里没有任何贬义，它表示一个市场上只有几家大型企业角逐的格局，例如四五家头部手机厂商即占有全球市场的 90% 以上，它们之间展开异常激烈的竞争，稍有懈怠就可能被淘汰出局。

诺基亚曾经是手机行业的"老大"，市场占有率一度超过 60%，由于产品创新落后一步而被苹果反超。诺基亚的败落是对苹果的警戒，如果满足于眼前的超额利润，苹果也有可能被后来者颠覆。实际上，苹果曾赚取了智能手机行业 80% 的利润，由于三星、华为等厂家的进入和竞争，其利润份额 2019 年下降到 60%，预计还会继续降低。苹果不敢掉以轻心，持续地升级产品，提高技术壁垒，试图保住它的超额利润。苹果手机更新换代速度之快，已超出消费者对手机功能的需求，在这种看似不合理的"过度创新"背后，正是对市场入侵者的高度警惕和担忧。值得强调的是，入侵不必真实发生也可对现有头部企业形成压力，只要市场是开放的，只要存在着进入的威胁，现有头部厂商就必须不断地投入资源，开发新的技术和新的产品。

在创新的时代，竞争经常来自行业内外的不速之客。数码相机曾经是佳能、索尼等日本公司的天下，手机摄像头性能的迅速提升导致数码相机的销售量下滑。抖音的短视频虽然不能撼动微信在社交媒体上的霸主地位，也没有造成微信用户数的减少，但显著地分流了用户使用微信的时间，迫使腾讯启动自己的短视频项目。阿里巴巴的第三方电商交易平台多年来领先同行，谁也没有料到拼多多的崛起让这位领先者寝食难安。PC 操作系统的垄断者微软未能跟上移动通信的步伐，股价和市值大跌而沦为被收购的对象，直到萨提亚·纳德拉（Satya Nadella）接任 CEO 一职。纳德拉领导下的微软艰难而果断地转型，全面拥抱云技术，终于扭转了颓势，重回科技公司第一梯队。在过去几十年的商业史中，企业巨头朝不保夕的案例俯拾皆是，快速的技术进步催生越来越大的公司，也以同样的速度淘汰大公司，"恐巨症"是没有必要的（见图 4A-1）。

2009 年			
排名	公司名称	国家	市值（亿美元）
1	中国石油	中国	3 670
2	埃克森美孚	美国	3 410
3	工商银行	中国	2 570
4	微软	美国	2 120
5	中国移动	中国	2 010
6	沃尔玛	美国	1 890
7	建设银行	中国	1 820
8	巴西国家石油公司	巴西	1 650
9	强生	美国	1 570
10	壳牌	美国	1 560

2019 年			
排名	公司名称	国家	市值（亿美元）
1	微软	美国	10 500
2	亚马逊	美国	9 430
3	苹果	美国	9 200
4	Alphabet	美国	7 780
5	脸书	美国	5 460
6	伯克希尔 – 哈撒韦	美国	5 070
7	阿里巴巴	中国	4 350
8	腾讯	中国	4 310
9	VISA	美国	3 790
10	强生	美国	3 760

图 4A-1　2009 与 2019 年全球市值前十公司的变迁

　　对垄断的第三个指责是它破坏了社会公平和公正，具体来说就是大公司挤压甚至剥夺了中小企业的生存空间。暂且不论公平的标准是什么，在现实世界的竞争中，大企业固然具有一定的资源优势，决定成败的却是技术和差异化。苹果、谷歌、特斯拉都是从创新型的小公司起家，以独特的技术和产品打开市场的，苹果的智能手机、谷歌的链接搜索、特斯拉的电动汽车，分别击败了诺基亚、雅虎、丰田汽车，成为各自领域里市值最大的公司。中小企业与其抱怨"大树底下寸草不生"，不如用差异化的错位竞争对抗大企业的规模优势。

　　公平与否是一个价值判断，而技术本身是中性的，技术进步总体上对社会有益，但因改变了利益格局，而导致利益分配不均甚至有人利益受损，那些获益相对较少和利益受损的人便将矛头指向了科技公司。互联网公司做社区团购，有媒体文章说其与民争利，抢了蔬菜商贩的生意，以强凌弱很不公平。这里确实有公平性问题，但是媒体搞错了对象。团购有市场，说明互联网公司为消费者创造了价值，体现为集中购买的批量大、价格低，因为生产批量越大，供应商的平均生产成本就越低，这是典型的规模经济效应。不仅如此，消费者线上订购，减少了线下的批发－零售中间环节的成本，并且社区团购是隔日取货，给菜农和菜场留出了备货时间，减少了库存和损耗。所有这些都有助于降低价格，给消费者带来实惠。利益冲突的根源不在互联网商业模式创新，而在消费者利益和菜贩生计之间的冲突，公平问题应该由这两个群体遵循法律程序协商解决，怎么扯到了反垄断和商业道德上去了呢？

人们如果了解垄断的一个性质，就不会对它的存在感到紧张，即**垄断是自我破坏**的。说来多少具有讽刺意味，打破垄断的正是垄断利润本身。垄断的目的是赚取超额利润，正是超额利润如磁石般地吸引着竞争者进入同一市场，只要没有难以克服的进入壁垒，竞争者必然分流垄断者的客户和利润，就像三星和华为之于苹果公司。先行者不仅以超额利润召唤着竞争对手，而且以自己成功的产品和市场销售降低了模仿者的预期风险，客观上鼓励它们大胆进入。后来的竞争者推出类似但又不尽相同的产品，争夺利润丰厚的市场，迫使先行者继续研发创新。这个技术不断进步的良性循环需要一个重要的前提条件——市场是开放的和可以自由进入的，否则不可能有竞争以及竞争驱动下的持续创新。

从上述的讨论我们可以得出**垄断的定义：若存在不可克服的进入壁垒，该市场就是垄断的**，否则就不存在垄断。

这个定义与企业的规模、市场份额等传统的垄断判定指标无关，因为规模并非无法克服的进入壁垒。以社交媒体为例，脸书是无可争议的"老大"，在全球拥有月均活跃用户（简称月活用户）数 22 亿，占除中国外世界总人口的 1/3。即便如此，脸书也不可能赢家通吃，位居第二位的 YouTube 月活用户数 15 亿，推特月活用户数 3.3 亿，都是脸书的强劲竞争对手。在国内短视频市场上，2020 年一季度，抖音以月活用户数 5.2 亿稳坐第一把交椅，快手 4.4 亿，B 站（Bilibili）1.2亿，后两家公司的用户数同比增长均超过 30%，而抖音相形见绌，只有不到 15%。大公司阻碍竞争的能力有限，市场竞争的关键不在公司大小，而在进入壁垒的高低和进入壁垒的性质。

凡市场上形成的垄断要想保持是非常困难的，因为商业模式很容易模仿复制，技术壁垒可通过"反向设计"或自主研发突破，只要预期收益大于研发费用。创新理论之父、哈佛大学经济学家约瑟夫·熊彼特在 20 世纪 30 年代就指出：**纯粹的长期垄断的实例必定非常罕见……除非受到政府当局的支持**。[⊖]特许经营权等人为的进入壁垒才是反垄断的重点。特许权保护下的企业不必面对竞争，企业的所有者不关心客户、产品和运营效率，而是把大量的资源和时间用于巩固和政府的关系。《亚洲教父》一书中讲述了一位陈姓商人的故事，他通过结交马来西亚前总理马哈蒂尔的侄子和妻弟，未竞标即获得了汽车经销权和彩票经营权，陈姓商人的商业帝国日后扩展到基础设施、传媒、酒店、股票经纪、航空等多个行业，虽然这些公司盈利微薄，但他利用上市和资本市场上的交易积累了巨额财富。[⊖]根据该书作者的观察，行政垄断加寻租已成为东南亚各国的标准商业模式，破除权力 -金钱联盟的最有效政策是开放而非管制市场。

一些学者和企业家甚至认为垄断既是创新的必要前提，也是创新的目的所在。创新充满了风险，经济学原理和常识都告诉我们，高风

⊖　熊彼特. 资本主义、社会主义与民主 [M]. 吴良健，译. 北京：商务印书馆，1999.
⊖　史塔威尔. 亚洲教父：香港、东南亚的金钱和权力 [M]. 史钰军，译. 上海：复旦出版社，2011.

险必须有高回报补偿，超额利润就是这样的补偿。熊彼特说："企业家利润之中包含垄断收益的因素，它是社会颁给成功革新者的奖金。"[一]常言道"重赏之下必有勇夫"，预期得到高回报，企业才有冒险创新的动力。高回报包括但不限于财富，除了物质享受，社会的认可与自我精神的高扬也是强大的甚至是比财富本身更吸引人的激励。

鉴于创新激励的重要性，世界各国都颁布了专利法。专利的实质是**技术的垄断使用权**，专利有效地阻止了抄袭和仿制产品，保证专利所有者得到足够的收益，使他们有可能回收前期的研发投资。如果我们接受"知识产权应该垄断"的逻辑，为什么不能接受企业凭知识产权建立的市场垄断呢？

垄断利润不仅为创新企业家提供了强有力的激励，也为他们准备了持续研发所需的资金。"完美竞争"模式中的企业不可能创新，因为它们都只赚取行业平均利润，而行业平均利润仅够维持日常开销，没有多余的资金投入耗费巨大且不一定保证成功的创新项目。这也是为什么当代突破性技术创新要么由大企业承担，要么由风险投资基金融资进行，或者是两种方式的结合，中小企业则大多聚焦于改进性工艺、产品和商业模式的创新。

企业家如何看待垄断？世界上第一家电子支付公司 Paypal 的联合创始人彼得·蒂尔认为，教科书中同质化的"完美竞争"是没有希望的生死煎熬，"要想将企业从每日的生存竞赛中解脱出来，唯一的方法就是获取垄断利润"。[二]垄断地位的建立靠创新，企业以更低的成

　㊀　熊彼特.资本主义、社会主义与民主 [M]. 吴良健，译.北京：商务印书馆，1999.
　㊁　蒂尔，马斯特斯.从 0 到 1：开启商业与未来的秘密 [M]. 高玉芳，译.北京：中信出版社，2015.

本为消费者供应更多的产品，而不是人为制造紧缺；或者创造出崭新的事物，给消费者更多的选择。"有创意的垄断企业不仅对外界社会没有负面影响，相反，它们是使社会更美好的推动力"，不仅如此，"垄断企业会不断创新，因为利润给了它们规划长远未来的资本，它们有能力投资雄心勃勃的研究项目，这些是困在竞争之中的企业想都不敢想的"。简而言之，**预期可实现的垄断既是创新的前提，也是创新的目的。** 为了避免不必要的恐惧和道德讨伐，我们有必要再次强调，凡市场上形成的垄断必定是局部的和暂时的，超额利润的存在意味着垄断必定是自我破坏的。

公众和监管部门需要关注的是行政垄断以及不正当竞争，例如"二选一"的排他性销售和搭配销售等做法限制了客户的选择自由，对于这类做法应当予以纠正，但是否在现有反垄断法的框架内禁止，则需要谨慎处理，这些阻碍竞争的行为和企业的规模没有必然联系，尽管大企业滥用市场影响力的案例远多于中小企业。例如有些厂家只允许经销商或供应商与自己发生业务往来，以此保证产品和服务的品质，或者防止商业和技术机密泄露而被竞争对手获得。在这种情况下只要双方是自愿合作，监管部门何不乐见其成？又比如餐馆规定不许食客自带酒水，"吃我的菜肴必须买我的饮料"，这是明显的搭配销售或捆绑销售，和餐馆大小没有关系，与其反垄断，不如反非正当竞争。

从市场经济学的角度考察垄断，我们有理由相信，改变关于垄断的传统思维和反垄断政策，总体上有助于经济的发展和公众福祉的提升。至于垄断对社会公平正义的影响，由于哲学、伦理学不是笔者的专业，我仅在下文简要提出两个观点而不做分析论证。

第一，就经济问题而言，我认为公平指的是市场游戏规则的公平，而不是结果的公平；是机会的均等，而不是某些可量化指标的均等。第二，当一项创新使一些人受益而另一些人利益受损时，公平与否应由各利益相关方根据法律程序认定，既不能说对大多数人有利就是公平，也不能说弱势群体的要求就是天然正义的。社区团购既然有居民愿意买，说明互联网公司为他们创造了价值。商贩的生意做不下去，禁止社区团购就公平了吗？消费者难道不是比商贩更弱势的群体吗？

互联网超强的规模经济效应造就了大型科技公司，形成寡头竞争的局面，大公司之间的激烈竞争推动价格不断下降和产品不断丰富，消费者成为最大的受益者。受到新技术冲击的传统中小企业需要尽快转型，聚焦于细分市场，以独特的产品和服务求生存，谋发展。监管部门则需要更新对垄断的认识，摆脱垄断、寡头等习惯性道德贬义词的影响，从提高经济效率的大局出发，制定新的监管政策和标准。

第 5 章

新旧零售
都是零售

互联网的大规模商业应用是从零售开始的。

1995 年 9 月的一天，互联网公司 AuctionWeb 的程序员皮埃尔·奥米迪亚（Pierre Omidyar，见图 5-1 左）写好了一个拍卖的网页程序，想测试一下自己工作的有效性，于是随手捡起桌上一支坏了的激光笔（见图 5-1 右），拍照传到网上，看看是否有人买。出乎他的意料，这支笔竟然卖出了 14.83 美元。两年后该公司更名为 eBay，是为电商的开山鼻祖。

图 5-1　电商的从 0 到 1

资料来源：https://en.wikipedia.org。左图由乔伊（Joi）拍摄于 2007 年。

电商？店商？

美国人本来就有在跳蚤市场（Flee Market）、车库市场（Garage Sales）卖旧货的传统，电商只不过把旧货放到了网上售卖。1998 年，亚马逊的 CEO 贝佐斯不再满足于拍卖二手货，开始在网上出售书籍、音乐和视频。2000 年 3 月，一家叫 Confinity 的公司和埃隆·马斯克（Elon Musk）的 X.com 合并，并于次年改名 Paypal，专门提供线上支付服务。有了支付手段，电子商务如虎添翼。

2003 年，亚马逊的网上商店开张了。厂家过去靠电视、广播电台、报纸、商品目录（Catalogs）向消费者推介商品，现在亚马逊采购商家的产品，将它们列在网站上，消费者登录亚马逊的网页，输入一两个关键词便可很容易地找到自己所需的商品，下单订购之后，亚马逊根据订单送货。

2003 年 5 月 10 日，阿里巴巴投资创建淘宝网，同年 10 月支付宝面世。2004 年，京东开始试验电子商务，2007 年建成北京、上海、广州三大物流基地，并将京东多媒体更名为京东商城，推动国内电商的发展进入新的阶段。

2017 年京东实现全年销售额 3600 亿元，比上一年增长 40%，而最大的传统线下零售商华润万家销售额仅 1000 多亿元，远远落在京东后边，并且几乎没有增长。照此趋势发展下去，电商会不会取代线下超市和百货商店，成为零售业的主流业态？2018 年传来了曾经是世界最大百货公司的西尔斯破产的消息，似乎为这个猜想提供了进一步的佐证。

　　论及电商对零售业的重塑，我们照例要先澄清词义。本章所讲的电商不包括 eBay、淘宝、美团那样的交易平台，这些平台既不采购也不销售商品，而是**由第三方供应商**在平台上直接与消费者交易，平台从供应商处收取它们在线上开店的租金和自身作为交易中介的佣金，平台的商业本质与万达那样的商业地产相同，出租店铺而不买卖商品，区别仅在于万达的实体店开在线下，而 eBay、淘宝、美团的虚拟店铺设在网上。

　　本章所讲的**零售**是指从厂家或批发商那里买断货品，入库、分拣、配送，再卖给消费者的业务，零售商**赚取的是买卖差价**而不是租金，符合这个定义的线上零售商有亚马逊、京东和苏宁等公司，我们称之为**电商**；传统零售商以线下为主，例如沃尔玛、家乐福、华润超市、永辉超市等，我们称之为**店商**。人们经常将阿里巴巴和京东放在一起对比，但就主营业务而言，两者就像苹果和橘子，虽然都是水果却没有可比性，正如亚马逊的对标公司不是 eBay 而是沃尔玛一样。如此定义零售，并没有否定交易平台的重要性。毫无疑问，如今越来越多的商品在 eBay、淘宝、美团那样的平台上交易，平台销售的市场份额进一步提高。

　　交易平台与零售商的划分、电商与店商的划分都不是绝对的，今天的公司越来越多地兼而有之。如亚马逊既做线上零售，也为第三方提供交易平台，同时还经营线下书店、无人商店（Amazon Go）、4 星店（Amazon 4-Star）。阿里巴巴拥有国内最大的交易平台淘宝和天猫，2016 年开设自有的线下便利店和超市——盒马鲜生。京东向第三方开放自己的交易平台和物流系统，并于 2018 年初创办独资的超市实体店七鲜（7FRESH）。对于混合型公司，我们依照惯例，称其第三方销售业务为**平台业务**，赚取买卖差价的业务为**自营业务**。

　　澄清概念的目的是建立正确的分析框架，在展望零售业的未来前景时，从零售的商业本质而不是零售的工具手段出发，以便做出较为可靠的预测。

　　尽管我们定义的电商严重依赖互联网，但它们几乎没有梅特卡夫效应，因为其网络不像第 4 章图 4-2 所示的那样纵横交错，供应商之间基本没有互动和交易，消费者之间也是"鸡犬之声相闻，老死不相往来"。

　　不仅如此，电商的双边市场效应也相当弱。回顾第 4 章，所谓双边市场效应是指供应商和消费者的相互吸引和相互促进。对于电商亚马逊，在它买断供应商的产品后，消费者虽然仍然在意供应商的品牌和声誉，但更看重的是在亚马逊查找商品和下单是否便利，亚马逊采购团队的选品能否很好地满足他们的需求，亚马逊物流配送是否高效，以及服务是否快速与周到。换句话说，消费者主要与亚马逊而不是亚马逊的供应商互动，这就大大削弱了双边市场效应，电商的网络结构（见图 5-2）因此明显比交易平台的稀疏。交易平台的网络结构如图 5-3 所示。

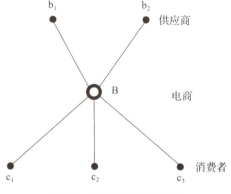

图 5-2　电商的网络结构图

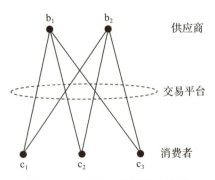

图 5-3　交易平台的网络结构图

　　如图 5-3 所示，交易平台的优势是网络结构丰富，供应商和消费者自由交易，由第 4 章公式（4-2）可知，共有 $n \cdot m = 3 \times 2 = 6$ 笔可能的交易，平台收取的佣金数量随着消费者人数的增加线性增长，倍数是 m 即供应商个数。电商的模式如图 5-2 所示，可能的交易只有 $n + m = 3 + 2 = 5$ 笔。两种商业模式的差别随着消费者人数的增加迅速拉大，例如当 n 等于 100 和 m 仍然为 2 时，平台上有 $100 \times 2 = 200$ 笔交易的可能，而电商只有 100+2=102。更不利的是在市场竞争压力下，电商一般不敢收消费者的佣金，只能压供应商的价格，但由于采购批量小，议价能力弱，经常出现买价和售价倒挂而招致亏损的现象。电商赚钱难，这是一个重要的原因。交易平台则没有这个问题，供应商盈亏与否，平台佣金照收不误。平台当然也有它的短板，因为是厂家和消费者之间的交易，平台控制不了产品品质、配送和售后服务质量，而这正是电商的优势。

　　电商几乎不具备梅特卡夫效应，双边市场效应也十分有限，其商业本质和传统零售商相同，研究电商需要以规模经济效应和协同效应为核心，围绕零售业的两大维度展开，一是**商品的性价比**，二是客户的**购物体验**。新零售、旧零售都是零售，离开这两个维度都难以成功。不幸的是，一些创业者以为技术可以改变一切，他们热衷于这样那样的新理论，例如曾经风靡一时的"长尾理论"，结果在市场上走了弯路，栽了跟头。

长尾的致命诱惑

克里斯·安德森（Chris Anderson）的《长尾理论》曾在中国风靡一时，作者恐怕没有料到，他的书在中国获得了比在自己故乡高得多的声誉，以及数不清的践行者。安德森令人信服地说明了，互联网降低了交易成本，使原先无法通过市场进行交易的产品变得有利可图，例如小众的歌曲。过去娱乐公司喜欢经营爆红的流行歌曲，因为制作唱片或 CD 的费用基本上属于固定成本，销售量越大，公司的利润就越高（见第 2 章中的规模经济效应）。

用曲线表示（见图 5-4），传统娱乐公司的商业兴趣集中在曲线的头部品种 J_1，如单品销售量大的歌手和乐曲上，而曲线长长的尾部无人问津，虽然市场既有消费者的需求，也有作曲家和演唱者的供给，但因需求量太小，销售收入不足以覆盖制作和发行成本，没有娱乐公司愿意经营。优秀的音乐家可能就此被埋没了，若有机会，他们当中的一些人或许能成为当代的莫扎特、贝多芬呢。

互联网时代的逻辑大不一样，安德森论证道，图 5-4 中曲线的"尾巴"虽然薄，即每一首歌如 J_2 的销售量很小，但如果向右不断延伸，累积起来曲线下的面积即总销售量也是相当可观的。在技术高度发达的今天，乐曲的录制和发售成本低到几乎为零，娱乐公司的收入和利润随着"尾巴"的延伸而无限放大，"长尾"就从"食之无味，弃之可惜"的鸡肋，变成了具有极大想象空间的市场。

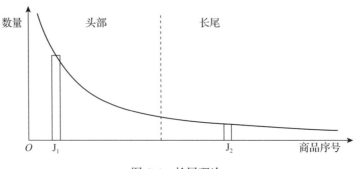

图 5-4　长尾理论

　　过去商品广告受到报纸的页数、电视和广播时间的限制，现在网上的空间几乎是无限的，正因为如此，亚马逊经营的商品品种[⊖]数远远超过传统零售商。不包括电子书、音像产品、葡萄酒，亚马逊 2017 年自营品种达到 1200 多万个[⊜]；而世界上最大的传统零售商沃尔玛的一个典型线下超市仅有 12 万～15 万个品种[⊜]，公司自营品种总数为 350 万个®（可能还包括了书籍、音像产品），不到亚马逊的 1/3。

　　长尾理论好像就是为电商发明的，它背后的道理正是我们在第 3 章中所讲的规模经济效应和协同效应。一方面，电商平台上新增一个消费者的成本几乎为零（规模经济效应），消费者越多，购买长尾商品

　　⊖　零售业内经常用 SKU 识别商品，当某种商品比如手机的品牌、型号、等级、花色、包装容量、单位、生产日期、用途、价格、产地等属性中任何一个与其他商品不同时，就被定义为一个 SKU，并赋予唯一的编码。由定义可知，SKU 数量大于品种数，一个品种平均有 1.5～2 个 SKU。参见 https://baike.baidu.com/item/SKU/5016808.

　　⊜　https://www.retailtouchpoints.com/resources/type/infographics/how-many-products-does-amazon-carry.

　　⊜　https://en.m.wikipedia.org/wiki/Walmart.

　　®　http://www.ennews.com/article-10341-1.html.

的概率越大；另一方面，新增一个供应商和 SKU 的成本也接近于零（协同效应），品种越多，消费者的购物体验越好。

西谚有云："魔鬼在细节中。"当我们的分析具体到零售的操作环节时，结论就和空泛的概念不一样了。如前所述，零售业大致可分解为三个环节：**采购**、**分拣配送**（见图 5-5～图 5-7）、**交付**（见图 5-8～图 5-10），无论是街边地摊、百货商店还是京东商城，都少不了这三个环节。我们在下文逐一分析电商和店商在各环节上的效率，从中得出两种模式各自的优势。

从零售业的第一个环节采购开始比较效率，总体而言，电商（本章特指买断再卖出的零售商）在这个环节上处于劣势，表现为销售毛利率低于店商，原因主要在于单品采购批量小，采购价格高，特别是那些长尾商品。沃尔玛的商品品种数虽然只有亚马逊的 1/3，但 2018 年实现销售收入 5000 多亿美元，而亚马逊的销售收入为 2330 亿美元，约为沃尔玛的一半。不太准确地讲，沃尔玛平均每个品种的销售额以及采购量均是亚马逊的 6 倍。考虑到沃尔玛的线上平台销售额增长虽快但体量仍然很小，5000 亿美元的收入基本来自传统零售，而亚马逊的平台业务约占总销售额的一半。沃尔玛的平均单品销售额或采购量超出亚马逊更多，规模经济效应的优势较 6 倍还要大。由此可见，店商占了上风。

采购量越大，价格越低；厂家之所以愿意降低价格，是因为批量越大它的平均生产成本越低（见本书第 3 章）。

在零售业第二个环节分拣的效率比较上，传统店商仍占上风。店商的货品整箱分拣（见图 5-5）和整箱装车，运往实体门店（见图 5-7），

等待顾客选择。电商则必须打开箱子，根据下单客户的订单，靠人工
在这个箱子里拿两个苹果，那个箱子里选半打鸡蛋，塑料袋中拣出一
棵白菜……打包成规格不同的小箱，再按照客户所在地点归集，比如
说北京市朝阳区国贸站、北京市西城区西单站等（见图 5-6）。

图 5-5　店商的分拣，自动分拣线上的整箱货物

资料来源：图片来源于互联网。

图 5-6　电商开箱拆零，再包装成非标准的小箱，由人工进行分拣

资料来源：图片来源于互联网。

图 5-7　店商用卡车整箱运输，送到实体店面开箱上架

资料来源：图片来源于互联网。

店商不必开箱，分拣线上无须人工操作，传送带快速运行，利用各种传感器读取箱子上的条形码，输入信息系统，在电脑控制下，机器自动将货品分拨到每一家门店的车位上。电商则要开箱再打包，传送带上的箱子大小不一，无法自动分拣，只能依靠人工操作，速度自然慢了许多。

零售业的最后一个环节是交付。消费者来到传统的实体门店，自己提货回家。电商虽然节省了门店租金和人员的费用，但它有额外的"最后一公里"成本，需要快递小哥从地区配送中心例如北京市朝阳区国贸站取货，送到该区内的某位客户手上（见图 5-8）。

交付环节谁的成本高？由于缺乏数据，很难给出一般性的结论。电商没有门店，"最后一公里"的费用不菲，以至于有分析员说："亚马逊的（竞争）策略就是'最后一公里'策略。"⊖电商意识到这是自己

⊖　斯蒂芬斯. 零售无界：新零售革命的未来 [M]. 石盼盼，译. 北京：中国人民大学出版社，2018：25.

的一大薄弱环节，亚马逊投资数十亿美元，研发配送基础设施和速递
机器人（见图5-9），京东尝试投递无人机（见图5-10）。新技术的成
本能否低于快递员？城市的道路和空间能否容纳这么多的小型车辆和
无人机？市民能否接受如此密集的智能机器？目前还是未知数。与电
商的痛苦形成鲜明对照，店商的"最后一公里"不花一分钱，消费者
自己提货回家。

图 5-8　电商的快递小哥送货到家

资料来源：图片来源于互联网。

图 5-9　亚马逊的速递机器人

资料来源：图片来源于互联网。

图 5-10　京东的投递无人机

资料来源：图片来源于互联网。

电商可以送货到家，消费者的购物体验不是应该更好吗？体验是多维度的，就便捷性而言当然是电商好，但物理体验如蔬菜和水产品的新鲜度、衣料的质地和手感只有在实体店才能感受得到，更不要说家具、电器的使用体验和场景体验了。

从上面的对比分析中，我们不能得出电商代表零售业未来的结论，电商的总体效率可能还不如店商，国内外的大型电商长期亏损的事实似乎也证实了这一点。分析员们曾为亚马逊能否赢利以及什么时候赢利争论不休，2017 年亚马逊终于赢利了，当年的财报显示有 30 亿美元的净利润，其中云计算就贡献了 43 亿美元的利润，也就是说，包括零售在内的其他业务板块极有可能依旧是亏损的。有限的数据分析显示，电商的运营成本略低于店商，因缺乏采购环节上的规模经济效应，销售毛利率比店商低 2～5 个百分点。不要小看这几个百分点，在薄利多销的零售业，一两个百分点就是亏损和盈利的分水岭。

有意思的是，与国际上的巨头相比，虽然国内的传统零售商规模普遍偏小，但其中不乏赢利者。沃尔玛 2018 年的销售额为 5000 亿美元（约 3.5 万亿元），而同期国内规模最大的华润万家销售额仅有 156 亿美元（约 1000 亿元）。[⊖]规模相差如此之大，国内店商是如何赢利的呢？原来它们靠的是店租。去超市购物的普通消费者也许注意到，一走出收银台，即可看到四周的小商铺，有餐馆、花店、特色日用品店、美容护肤店等，这些商铺的租金就是超市无成本的净利润。超市用主营的生鲜产品做流量，出租店面才是利润的主要来源，"羊毛出在猪身上"，这是店商多年的经营模式，早在"互联网思维"之前就已出现了。

经营长尾难赢利，电商不得不进行一轮又一轮的外部融资，然而天下有几人能像贝佐斯那样，得到华尔街长期且热情的支持？一旦外部"输血"停止，企业何以为继？电商是不是可持续的商业模式，现在恐怕还无法做出肯定的回答。

我们在这里以效率和盈利为依据，在性价比的维度上对比电商和店商，一些熟悉互联网创业、融资和上市过程的业界人士或许不以为然，他们常常列出一个不短的名单，说明亏损公司照样拥有大市值，而位居名单榜首的十之八九是亚马逊。鉴于这个问题对本书的重要性，我们在进一步讨论零售业之前，插入价值、利润和公司可持续发展的话题，并为后续各章的分析做些铺垫。

企业为什么必须赢利

企业为什么必须赢利？这还用问吗？这是常识。日新月异的技术进步似乎创造了一个又一个奇迹，颠覆了一个又一个常识。果真如此

⊖　http://www.linkshop.com.cn/web/archives/2018/397263.shtml.

吗？我们需要在不断变化的环境中，反复论证常识。

企业存在的意义是为客户提供产品和服务（以下统称产品），正因为如此，华为等优秀企业始终坚持"以客户为中心"。这条原则意味着企业不仅要为客户提供他们所需的产品，而且要以**尽可能低的成本**提供这些产品。客户在市场上寻找产品时，总是希望在同等性能的前提下价格越低越好，或者在同样价格的前提下性能越高越好。换句话说，客户要的是**高性价比产品**。

企业只有满足客户对高性价比产品的需求，才能为客户和社会创造价值。**客户价值**是客户对产品效用的主观评价，体现为价格；**社会净值**等于客户价值即价格减去成本，体现为企业的**利润**。⊖假设有位消费者付 10 万元购买一部汽车，汽车的效用对他而言至少是 10 万元，否则他会认为不值而放弃购买。再假设厂家的生产成本是 7 万元，则 3 万元既是汽车厂的利润，也是它创造的社会净值——用价值 7 万元的资源生产了价值 10 万元的汽车。利润驱使企业不断降低成本，不断为社会节省资源，也就是创造新的价值。

假如另有一家企业制造同样的汽车，生产成本为 12 万元，企业想把价格定在 12 万元以上，但因消费者只买性价比高的产品，它不得不接受 10 万元的价格。这时不仅企业出现 2 万元的亏损，而且造成社会资源的浪费。用 12 万元的资源只生产了价值 10 万元的产品，投入大于产出，这样的企业根本没有存在的必要，也没有生存的能力。

我们用价值作为判断互联网商业模式的标准，认为能否创造社会

⊖ 利润由股东分享，似乎与"社会"一词不大协调，其实并无矛盾之处。在资本已经充分社会化的今天，股东可以是创始企业家、管理层、企业、机构和社会公众。赢利的企业才能持续提供就业岗位，其社会意义更是不言而喻。

净值是企业成功或失败的分水岭。由于社会净值在本书中等同于企业利润，因此这一判断等同于赢利与否是判断企业成败的标准。在我们逐一考察的电商、P2P、平台、共享等模式中，成功首先因为它们在今天或未来的价值创造，其次才是策略、团队、资金等因素；而失败的企业无一不是社会资源的净消耗者，它们或许创造了客户价值，但价值不足以覆盖投入资源的成本。

尽管缺乏强有力的数据支持，但我们仍有理由怀疑，长尾电商就是一个社会净值小于零的商业模式。

错在盲目模仿

难道《长尾理论》说错了吗？没有。错的是人们对其肤浅的解读和急功近利的照搬。该书作者的论述仅限于一种特殊的商品——数字产品，如电子书、音乐、视频等产品。数字音像产品一旦被生产出来，线上销售和传送的边际成本确实近乎为零，此外再无其他成本，收入几乎就是利润。数字产品的另一特殊之处是它的体验也在线上，消费者在试读、试听、预览之后，再决定是否购买。数字产品的长尾理论并不能推广到其他行业，对于一般的实物商品，边际成本不可能等于零，而且消费者几乎不可能在线上体验。

设想你的女/男朋友生日快到了，你看中了一个别致的瓷器（属于长尾商品），想在上面印上她/他的名字，送给她/他作为礼物。于是你登录网站下单，对于你和电商而言，边际成本确实接近零，但不幸的是电商仓库里没货，只好转而向生产厂家订货。陶瓷厂家特地为你做一个，从采购原材料到生产和运输，想象一下成本有多高；电商收到货品后，经过仓储、分拣、配送到你家，又要增加多少成本。最后这个瓷器的价格要么高到你没法接受，要么电商承担亏损，无论哪种情况，这种商业模式都是不可持续的。

对于实物商品而言，长尾理论不成立，而专注头部的店商倒是有不少成功的案例。沃尔玛不用再说——虽然市场份额在缩小，仅有4000 多个品种的美国开市客（Costco）一直是赢利的⊖，零售业的奇迹7-Eleven（7-11）连锁便利店的品种数也不过 3000 个左右。7-Eleven在全球 19 个国家或地区开了 78 000 多家门店⊜，借力密集的布点，公司从当初 24 小时营业店的单一形式，发展到 ATM 机、邮寄和线上销售线下提货的多种经营形式，成为深入社区的零售前哨，让那些饱受"最后一公里"折磨的电商看在眼里，心中羡慕不已。

亚马逊成长为超大市值的互联网公司，并不意味着"万物商店"就是零售的未来。借鉴他人的经验固然必要，但照抄照搬可能使公司处于进退两难的尴尬境地，如同第 2 章所讲的腾讯模仿新浪微博和阿里巴巴学微信，亚马逊也尝过简单模仿的苦果。在初涉零售业之时，亚马逊意识到物流管理的重要性，于是从沃尔玛挖来优秀的人才，设计了"世界上最棒的大规模零售物流管理网络"，其运营模式类似于沃尔玛的物流中心。不料支持头部商品业务十分有效的技术，面对分散的个人订单却派不上用场。经过一番痛苦的挣扎，贝佐斯放弃了模仿，组建团队另起炉灶，从零开始研发符合自身特点的系统。⊜

亚马逊电商送货到家属于 2C；传统零售商从仓库整车整箱送到门店，其配送本质上是 2B。业务性质不同，IT 系统的逻辑和架构自

⊖　https://www.neatorama.com/2013/09/09/10-Most-Fascinating-Facts-About-Costco/.
⊜　https://en.m.wikipedia.org/wiki/7-Eleven.
⊜　斯通.一网打尽：贝佐斯与亚马逊时代 [M].李晶，李静，译.北京：中信出版社，2014.

然也不同。对亚马逊而言，模仿沃尔玛看似是捷径，实则是一条长长的弯路。

亚马逊从模仿转向自创，成功后便轮到昔日的霸主品尝模仿式赶超的艰难了。沃尔玛充分认识到互联网的潜力，奋起直追，2018 年线上销售额增长 40%，超过苹果公司成为美国第三大线上零售商（eBay 占据第二位）。尽管如此，沃尔玛的线上市场份额仍只有 4.7%，远远落后亚马逊的接近 50%[一]，商品品种数也仅为后者的 1/10。沃尔玛能否缩小与亚马逊的差距？它为 2B 业务设计和打造的体系，包括 IT 系统、操作流程、团队、公司文化等，能否适应平台 2C 的需求？在过去 20 年中，亚马逊投入巨额资金建造了适合自己商业模式的基础设施，例如它在美国拥有 110 个履单中心（Fulfillment Center，即电商仓库），而沃尔玛只有 20 个。[二]更令人担忧的是，沃尔玛电商部门 2018 年亏损 10 亿美元，并且短期内看不到扭亏为盈的希望，公司内部怨声载道。

美国零售业两大巨头的竞争轮回让我们又想起了国画大师齐白石的警句："学我者生，似我者死。"（见第 3 章）

照搬照抄行不通，根本原因是规模经济效应和协同效应不可兼得，或者单品批量和品种数量的不可兼得。沃尔玛采用的是 2B 的商业模式（业务流程止于类似企业的门店而不是个人消费者），主打头部商品，更多的是在利用规模经济效应；亚马逊则是聚焦 2C，相对优势在长尾商品，充分发挥虚拟空间中的协同效应。

　　⊖　https://www.cnbc.com/2019/02/19/amazon-isnt-killing-walmart-online.html.

　　⊜　https://www.vox.com/recode/2019/7/3/18716431/walmart-jet-marc-lore-modcloth-amazon-ecommerce-losses-online-sales.

如前所述，电商的协同效应受到实体供应商规模经济效应的限制，大型综合性电商如亚马逊自然会想到平台化的解决方案，即向供应商开放自己的销售渠道和物流系统，允许它们在平台上直接向终端客户销售，而不只是卖给亚马逊。2018 年亚马逊的平台业务已占整个公司的半壁江山，并且其重要性还在上升，甚至有一天变成 eBay 那样的纯平台公司，也并非完全不可想象。平台化实现了多赢：供应商面向社会需求，生产批量以及规模经济效益得到提高；亚马逊则可以继续扩展其"万物商店"的产品目录，同时从平台交易中抽取佣金，弥补自己经营长尾商品的亏损。至于平台的经济学和商业属性，我们将在第 7 章进行深入的讨论。

到此为止，在零售的性价比维度上，电商并未因为基于互联网而占据明显的优势，在第二维度——体验的比较上又会是怎样的呢？

不只是购物体验

除了便捷性，电商各方面的购物体验均不如店商。由于没有线下实体店，消费者无法感受衣物的舒适度、果蔬鱼肉的新鲜度、器具使用的便捷性等，只能在网上看看照片，参考他人留下的评论。对于这个短板，电商寄希望于未来的科技。

想象一下，不久的将来，VR（虚拟现实）给人们带来逼真的 3D 视觉体验，小朋友们不必上船出海就能看到鲸鱼跃出水面（见图 5-11）。有人正在研究触觉的数字化，一旦成功，人们戴上 VR 眼镜和一副特制的手套，在北京的家里就能看到广东企业制造的沙发，还能用手感受沙发的弹性和表面材料的光滑柔软度。再加上 AR（增强现实）眼镜，还可以评估沙发摆在客厅的什么位置合适，如果太大了，可立即在线上更换一个虚拟的小号沙发试试。

即便到了那时，实体店仍是不可替代的。科技只能提供**购物体验**，有助于促进线上购买，降低令电商头疼的退货率，却无法满足消费者购物的**心理体验**、**亲情体验**和**社会体验**。人们逛商店事先往往没有明确的购物目标，"逛"本身就是享受，"逛"就是目的。女士在逛的过程中或许会注意到潮流风格的变化，思忖着如何表达自己；男士或许只是在欣赏眼前走过的漂亮姑娘。相比穿行在熙熙攘攘的人群中感受繁荣热闹，电脑界面的清冷总让人兴致索然。实体店可以直接触达消费者，想办法吸引消费者来逛，说服他们连逛带买，而电商则只能望洋兴叹了。

图 5-11　虚拟现实中的鲸鱼跃出水面

资料来源：图片来源于互联网。

电商兴起之后，网上购物成了年轻人的一种消费习惯，但当他们结婚生子，也许就会回归父辈的生活方式。三口四口之家周末也订盒饭吗？为什么不带着孩子去购物中心看场电影，吃一餐快餐，再逛逛商店呢？年年在家给孩子过生日未免乏味，到餐厅里吹蜡烛切蛋糕，气氛更加热烈，陌生人的围观增加了阖家欢乐的幸福感。便利店里偶遇多时不见的邻居，攀谈两句聊解中年人的寂寞或老年人的孤独。

人类是群居动物和社会动物，既需要私人空间，也需要公共空间，需要和人的接触，哪怕非亲非故，哪怕是气息、声音和目光的接触。实体店正提供了这样的空间，因此不可能完全被技术营造的虚拟空间所替代。

店商来日方长，它们一方面要积极采用互联网、人工智能等新技术，另一方面要更新实体店的体验。笔者在美国时比较了沃尔玛和现在属于亚马逊的全食（Whole Foods），前者给人的感觉仍然像是面向20世纪90年代蓝领和中西部农民的商店，廉价实惠是他们唯一的诉求；后者则时尚明亮，上架商品以健康、环保和不失稳重的新颖为主题，更适合收入和教育水平不断提高的中产阶级。

传统零售商（店商）不必恐惧互联网，因为最可怕的竞争对手不是电商，而是它自己的习惯思维。努力跟上时代，保持精神活力比技术领先更为重要，毕竟互联网已不再是高科技，就看企业如何创造性地应用它。

如同很多传统行业一样，我国零售业的特点是非常分散。2018年国内最大的零售商是京东，自营销售额估计为4000亿元，占全国市场份额不到2%；而沃尔玛销售额折合人民币为35 000多亿元，在美国的市场份额是20%左右。国内不少中小型零售商技术落后、效率低，产品和服务同质化严重，受到互联网的强烈冲击，在亏损的边缘挣扎，零售业的重组与整合势在必行。

零售业重组的目的是提高市场集中度，通过并购或快速的自然增长产生大型零售商，只有大型企业才能有足够的资源在互联网、数字化上做大规模投入，利用技术手段，进一步发挥规模经济效应和协同效应，降低成本，提高商品的性价比。有了数据和云计算能力，零售商可以更为精确地预测消费者需求，根据需求采购商品，提高市场反应速度，供需对路，降低库存和资金占用，改善经营效率。

重塑零售业，并不是用"互联网思维"改造线下商店，而是要认识到零售业从本质上讲没有什么网络属性，不具备梅特卡夫效应，双边市场效应也偏弱，因此要聚焦线下采购、分拣配送等环节的规模经济效应，同时努力上线，+互联网而不是互联网+。上线不是为了变成互联网公司，而是借助互联网放大线下的规模经济效应和协同效应，并推行线下加线上的电商模式，依托众多的门店，降低"最后一公里"的配送成本，通过实体店的服务创新不断改进客户体验。

店商上线，挤压电商的市场，电商是否应像亚马逊那样转向云计算和云服务？关于这个问题，没有规律可言，亚马逊从卖电子书开始走到今天成为世界第一大云服务商，并不是创始人贝佐斯的高瞻远瞩使然，也并未经过精密周到的计划，云计算的产生充满了偶然，与其说深思熟虑不如说是走一步看一步，无意间摸索到了云。云技术是如何发明的，市面上流传的版本就有好几种，我们在第 2 章做过简单介绍，这里不再赘述。

一家公司的战略是根据公司的竞争优势和市场需求制定的，适合亚马逊彼时的战略未必适合此时，适合亚马逊此时的战略也未必适合此时中国的零售商和互联网公司。中国的店商或电商想做云平台的话，必须解决的一个问题是利益冲突，即当公司的自营零售和平台上第三方商家的零售发生冲突时怎么办？比如在春节运力繁忙期，物流系统优先配送公司自营订单还是第三方商家的订单？平台是否会利用第三方商家的数据为自营服务？

对于大型互联网公司，一个可选项是与实体店结成战略同盟，自己专注技术开发和流量导入，将实体店的运营交给合作伙伴而不必越俎代庖，形成线上和线下密切配合的格局，充分发挥各自的优势。与实体店进行战略合作的必要性源于零售的逻辑和"互联网思维"大不相同，隔行如隔山，在互联网界行之有效的策略到线下未必行得通，与其自己花钱交学费，不如找寻合作伙伴。

在可以预见的未来，多种零售业态并存的格局不会发生根本的改变，平台、电商、购物中心、超市、便利店等商业模式既相互竞争，又相互补充。传统零售商不仅通过+互联网，做起了自营电商业务，而且建立了自己的零售交易平台，和互联网公司展开全面的竞争。2018 年，沃尔玛的经营品种达到 4200 万个，大多数由第三方供应商向消费者直接销售，沃尔玛向这些供应商开放线上销售平台，提供仓储物流服务，相应地收取一定的费用。亚马逊不甘示弱，于 2017 年以 137 亿美元的价格收购了传统线下超市全食，侵蚀传统零售商占优势的线下市场，同时继续扩充它的商品目录。[⊖]2017 年，阿里巴巴投入 224 亿港元（约 189.9 亿元），持有高鑫零售超 36% 的股份，高鑫旗下的欧尚、大润发两大品牌在全国 29 个省（区、市）设有大型超市和大卖场，年销售额超过 1000 亿元。[⊖]

线上线下交叉、多业态融合成为零售业的新趋势，驱动变化的是技术本身和企业对技术的创造性应用。

⊖ 2018 年亚马逊的销售品种达到创造零售纪录的 3.5 亿个。
⊖ http://www.sohu.com/a/205995487_355066.

小　结

　　我们应用第 3 章和第 4 章介绍的分析工具，研究互联网进入较早且普及率较高的零售业，说明技术正在重塑整个行业，却没有改变零售的商业本质。电商和店商都没有显著的梅特卡夫效应，又同样具备双边市场效应和规模经济效应。效率和消费者体验仍然是零售企业得以生存和发展的两大要素，也是我们理解零售业的关键。在采购、分拣配送和交付环节的效率比较上，电商与店商各有长短，就总体效率而言，尚不能得出前者高于后者的结论。两者在消费者体验方面更多的是相互补充，而不是相互替代。预期零售业未来的格局是多业态并存，线上线下彼此渗透与融合，而非赢者通吃、一家独大。

附录 5A

少即是多：开市客

零售业进入壁垒低，竞争充分，产品趋同，商家只能用低价和客户体验吸引消费者。价格取决于成本，从第 3 章可知，大型零售商的规模经济效应和协同效应十分显著，在市场竞争中拥有成本以及价格优势，中小型零售商从理论上讲是难以生存的。然而现实并非如此，美国零售业的超市业态既有挟科技之威的"万物商店"亚马逊，也有线下店遍布各地的老牌商家沃尔玛，两棵"大树"下按说应该寸草不生，但 1976 年在加州开业的价格俱乐部（Price Club）不仅展现出顽强的生命力，而且保持了良好的增长势头。1983 年价格俱乐部更名为开市客，1985 年公司上市，在资本市场上的市盈率估值长期高于沃尔玛（见图 5A-1）。

开市客的 SKU 不到 4000 个，远远低于沃尔玛线下店的 15 万个和线上的 6000 万个，2020 年开市客以 795 家仓库或门店创造了 1670 亿美元的市值，同年沃尔玛的市值为 4078 亿美元，仅仅在美国就有 3900 多家门店，全球门店数超过 1 万家。开市客的单店面积 1.35 万平方米，与沃尔玛的 1.39 万平方米大致相当，以单店市场价值计算，它的效益明显超过沃尔玛。开市客的经营特色可以归纳为如下几个方面：

- **少即是多**，聚焦 3000～4000 个大宗消费品；
- 实行会员制，建造综合消费零售平台，提高协同效应；
- 创新的仓储式零售，即商品不经店面直接从仓库销售，或者

　　说是仓库与店面合一；

- 商业模式的海外快速复制与扩张。

图 5A-1　开市客与沃尔玛的历史市盈率

资料来源：https://www.macrotrends.net.

　　在这些因素中，最重要的当推**商品精选**（少即是多），这也是公司的核心竞争力所在。开市客经营不到 4000 种消费品，**定位中产阶级的日常大宗消费**，以有限的 SKU 尽可能地满足客户需求，并根据市场需求的变化，不断优化商品组合。开市客的这几千个 SKU 大多属于家庭与个人生活的刚性需求商品，包括：

- 食品：干食品、包装食品、零食、糖果、酒精和非酒精饮料；
- 生鲜：肉类、水果、熟食、烘焙品；
- 杂货：卫生清洁用品；
- 硬线：家电、电子产品、保健和美容辅助设备、日用五金、花园和庭院用品；

- 软线：服装、小家电；
- 辅助：汽油、药品。

刚性需求商品的经常性购买显著地提高了**库存周转率**，开市客 2018 年的库存周转天数约为 31 天，比沃尔玛少 10 天（见表 5A-1）。我们知道，零售业的库存周转率相当于餐饮业的翻台率，餐厅的租金和人员费用是固定成本，每个餐台一天招待客人的批次越多，固定成本的分摊越薄，餐馆的规模经济效益就越好。零售业的高周转也反映在单店和单位面积的销售额即坪效上，开市客的坪效为 1.3 万美元 / 平方米，与开市客商业模式类似的沃尔玛山姆俱乐部的坪效是 7000 美元 / 平方米，而沃尔玛主体店仅有 4700 美元 / 平方米，这在相当大程度上解释了为什么开市客的单店市场价值远高于沃尔玛（这里单店市场价值等于公司总市值除以商店数量）。

表 5A-1　开市客及可比公司 2018 年毛利率、费用率、净利率、库存周转天数与净资产收益率对比

	毛利率（%）	费用率（%）	净利率（%）	库存周转天数（天）	ROE（%）
开市客	13.0	9.9	2.3	31.0	26.6
沃尔玛	25.1	20.8	1.4	41.0	8.9
塔吉特	29.3	23.8	3.9	61.0	25.5
家乐福	21.9	21.0	−1.0	38.0	−5.8

注：开市客财年截至与 8 月 31 日最近的周日；沃尔玛财年截至 1 月 31 日；塔吉特财年截至与 1 月 31 日最近的周六，家乐福财年截至 12 月 31 日。本书表 5A-1 中 2018 年同业对比数据对应开市客截至 2018 年 8 月 31 日的年度数据，沃尔玛截至 2019 年 1 月 31 日的年度数据，塔吉特截至 2019 年 2 月 2 日的年度数据，家乐福截至 2018 年 12 月 31 日的年度数据。

资料来源：Wind，海通证券研究所。

研究人员经常将开市客首创的仓储式零售（见图 5A-2）作为它的核心竞争力，笔者认为，直接从仓库销售固然节省了开店的租金和

人员费用，减少甚至消除了分销渠道的中间费用，但这项创新很容易被竞争对手模仿而导致成本优势的丧失。真正值得强调的是，开市客的**战略定位清晰**，针对目标客户的需求，**精选几千个 SKU**，这是以品类齐全为亮点的大型超市难以做到的。开市客的客户主体是中产阶级，例如企业主、经理、持牌专业人士、公务员、医院和银行的工作人员，他们的收入稳定，消费偏好较为一致，便于公司预测需求，提前制订采购和生产计划。

图 5A-2　开市客的仓储式零售

资料来源：https://www.dreamstime.com。Noamfein 拍摄。

从财务报表上看，开市客的突出优势是费用率低——9.9%，不到沃尔玛 20.8% 的一半（见表 5A-1）。低费用率的原因一是高周转，二是品种少。较之沃尔玛的 15 万个线下 SKU，开市客 3000～4000 个 SKU 的仓储物流和供应链管理都大为简化。正因为有如此低的费用率，开市客得以将商品价格降到几乎无人可比的地步，它的商品售价大致等于进货价加必需的费用，也就是在商品销售上基本不赢利。低价格刺激了消费需求，进一步提高了库存周转率，强化了其商业模式的固有优势。读者可能会说，库存周转率再高，如果不赢利也没有意义。一点也不错，公司必须赢利，开市客的赢利模式与一般超市不同，它的利润主要来自会员费收入，会员费的逐年增加（见表 5A-2）带来平均营业净利润率的不断攀升（见图 5A-3）。

表 5A-2　开市客会员费收入及利润占比

	2018 年	2019 年	2020 年
会员费收入（亿美元）	31.4	33.5	35.4
会员费占总收入（%）	2.2	2.2	2.1
会员费占总利润（%）	70.7	70.5	65.8

资料来源：开市客 2018 年、2019 年及 2020 年年报。

图 5A-3　开市客、沃尔玛和行业平均营业净利润率对比

资料来源：Wind，中国银行证券研究院整理。

开市客一方面降价销售，另一方面收取会员费，人们自然要问，会员费是否相当于变相加价？羊毛出在羊身上，对消费者而言，和其他零售商没有本质区别。开市客的会员制不能简单地理解为变换收费形式以制造低价格错觉，如果没有独特的会员价值，会员制的确等同于打折促销，而打折促销是所有商家都会并且也在频繁使用的方法，各家的区别仅在于折扣与商品及消费人群的适配。开市客的会员价值不仅体现在准确地为客户选配商品，其最具特色的会员福利是 1995 年推出的自有品牌 Kirkland 系列，包括服装、日用品和食品等主打品类，经过长期的经营，公司和供应商形成了稳定的合作关系，确保了 Kirkland 的高性价比。事实也证明 Kirkland 深受消费者喜爱，2018 年这一品牌贡献了公司年销售额的 28%，而山姆俱乐部的自有品牌销售额仅占总销售额的 17%。

　　开市客与租车、汽油、旅行社等各类公司展开合作，会员在联营商家那里购物也可得到优惠。它在仓库或门店配置了加油站、药店、眼镜制作店、助听器中心、食品广场、旅游和保险等附加服务，用本书第 3 章介绍的原理讲就是追求协同效应，在今天的互联网语境中则可称为"流量变现"。附加服务收入的占比逐年上升，从 20 世纪 90 年代的 5% 左右增加到 2018 年的 18%，公司从超市业态逐渐发展成为消费品和服务的综合销售平台。除了持续为会员创造价值，开市客还采用了等级优惠制，入会时间越长，购买量越大，会员的级别就越高，享受的优惠也越多。开市客的会员价值从客户忠诚度中得到了证明，它的会员续订率在北美高达 91%，在全球范围内为 88%。[⊖]

　　开市客特有的高周转商业模式不仅提高了坪效，同时增加了员工的人均产值，由此不难理解为什么开市客的员工薪酬高于行业平均值，员工离职率低于行业平均水平。需要指出的是，高薪非但没有增

　　⊖　https://www.investopedia.com/articles/personal-finance/061715/business-model-analysis-costco-vs-sams-club.asp.

加反而降低了管理费用率，因为稳定的员工队伍和多年积累的操作经验保证了工作效率。如果说沃尔玛走的是"大众路线"，开市客的商业模式可称为"高举高打"。

在上述的各项经营措施中，最关键的仍是公司长期坚持的市场定位和商品精选，战略方向的清晰带来高周转、低费用率、低价格，极具竞争力的商品性价比使会员人数和会员费收入逐年增加，从而推动公司的经营净利润率不断上升。2018 年开市客的营业利润率为 3.16%，虽然低于沃尔玛的 4.08%（见图 5A-3），但是由于高周转模式的资金投入少，公司 2018 年的净资产收益率达到 26.6%，而沃尔玛只有 8.9%（见表 5A-1）。开市客的净资产收益率高，主要原因是资本运营效率高（两家公司负债率相差不大），难怪公司的股票受到投资者的追捧！

在结束这一章之前，我想再次强调本书的一个核心观点：商业的本质是为客户创造价值，而且是具有一定独特性的价值。开市客的商业模式并不要求高科技，似乎比较容易模仿，其他商家例如沃尔玛是否可以照搬它的模式，从而削弱它的竞争优势呢？实际上，1983 年开业的沃尔玛山姆俱乐部很像开市客，却没有取得同样的业绩，2018 年还关闭了 60 家门店，原因何在呢？笔者猜测，本身作为沃尔玛大家庭的一员，山姆俱乐部虽然可以得到集团的某些支持，但沃尔玛的采购、分拣配送、仓储物流乃至管理系统都是针对十几万个 SKU 建造的，面对山姆俱乐部的几千个 SKU，大有杀鸡用牛刀的感觉，反而不如开市客简洁的系统效率高。

坚持既有的定位，在看似狭窄的赛道上，把"少"的优势发挥到极致自然会产生"多"，这就是开市客给我们的启示。

第 6 章

金融的本质与
P2P 的崩塌

互联网和金融的渊源可以追溯到 20 世纪 90 年代，电商的发展迫切需要线上支付手段，Paypal、支付宝等公司应运而生，互联网进入了金融行业。

2005 年，Zopa 在英国创立，成为世界上首家 P2P 公司。所谓 P2P（peer-to-peer），就是在网上撮合资金的供给方（Creditor）和需求方（Debtor），不经过传统的线下金融中介如商业银行而完成融资的活动。资金的供给方可以是个人、企业或机构，需求方也是如此。美国的 Prosper 和 Lending Club 分别成立于 2006 年和 2007 年，后者虽然问世较晚，但在业界的影响力颇大。

位于旧金山的 Lending Club 一方面向个人和企业发放小额贷款，单笔额度不超过 4 万美元（见图 6-1）；另一方面将贷款列在网上由投资者（国内称为出借人或理财人）购买，公司赚取息差。Lending Club 于 2014 年在纽交所上市，当时的市值是 85 亿美元。2017 年底公司的总资产为 46 亿美元，和美国金融系统百万亿美元级的体量相比，这个最大的 P2P 公司简直就是沧海一粟。

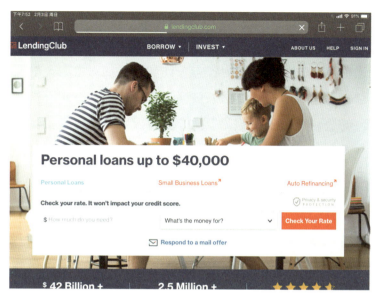

图 6-1　Lending Club 的贷款申请页面

资料来源：https://www.lendingclub.com.

　　中国第一家纯信用网上借贷平台是拍拍贷，于 2007 年在上海设立。和它的美国同行相比，P2P 在中国可谓进展神速。2015 年全国 P2P 平台数量达到 3500 多家，当年成交额突破 1 万亿元。2016 年 4 月 12 日，国务院办公厅印发《互联网金融风险专项整治工作实施方案的通知》，试图规范这个迅速增长的新兴市场。2017 年平台数量有所下降，但交易额上冲到 2.8 万亿元，比上一年增长 36%。P2P 的兴起得益于移动互联网的普及，与国内金融市场的结构性扭曲也有很大的关系。长期以来，大型金融机构占据主导地位，小微金融服务的供给严重不足，给了 P2P 非常大的市场空间，正像传统零售的低效成就了电商，线下支付手段的落后催生了电子支付一样。

　　⊖　http://www.ifengweekly.com/detil.php?id=8954.
　　⊖　https://baijiahao.baidu.com/s?id=1596050675672739456.

就 P2P 商业模式而论，它相当于没有牌照、没有线下网点和人员的商业银行，其功能和银行一样：将储蓄资金转化为贷款。P2P 的这些特点让它在一段时期内成为各方关注和怀疑的对象。金融监管当局对无牌照经营感到不安；理财人被高息吸引的同时，担心这些没有大楼和柜台的公司分分钟"跑路"；传统银行为自己的储蓄池被分流而焦虑；个人和小微企业则如久旱逢甘霖，用各种手段在平台上借钱，其中不乏借了就没想还的人。

进入 2018 年，P2P 平台出现雪崩式的坍塌，截至 2018 年 7 月，问题平台数达到 2286 家，涉及金额数千亿元，投资者争相提现退出，形成挤兑—倒闭—恐慌—挤兑的恶性循环，正在以铁腕手段整顿市场的金融监管机构被迫放慢步伐，连续发布文告，力求稳定市场信心。

这个曾经被认为可能产生互联网独角兽的行业，为什么在这么短的时间里土崩瓦解？因为骗子太多，还是监管过于严厉？据媒体的公开报道，不良分子是少数，而 P2P 问题的爆发在监管收紧之前。网贷之家的数据显示，在 2016 年 4 月国务院发文整顿之前，问题平台就有 1434 家，也就是说，60% 以上的问题平台是在清理整顿之前出现的，光 2015 年就爆出 867 家。与其说 P2P 的大面积崩塌是监管专项整治的结果，不如说正是整治的原因所在。

痛定思痛

问题的根本是 P2P 的商业模式，虽然其他因素同样不可忽略，例如监管缺失、从业人员专业能力不足和投资者风险意识淡薄等，而这些疏忽与差错又不同程度地源自各方对互联网的盲目崇拜，误以为一项新技术可以改变金融的本质，期待互联网＋的万应灵药在信贷业创造线上支付那样的奇迹。如同我们将在下文看到的，P2P 不具备梅特卡夫效应，双边市场效应也因平台的一项关键功能——信用评级而被大大削弱。P2P 能够经营的金融产品极为有限，谈不上什么协同效应，更为尴尬的是，它必须面对规模不经济的"长尾客户"需求。互联网金融归根结底是金融而不是互联网，讨论 P2P 要立足金融的本质。

金融业务的本质是减少资金供给者（出借人、理财人，以下统称出借人）和资金需求者（借款人）之间的信息不对称，控制逾期、坏账等违约风险，在确保资金安全的前提下，实现适度的收益。不少 P2P 公司的创始人和他们的投资人没有金融业的经验，秉持"互联网思维"，一味追求客户数和平台资产规模的快速增长，从一开始就违反了金融业"风控第一"的原则。

当贷款违约不可避免地蔓延时，P2P 公司认识到风险控制的重要性，采取了一些措施，调查借款人的背景、征信和借贷行为，在某种程度上降低了信息不对称从而降低了违约风险。但由于这些措施都受限于线上数据，特别是线上收集不到关于借款人现金流的信息，P2P 公司仍无法准确判断其信用风险，于是坏账继续上升，兑付发生困难。情急之下，公司用高息揽存缓解燃眉之急，但这无异于饮鸩止渴，最终资金链断裂，引发市场恐慌。

在今天的信用环境中，**纯线上的 P2P 模式不能解决金融的本质问题**，失败的命运在诞生的那一天就注定了。

创新遭遇失败并不可怕，可怕的是不能吸取教训，一再重蹈覆辙。

教训之一，使用互联网并不意味着就因此具有网络属性，网络属性以商业模式为必要条件。如第 4 章所述，网络的梅特卡夫效应来自用户之间的互动，而 P2P 平台上的同类客户之间并没有互动，出借人和出借人彼此不相往来，借款人和借款人亦无交互，这就排除了梅特卡夫效应。

从表面上看，P2P 平台像股票交易所一样，只不过交易的是债务产品而非股票，出借人和借款人两大类客户之间有正反馈互动，理应产生双边市场效应（见第 4 章图 4-3）。具体而言，一方面，P2P 平台上的出借人越多，资金越充裕，借贷需求越快得到满足，就可以吸引越多的个人和企业登录平台借钱；另一方面，平台发放和交易的贷款数量越多，出借人等候购买的时间越短，就会有更多的出借人在平台上投资理财。

看上去是典型的双边市场效应，但仔细一推敲就会发现关键一环是缺失的。若想形成出借人和借款人之间的良性互动，信用评估和风险控制必不可少。出借人只有了解贷款违约的风险，才愿意借出资金。由于绝大多数出借人是散户，专业知识有限，他们高度依赖平台的风险判断和风险控制能力。平台出售的产品表面上是贷款，本质上是**信用风险评级**，而风险评级的供应商只有平台自己一家。P2P 的网络结构既不像社交网络（见图 4-2），也不像交易平台（见图 4-3），而是和电商一样（见图 4-5，为读者查阅方便，我们将图 4-5 复制为图 6-2）。出借人看的是平台的信誉，与平台而不是借款人互动；借款人眼中也只有平台，而没有出借人。

在这样的市场中，平台 B 对借款人 d_1、d_2 的违约风险做尽职调查，评估通过后，将他们的借款需求放到平台上募资，由出借人 c_1、c_2、c_3 进行选择。出借人虽然可以形成自己的判断，在大多数情况下相信平台的分析结果，就像资本市场上的债券投资者倚重评级机构

（例如标准普尔、穆迪等）给出的风险评级一样。平台的职能不是单纯的交易撮合，而是将借款人—出借人的一笔交易分成两段，变成实质上的借款人—平台和平台—出借人的两笔交易，中间插入最关键的风险评估。说来有点讽刺，正是这关键的一步阻断了网络的双边市场效应。

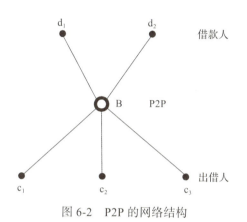

图 6-2　P2P 的网络结构

教训之二，金融的生命线在于风险控制而不在于规模或者增长速度，这是由金融的性质决定的。与一般制造业或服务业不同，金融的特点是高杠杆基础上的薄利多销，这一性质不会因使用互联网而改变。银行支付 2%～3% 的利息，吸收个人和企业的储蓄存款，再用这些储蓄资金放贷给企业和个人消费者。贷款的基准利率是 5%～7%，银行赚取息差 3%～4%，扣除人员工资、办公费用、固定资产折旧等成本，净息差只有 1%～2%。

假设净息差等于 1%，银行用 5000 万元的储蓄资金发放了 50 笔 100 万元的贷款。倘若有一笔变成坏账，银行只能回收 100 万元 ×（1+1%）× 49 = 4949 万元，不足以偿还储蓄者的 5000 万元存款（净息差已扣除了利息成本和运营成本），银行必须动用资本金，弥补亏空的 51 万元。当坏账数量过大时，资本金耗尽，银行无力满足储蓄者的提款需求，便会发生挤兑和银行倒闭，而这正是一些 P2P 公司的结局。毫不夸张地讲，坏账是金融的头号"杀手"，不懂风控就做不了金融。

金融的本质

风险控制之难，难在**信息不对称**，资金的供给者（出借人）不了解资金需求者（借款人）的财务状况和违约风险。降低出借人和借款人之间的信息不对称，正是金融业应该为实体经济创造的价值。P2P 公司不仅要将出借人和借款人聚拢到一个平台上，还要为出借人评估借债人的信用风险，如实告知出借人风险在哪里，风险有多高。出借人依赖 P2P 平台控制风险，就像储蓄者依赖银行一样。

P2P 公司如果只是对接借款人和出借人，那么它仅创造了**中介价值**，而没有创造**风控价值**。大致而言，中介价值对应交易佣金，风控价值对应净息差。国内公开市场上的国债交易佣金不超过成交额的千分之二，股票交易佣金一般为成交额的千分之三，如此微薄的佣金说明中介价值的低下，证券交易所、券商等中介机构一定要有非常大的交易量才能生存和赢利。对于仅做中介而无风控的 P2P 公司，佣金不足以覆盖运营成本，实际上大多数平台根本就不收中介费，而是以息差为主要收入来源。问题在于不做风控怎么可能赚到息差呢？例如前面讲到的那50 笔 100 万元的贷款，一笔坏账就抹去了所有的净息差收益。

做规模，只能增加交易佣金；做风控，才能赚取息差。这两种商业模式和收入来源，逻辑上自相矛盾，市场实践也证明两者不可兼得。追求规模必然会降低标准，放松风控，否则规模上不去；加强风控则意味着精挑细选，必然限制了规模。

　　能否利用互联网和大数据技术，提高甄别筛选速度，从而实现风控基础上的规模扩张呢？回答是否定的。一些 P2P 公司利用网上数据查证借款人的背景，例如身份证明的真实性，有无犯罪记录，是否在多个平台上借钱，甚至调用央行等机构的第三方征信，但仅凭这些数据只能判断借款人的**还款意愿**，而无法估计他们的**还款能力**，即只能大致判断是"好"人还是"坏"人，难以分清风险是高还是低。换言之，完全依靠线上数据不能做出准确的信用评估。

　　估算还款能力的最好方法是预测借款人的**未来现金流**，知道借款人一年之后有净现金 100 万元，银行今天给他 80 万元的一年期贷款就不会有太大的风险。P2P 公司的悲剧是，做预测所需的信息目前无法在线上获取。公司当然可以在线下设网点，安排人员做借款人的尽职调查，收集更多的数据，但线下的这部分新增成本是公司难以承受的，并且如此一来，P2P 就失去了它本来的意义，变成和传统商业银行一样的金融机构，它的存在还有什么必要呢？

　　预测的现金流肯定不准确，传统商业银行会再加一层保险，要求借款人提供抵押品或者担保。常用的抵押品有房产、股票等，担保人一般为资金实力相对雄厚的大公司或个人。发生债务违约时，抵押品的所有权从债务人转移到银行，银行拍卖抵押品套现，回收部分贷款，或者依据法律强制担保人承担还款义务。抵押品的作用不仅在于降低贷款违约的事后损失，而且可在事先抑制"**道德风险**"[⊖]。

　　㊀　用一个简单的例子说明道德风险的概念。假设一家企业投资 2000 万元建一条生产线，如果全部用企业主的自有资金，一旦项目失败，企业主损失 2000 万元。如果企业从银行贷出 1500 万元，自己投入 500 万元，项目失败时的损失将由银行分担，企业主直接损失只有 500 万元。贷款的使用降低了企业主的风险，鼓励他采取激进的经营策略，草率上马高风险投资项目，这就是道德风险的含义。而抵押品增加了企业主债务违约的成本，一旦项目失败，他不仅会损失 500 万元现金，抵押的房产也会被银行收走，这迫使企业在借贷时进行自我约束。

"道德风险"一词指的是"用别人的钱不心疼",借钱投资或借钱经营会导致风险偏好上升,这是一种经济现象,和借款人的道德水准没有太大的关系。媒体经常将道德风险解释为圈钱骗贷、卷款潜逃、"恶意违约"等不道德的行为,这是一个极为普遍的误解。

大企业家大业大,可用于抵押的资产多,银行"嫌贫爱富",自然倾向于给它们提供贷款。在可以预见的将来,大中型企业的抵押贷款市场仍是主流金融机构的天下,互联网金融公司只能聚焦小微企业和个人消费市场。小微企业固定资产本来就不多,设备、厂房又是专用的,在市场上缺少买家,变现能力差,银行不愿意接受这些流动性差的资产作为抵押,因此小微企业的融资一直是个非常棘手的难题。互联网金融公司要想开拓这块市场,必须研究推出无抵押、无担保金融产品,仅凭信用就可发放贷款。

无抵押贷款的风险高,P2P 公司通常会收取两位数的高利率,用高收益对冲高风险,它们的商业模式说到底就是计算"两率":利率和违约率,看似合理,实际上仍没有解决金融的本质问题——信息不对称。

高利率不仅无助于降低信息不对称,反而会带来"逆向选择"的新问题,结果是金融风险的上升。当利率过高时,保守经营的低风险客户会觉得借款资金成本过高,不如使用自有资金,或者缩减甚至放弃投资扩张计划。愿意承担高利率的反而是那些经营困难、资金紧张的企业和低收入的个人,知道年利率在 30% 以上还要借的借款人,大概率做的是超高风险生意,或者周转相当困难。如果年利率高达 50% 还有人敢借,基本上是借了就没想还的。高利率排斥优质客户,吸引高风险借款人,这就是"逆向选择"。一旦进入逆向选择阶段,P2P

公司就难逃厄运。高利率—高风险客户—高违约率—再提高利率，恶性循环很快就把 P2P 公司拖入资金链断裂的绝境。

质疑 P2P 的商业模式并非否定小微金融的前景，而是否定金融业务中的"互联网思维"。互联网没有改变金融的本质和规律，迄今为止也没有创造出新的商业模式，但它确实为我们开拓小微金融市场提供了一个有力的工具。

线下金融 + 互联网

上海某小额贷款公司在长期的实践中摸索出了一套线下和线上相结合的风控模式，它总结为"报表还原、交叉验证、信息数字化、流程标准化"，能够较为准确地判断小微企业的还款能力，从而有效地控制风险。

公司信贷业务人员向企业或个人贷款申请者发出标准化问卷提纲，对每一个申请者做现场访谈和调查，收集各种信息，还原出借款人的财务报表，同时利用线上数据进行交叉验证，审查其还款意愿。根据还原的财务报表，利用多维度数据和数学统计模型，估算小微企业的还款能力，据此确定贷款额度和贷款利率。

虽然线下加线上的风控质量较之单纯线上高得多，但这种模式的缺陷也很突出，那就是线下操作的成本偏高。为了降低信息获取成本，阿里巴巴利用淘宝、天猫、支付宝等平台上的交易数据，分析中小企业的经营和信用状况，在此基础上决定是否授信以及授信多少。自 2010 年开展小额贷款业务到 2016 年底，阿里巴巴累计为 500 多万家中小企业融资，累计贷款额达 8000 多亿元，余额约 1000 亿元。

类似阿里巴巴利用低成本数据做金融业务的还有腾讯，以消费贷为主的微众银行 2017 年底贷款余额为 1000 亿元[一]，未见关于企业贷款的报道，可能是因为以微信为核心的腾讯生态平台上缺少企业数据。截至 2017 年底，京东金融贷款余额为 711 亿元，其中消费贷款余额为 485 亿元，供应链贷款余额为 226 亿元。[二]京东拥有自己的供应链，基于业务关系、对供应商的了解和供应商存货的抵押，它才能做供应链金融服务。

尽管这些数字看上去相当可观，但对比央行发布的全国统计数字就显得微不足道了。2017 年底全国贷款余额为 120 万亿元，其中小微企业贷款余额为 24 万亿元，消费贷款余额约 9 万亿元。

BATJ（百度、阿里巴巴、腾讯、京东）这些拥有数据的大平台做金融业务，也就占据个位数的市场份额，目前看不到进一步扩大的可能性。那些没有数据的 P2P 公司，它们如何评估和控制借款人的风险呢？它们的资产规模竟然也可达到百亿元的数量级，真是匪夷所思。2016 年中之前，风险投资基金大举进入这一领域，以为这是投资互联网的最后机会，要求用户数和贷款余额的增长参照互联网行业的标准，为满足对赌条件，P2P 公司放松了风险控制，不出问题才是奇怪的事。

即使对于 BATJ，贷款业务也仅限于在它们的平台上做过交易的企业与个人，并且仅限于利用交易数据即可判断信用风险的用户。2017 年淘宝和天猫平台上有商家 1000 万家左右，据估计，活跃商家

○ https://www.cebnet.com.cn/20180322/102475884.html.

○ https://tech.sina.cn/i/gn/2018-05-10/detail-ihaichqz8237991.d.html?from=singlemessage&isappinstalled = 0.

（一个月之内至少有一次交易）约 300 万家，不到我国中小企业和小微企业的 10%，其中得到金融服务的企业比例更低。

纯线上金融之难，难在缺乏数据，难在交易和社交数据"含金量"不高，必须同时使用线下数据，才能把握好借款人的风险。此外，纯线上金融产品的个性化程度高，特别是针对小微企业需求的金融产品，每个企业的情况都不一样，不可能设计出游戏、社交和电子支付领域那样的 2C 爆款产品。

笔者对互联网金融的基本看法是，在当前的信用环境中，**单纯依靠线上数据无法做出准确的信用评级**，除非出现像美国 FICO（Fair Isaac Corporation，位于加州圣何塞的一家数据公司⊖）那样的专业评级公司。FICO 的信用评级在市场上得到广泛的认可，因为它与银行、信用卡公司等金融机构合作，拿到了价值较高的数据，特别是借款人现金流的数据。眼下在我国，服务中小企业仍不得不采取线下和线上相结合的风控方式，并且要以线下为主，线上为辅。

前文提到的那家小额贷款公司正按照这个思路，努力实现操作流程的数字化、标准化，将它在市场中摸索总结出的风控模式移植到互联网平台上。借款人在移动终端上递交申请和相关资料，公司利用图像识别等技术以及第三方数据，核查资料的真实性和准确性，然后派人做现场尽职调查，补充数据。所有信息在第一时间进入公司的 IT 系统，即时生成借款人的财务报表。公司的技术后台依据财务报表和统计模型，自动审批贷款额度和利率，反馈给借款人。借款人接受额度和利率后，系统自动放款，并提供贷后跟踪服务。在过去一两年 P2P 公司的大面积倒闭潮中，该小额贷款公司的信用贷款占比高达

⊖　https://en.wikipedia.org/wiki/FICO.

90% 以上，且不良资产率控制在 1% 以下。公司的客户群体稳定，各项业务照常进行。

线下加线上的风控模式虽然既没有梅特卡夫效应，也没有双边市场效应，但移动互联网和数字技术的应用放大了规模经济效应，降低了运营成本，形成了一套较为完整的小微企业融资方案。

社区互联网

无论是运用互联网的金融公司还是为金融服务的互联网科技公司（Fintech，即金融＋科技），都要立足金融的根本，尽可能地降低风险控制成本，以便降低贷款利率，扩大市场范围，为更多的小微企业提供融资服务。除了采用新技术控制风险，培育**民间信用增强机制**，提高对违约的惩罚力度，也是一个有效的方法。

孟加拉国格莱珉银行（Grameen Bank）创始人尤努斯是民间小微金融的典范。银行工作人员深入农村社区，组织农民形成五个人的连锁互保小组，我们不妨称为"实体互联网"或者"社区互联网"，向那些被传统金融排除在外的贫穷创业者发放贷款。小组成员一起申请，其中有两人可先得到贷款，只有他们按时还本付息，第三人和第四人才能接着贷款，待第二批两人如期履约，最后一人才有资格拿到贷款。在这种"顺位融资"（Sequential Financing）模式下，一人违约，全组信用受损，连环贷款就会中断。

五个人依亲情、乡情组成利益共同体，既有相互帮助共同发展的动力，也有违约连累同伴的道德压力。我们可以把这样的"联保"想象为一张网络，网络节点即小组成员之间经济上和心理上的互动产生梅特卡夫效应，并使信息收集与分析的成本大大下降，有助于克服困扰金融业的头号难题——信息不对称。和电子互联网不同的是，社区互联网仅限于街坊邻居和亲戚朋友。

• 人　物

穆罕默德·尤努斯，1940 年生于孟加拉国吉大港一个珠宝商家庭，达卡大学经济学学士和硕士。尤努斯创办过成功的个人企业，本可在商界出人头地，但或许是受其母亲关爱穷人的影响，他"发现了自己在经济学和社会改革方面的兴趣"。1965 年赴美学习，1969 年获范德比尔特大学经济学博士学位，1972 年回到孟加拉国吉大港大学任教。1974 年在孟加拉国大饥荒时，尤努斯发现，极小数量的贷款即可显著提高穷人的生存能力，于是制订了一个"吉大港大学乡村发展计划"并进行研究。尤努斯 1983 年创建格莱珉银行，截至 2020 年底，共有 2568 个支行，934 万个会员（注册借款人），其中 97% 为女性。银行累计发放贷款 316 亿美元，贷款余额 17 亿美元。

尤努斯和他的借款人们

资料来源：https://en.wikipedia.org.

　　无独有偶，国内的企业家也开始在社区互联网的方向上积极探索。河北省的一家公司扎根农村，选择人品正直、街坊邻里关系好，且有一定商业经验的农民作为乡邻小站的站长，培训他们收取存款和发放小额贷款等简单的金融操作，利用站长家里的空闲房间作为办理业务的网点（见图 6-3），与商业银行合作，开展基于熟人关系的农村金融，有力地支持了农村经济的发展。站长不领取工资，收入来自为商业银行吸收储蓄的佣金。小额信贷不出村，便于控制风险。

图 6-3　农家房间改装的网点办公室和太阳能发电装置

注：一部电脑、一台打印机和一台 ATM 机，一切都是低成本的。发放小额贷款，帮助农民
　　投资太阳能发电装置，安装在自家房顶上。农民售电有收入，贷款违约的风险极低。
资料来源：图片来源于互联网。

　　事实证明，中小金融机构大有可为，关键要有正确的思路。国有大银行成立中小企业金融贷款部门，监管机构下达行政指令，规定必须完成的中小企业贷款数量并限制利率，这些做法用心良苦，却无异于狮子捉老鼠，有悖于金融的逻辑和市场规律。大银行的成本居高不下，宏伟壮观的大楼、中心城市高素质人才的高工资、庞大而复杂的 IT 系统……所有这些决定了它们只能做规模效益好、有抵押的标准化大额业务，而不可能将网点延伸到城镇街道和乡村。狮子捕猎水牛时所用的强健肌肉和锋利爪牙对老鼠完全不起作用，碰到几万元、几十万元一单的贷款，做惯了标准产品的团队一筹莫展，为大客户服务的 IT 系统也不能对接众多的中小企业。

　　服务中小企业必须依靠分散的、多样化的和本地化的民营中小金融机构，面向社区和当地企业，借助移动互联网和当地的社会网络，降低信息成本、风控成本和实施违约惩罚机制的成本，终极目标是降低利率，让金融服务触达尽可能多的基层经济细胞。

小　结

　　互联网金融没有梅特卡夫效应，即使有双边市场效应也相当微弱。互联网的应用并未改变金融的本质，金融机构的头号任务仍然是风险控制而不是资产规模扩张。控制风险的关键是克服信息不对称，利用互联网虽然可以快速对接出借人和借款人，收集和分析网上数据，但不足以给出准确的风险评级和可靠的贷款审批依据。在现有的信用环境中，线下加线上（而非互联网＋）是更为可行的小微金融模式。大力发展民营中小金融机构，建立多样化的信贷供应体系，有助于解决长期困扰中小企业的融资难问题。

附录 6A

科技公司助力小微金融

1988 年，6 位员工带着 10 万元资本金成立了一家金融服务社，由于资金有限，他们很自然地锁定了中小企业和个体工商户作为客户。改革开放初期，民营企业蓬勃发展，却又得不到大型银行的支持，金融服务社弥补了市场的空缺，以灵活的机制和优质的服务为自己赢得了立足之地。金融服务社后来经过几轮合并改组，吸收战略投资人，2010 年成为一家混合所有制的城市商业银行（以下简称银行）。地方政府参股但没有控股，避免了经营管理的行政化和官僚化，银行得以保持创立以来的市场化治理机制和服务小微企业的传统。

银行定位于实体经济中的小微企业及个体工商户，没有做房屋按揭和消费贷款。2019 年户均贷款额为 40 万元，500 万元以下的借款人占客户总数的 99% 以上，按照贷款余额计算则占 83%。小微企业及个体工商户资金有限，经营受外界影响较大，而且缺乏易于变现的资产作为抵押品，长期被主流金融机构视为高风险借款人而拒之门外。然而这家以小微企业客户为主的银行，在业务额逐年增长的情况下，不良资产率保持在 1% 以下，显著低于行业平均水平，净资产收益率则高达 25% 以上。

这样的成绩归功于"风险控制第一"的企业文化和严格的问责机制，经过多年的实践，他们总结出了"下户调查、眼见为实、自编报表、交叉检验"的十六字风控技术，以及"三看三不看"的尽职调查原则，即"不看报表看原始单据，不看抵押看经营技能，不看公司治理看家庭治理"。业务人员将原始数据转换为资产负债表和利润表，结合实地考察的定性指标，判断是否放款以及贷款额度。

显而易见，这是一个人员密集型的线下风控模式，银行现有 1 万多名员工，50% 以上是客户经理和信贷员，人力资源成本和管理成本随着业务规模的扩大而上升。成本的上升不可避免地反映在贷款利率上，增加了中小企业的负担，同时也影响了银行的业务发展。

如何既坚持行之有效的业务模式又控制好成本？银行想到了求助科技公司。在一家大型科技公司的帮助下，银行建立了核心枢纽平台和大数据平台（见图 6A-1），即本书第 9 章将介绍的业务中台和数据中台。

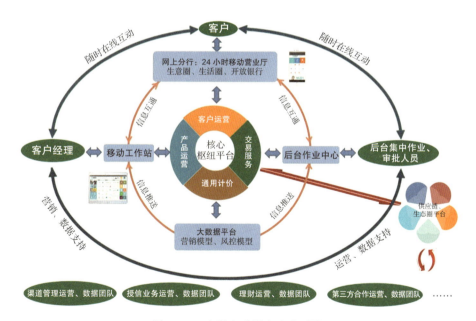

图 6A-1　小微金融服务生态系统

资料来源：台州银行。

核心枢纽平台上载有信贷业务所用的主要功能模块，例如客户的管理和服务、信贷产品的介绍、风险评估和定价（利率）、贷款的发放与回收等，在面向服务的架构 SOA（详见第 9 章）下，这些功能模块被称为服务中心，功能模块中子模块被称为服务（Service），服务以类似 App 的形态供业务人员和客户调用。小微企业客户可在网上分行 24 小时移动营业厅登录平台，申请贷款，查看交易记录和资金流动情况。银行客户经理通过移动工作站在平台上办理业务，与客户在线互动。银行的传统后台如风险控制、资金调度等部门在核心枢纽平台上集中审批和办理，业务人员不必像过去那样为每一笔贷款跑几个后台部门。

大数据平台汇集了客户、银行资源（人财物）以及合作方如供应商的数据，运营操作过程中产生的数据也被实时记录和存储在平台上，连同第三方数据，由银行统一管理、维护和运行。银行利用统计学和人工智能算法分析数据，评估借款人的信用风险，或者预测市场形势的变化，将分析结果及时推送给相关的客户经理和部门。大数据平台是开放的，只要得到授权，业务人员就可调用平台上的任何数据。

细心的读者或许已经发现，这里的商业模式和 P2P 很不一样，它是**银行 + 互联网**，而**不是互联网 + 银行**。在如图 6A-1 所示的生态系统的支持下，一方面，银行向小微企业提供金融服务更加简单、方便和快捷，借款人在手机、电脑上提出申请，在网上传送资料和办理业务；另一方面，多渠道数据汇聚到平台上，客户资料经过整理分类，银行进行专项管理，例如分为农村客户、行业客户等群组，客户管理的基本单位从个体变为群体。对群体共性的把握降低了管理的复杂度，提高了工作效率，以前一个经理服务 100 多个客户，现在可服务两三百个甚至五六百个。

针对专项客户群，银行推出了个性化的产品和服务，例如小超市和施工队对资金的需求是不一样的，银行分别为它们准备了具有行业特色的 App、信贷产品和服务项目，这在没有核心枢纽平台和大数据平台的过去是无法想象的。过去 IT 部门要根据行业客户的需求逐一开发系统，超市类是一个系统，施工类是另一个，不仅存在大量的重复劳动，而且数据都留在了各个系统中，形成信息孤岛或信息深井。现在核心枢纽平台上部署了客户、产品、计价、交易四大通用功能模块或服务中心，无论客户处于哪个行业，贷款业务都要用到这些服务，每一行业的个性化需求则通过服务的不同组合与配置来满足，IT 人员用搭积木的方式将服务组装成系统，而不必针对每一行业从头开发。

更为重要的是，这个模式保留了线下尽职调查的环节，线下收集的虽然是"小数据"，但含金量相当高，足以评估借款人的信用风险，再辅以线上的电商、支付和社交数据，信用评级更加准确。反观 P2P，它的失败在于用线上数据替代线下数据，听起来是大数据，具体到单个借款人其实信息量很小，无法准确地为客户画像，也就是无法从根本上解决金融的关键问题——信息不对称。

在如图 6A-1 所示生态系统的构建过程中，科技公司发挥了不可替代的作用，其新颖的分层开发模式很好地平衡了银行的需求和公司的收益。如果像传统的软件公司那样为银行量身定做，必然会碰上开发成本高和交付期长的老问题。公司创造性地将金融业务分为两层，下层是通用业务中台，载有客户管理、支付、风险控制、资金调动等一般金融机构都要用到的功能，由科技公司承接开发工作；上层是专用业务中台，对应图 6A-1 的核心枢纽平台，银行在科技公司的支持下，根据自身业务的需要进行开发。

在这个案例中，互联网的性质发生了变化，从人们熟知的 2C 变成 2B，从消费互联网变成工业互联网，商业模式和底层逻辑也随之而变。意识到这一点，科技公司专注自己擅长的互联网和云技术，把应用级的核心枢纽平台交给银行。在第 9 章中我们将看到，应用软件的设计和业务流程密切相关，需要拥有小微金融的知识和经验，而这正是科技公司的短板。为了消除银行对于数据安全的担忧，科技公司提出了混合云的方案，银行可以将重要的数据存储在自有服务器也就是私有云上。

科技公司的通用业务中台可以提供给其他银行、资产管理公司、保险公司等金融机构，如此产生规模经济效益，降低金融机构的系统开发成本。分层开发模式解决了个性化定制和规模效应之间的矛盾，为科技公司服务金融业和实体经济走出了一条新道路。

第 7 章

平台：
无栏不成圈

什么是"平台"？"平台"在本书中泛指具体的、现实存在的线下和线上网络。我们之所以不用"平台效应"一词（见第 4 章），因为平台除了可能有双边市场效应，还可能有梅特卡夫效应、规模经济效应和协同效应，用笼统的"平台效应"会混淆这些不同的概念。区分各种效应有助于我们准确把握平台的商业实质，在实战中有针对性地采取不同的策略和方法。

平台可以是实体的，例如 20 世纪 80 年代义乌小商品市场（见图 7-1），也可以是虚拟的，像网上约车平台优步（见图 7-2）。义乌小商品市场由改革开放初期的地摊集市发展而来，截至 2015 年，它拥有营业面积 550 万平方米，商位 7.5 万个，经营 SKU 180 万个，日客流量 21 万人，年交易额 3500 亿元，与 219 个国家和地区有贸易往来（义乌批发网）。这是前互联网时代的一个巨大的平台，和亚马逊、淘宝网没有商业本质上的区别，只是它的规模受到物理空间的限制，而电子交易平台在虚拟空间中可以无限扩张。

有意思的是，现在义乌小商品市场除了建立自己的网上销售平台和开发移动端 App，还进驻阿里巴巴、苏宁等大型电商平台，以＋互联网的方式，突破物理空间的局限，如同我们在第 5 章所讲的零售业一样，批发业呈现出线上线下互相融合的趋势。

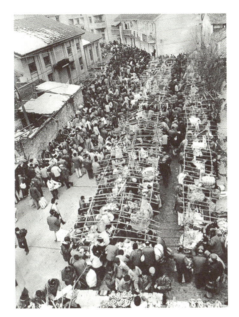

图 7-1　平台：20 世纪 80 年代义乌小商品市场

资料来源：图片来源于互联网。

图 7-2　平台：优步的移动端界面

资料来源：图片来源于互联网。

在互联网时代，"平台"即使不是媒体中出现频率最高的词，也是最高之一。那么作为一种商业模式，平台究竟是什么呢？

要害是壁垒而非规模

　　谷歌前 CEO 施密特定义平台为"能够吸引供应商及用户群，通过互动产生交易的多边市场"。[⊖]《平台革命》一书对平台的定义较长，具体表述为：基于外部供应商和客户之间的价值，匹配供给和需求，创造互动的商业模式；为互动提供开放参与的架构，并设定治理规则；通过市场交易，为所有使用者创造价值。[⊜]

　　我们可以从以上定义归纳出平台的几个性质。第一，平台是**供应商和客户互动**的场所，客户可以是消费者，也可以是厂商。第二，平台的使用者在**互动过程中产生新的价值**。价值可以是平台创造的，也可以是平台的使用者创造的，例如外卖平台的价值产生于餐馆和消费者的交易中，平台以提供信息、技术、人力物力支持的方式协助双方完成交易，因而也是一个价值创造者。平台上的餐馆越多，搜索效率越高，消费者就越愿意使用平台；反过来，平台上的消费者越多，就会招徕越多的餐馆与平台合作。显而易见，平台具有双边市场效应。

　　笔者认为，只有双边互动和价值创造还不够充分，才需要给平台的定义加上第三个性质：**进入和退出壁垒**。进入壁垒即俗话说的"护城河"，"护城河"是阻止竞争对手进入同一市场的障碍；退出壁垒则决定平台的客户黏性。护城河的重要性不言而喻，论及北宋的灭亡，很多人都会提及地理之弊。宋太祖赵匡胤夺得天下，偏偏把都城建在

　　⊖　施密特，罗森伯格，伊格尔. 重新定义公司：谷歌是如何运营的 [M]. 北京：中信出版集团，2015：49-70.

　　⊜　帕克，埃尔斯泰恩，邱达利. 平台革命：改变世界的商业模式 [M]. 北京：机械工业出版社，2017：1-14.

了无险可守的华北大平原上。1127 年金人南下，未经激战便攻破汴京，北宋王朝灭亡。反观秦汉帝国，发祥于沃野千里的关中地区，东有黄河阻隔，南依秦岭为屏障，扼守潼关，退可保住帝国根本，进则与群雄逐鹿中原。

将进入和退出壁垒作为平台的定义之一似乎与平台的特点不符，平台的特点本来是开放和自由，尽可能减少限制和障碍，然而正因为如此，使用者进来容易退出也快。如果护城河不够深，城墙不够高，在激烈的竞争中，大好形势有可能瞬间逆转。

缺少进入壁垒而丧失先发优势的案例俯拾皆是。网页搜索最初是雅虎的天下，由于它的手工编码技术简单，用户体验差，谷歌用关系型搜索打入这个领域，攻城略地，迅速取代雅虎成为新的霸主。谷歌称霸之后吸取了雅虎的教训，不遗余力地在搜索技术上投入，确保最好的用户体验。好的体验是留住用户的关键，可谓风景这边独好，别的地方都不如这里，来了就不想走。当微软借力 Windows 雄厚的用户基础，推出必应（Bing），染指网页搜索时，谷歌阻挡了微软的攻势，不仅牢牢守住而且扩大了自己的阵地。搜索技术既是谷歌抵挡竞争者的护城河，也是滞缓用户退出的壁垒。

强调进入和退出壁垒的意义在于聚焦平台的核心价值，互联网创业公司一开始搭建平台的时候，就要想到"护城河"在哪里，靠什么留住用户。用户会注册登录一个账号，是因为平台可以给他带来价值；他会留在这个平台上，是因为这里的价值具有一定的不可替代性，比如谷歌搜索就是比微软的必应好用。换句话说，平台不仅要为用户创造价值，而且价值要足够大和足够独特，才能筑起足够高的进入壁垒，抗击"家门口的野蛮人"，保护得来不易的市场。

特别需要指出的是，规模不构成进入壁垒。市场的逻辑正好相反，先有壁垒才能做大规模。优步 2014 年正式在华开展业务，2016年已占据中国三成的市场份额，在一线城市中份额超过 40%。随后，本土网约车公司凭借本地优势，与优步发生正面冲突，不断侵蚀它的市场，最终迫使优步退出中国市场。除了对当地市场和客户缺乏了解（例如优步没有客服电话，中国用户只能发邮件投诉，很不方便），优步也输在了技术过于简单和产品趋同上。不能以差异化的服务反击对手，优步只能祭出低价揽客这一招，在打了 20 亿美元的补贴大战后，黯然收兵回营。2016 年 8 月 1 日，优步将其全部中国业务以 70 亿美元的价格打包出售。

然而，上文中的"胜利者"也只是赢了一个回合而不是整场战争。优步退出网约车市场后，美团 2017 年 2 月在南京上线打车软件，每周奖励司机 1800 元。赢了优步的"胜利者"立即应战，奖励司机1900 元。[○] 2018 年 3 月，美团进入上海，同月阿里巴巴的高德顺风在成都和武汉上线；携程 2015 年开展专车业务，2018 年 4 月获得网约车牌照。传统汽车制造商同样看好这个市场，2015 年，吉利推出曹操出行；2017 年，一汽、东风汽车和长安汽车联合发起 T3 出行。网约车行业的争夺将更加激烈，毕竟这个市场的潜力太诱人了，而且，进入壁垒又这么低！

2018 年本土网约车公司在短时间内连续出了几桩严重的安全事故后，原有客户便纷纷迁移到竞争对手那里。补贴带来了规模，却没有带来任何客户忠诚度，在同质化的产品和服务面前，理性的消费者只认钱而不认人。

　　○　https://baijiahao.baidu.com/s?id=1589449990647286865.

价格战信奉者常挂在嘴边的一句话是，"先低价占领市场，形成垄断后再提价赚钱"。这句话逻辑上自相矛盾，在实战中也得不到验证。靠低价获得垄断地位，一旦提价，逐利的平台用户还不立即作鸟兽散？谁来使用你的平台？除非你的低价策略已经彻底打倒了所有的竞争对手，当你提价时无人卷土重来，你的平台优秀到市场唯一。然而我们知道，如果企业能靠成本和技术做到市场的唯一，当初就不必打价格战了。

以补贴做规模，说穿了是企业竞争的失败，不能在技术和服务上超越对手，便转到资金市场上一决雌雄。从 2015 年 5 月到收购优步为止，本土网约车公司一家就累计融资 80 亿美元，而同期优步融资仅为 10 亿美元。[⊖]在竞争过程中，虽然竞争各方的产品和服务都有改进，但最终的胜负取决于资金实力而不是用户的选择，多少有些令人遗憾。

重规模轻价值的平台战略在共享单车上再次出现。2015 年 1 月北京摩拜科技公司成立，同年 10 月得到 A 轮融资，公司估值 1500 万美元。2016 年摩拜单车先后在上海、北京投入运营，2017 年 6 月完成 E 轮融资 6 亿美元，公司估值 30 亿美元，2018 年 4 月被美团以 27 亿美元的价格全资收购。看上去这是一个平台战略成功实施的精彩案例，在三年多的时间里，一家公司从零做起，成长为全球最大的单车运营商，在 9 个国家的 180 个城市拥有 700 多万辆单车，日订单量超过 3000 万单，为世界上的 2 亿人口（主要在中国）提供短距离出行服务。

根据公开渠道的有限数据，研究分析人员一直不知摩拜如何赢利，按照本章前面所给的定义，摩拜甚至不是一个平台，没有形成供应商和客户之间的正反馈，只有一家供应商在为消费者提供服务，那

⊖　https://tech.sina.cn/i/gn/2017-07-31/detail-ifyinvwu4046972.d.html.

就是摩拜自己。人们或许可以想象，摩拜平台上将来会出现多种业务，就像亚马逊从单一的电子书销售走向"万物商店"（详见第 5 章）一样。这个前景不是没有可能，但要走到这一步，摩拜必须想办法赢利，起码也要做到现金流的平衡。2017 年摩拜收入 11 亿元，当年亏损 68 亿元，形势并不乐观。

更为严峻的是挑战者 ofo 小黄车步步紧逼，由于在服务上很难差异化，双方也没有特别的技术壁垒，竞争就只剩下一个手段——价格战。你的押金 299 元，我的押金 199 元，你的月卡 2 元，我的月卡仅 1 元，甚至出现了消费者骑车可以赚钱的可笑情况。同样因为进入壁垒低，当摩拜和 ofo 在大城市打得不可开交时，一批新公司冒了出来，抢占三线、四线城市和农村市场。竞争者如此之多，一时间街上的共享单车五彩缤纷，以至于区分公司的颜色都不够用了。单车的投放量多到了挤占车道和人行道的地步，影响了正常交通，市镇政府不得不出面清理整顿，因此出现了废弃单车"尸骨如山"的悲壮画面（见图 7-3 ）。

图 7-3　共享单车"尸骨如山"

资料来源：图片来源于互联网。

2018 年摩拜以 27 亿美元的价格被美团全资收购，2020 年 12 月停止运营，原有业务并入美团，更名为"美团单车"。摩拜的竞争对手 ofo 的日子也不好过，2017 年以来多次传出涉入法律案件的消息，2019 年其运营公司的资产被冻结。在共享单车平台的故事接近尾声时，笔者想问的是，创业者和投资人从中学到了什么？汲取了什么样的教训？

以规模为目标，即使做出了规模甚至已经上市，公司也随时有可能发生危险。若将精力和资源投入到规模和流量扩张上，无心且无力开发核心技术，则这种缺少护城河的规模扩张得快，坠落得更快。美图秀秀先后融资共 30 多亿元，它的图片美化处理一直领先市场，短视频美拍超越腾讯微视，2015 年用户数就突破了 1 亿[⊖]，并于 2016 年在香港成功上市。不料 2017 年短视频市场杀出一匹黑马，抖音迅速蹿红，成为消费者的新宠。到 2018 年初，美图秀秀的月活跃用户损失了 50%，股价从最高点的 23 港元跌至 2018 年底的 2 港元。

抖音不仅在短视频市场上高居首位，而且助力它的母公司字节跳动开疆拓土。字节跳动的另一王牌应用今日头条以新闻发布和推送为主业，其自身以及从抖音导入的流量让它在 2018 上半年有了 2.4 亿个月活跃用户，直追腾讯新闻的 2.63 亿个。要知道腾讯有来自 10 亿个微信用户和 8 亿个 QQ 用户的巨大流量，今日头条能和它打成平手，实属不易，一个重要的原因是抖音在短视频上的优势加持。2018 年中，抖音的月活跃用户有 2.5 亿个，而腾讯微视只有 1000 万个[⊖]。抖音月活跃用户于 2022 年一季度进一步上升至 7.5 亿个。然而，螳螂捕

⊖　https://finance.sina.com.cn/money/fund/fundzmt/2018-12-28/doc-ihqfskcn1894786.shtml.

⊖　https://baijiahao.baidu.com/s?id=1612182999875573632.

蝉，黄雀在后，抖音的快速成功激发了不少模仿者，类似的视频网站纷纷上线，人们自然会问，抖音能否以及如何避免被颠覆？

规模不能确保无忧，小老鼠也可以令大象惶恐。2015 年 9 月问世的拼多多竟让淘宝寝食难安⊖，拼多多不仅分流了这位交易平台老大的客户，而且利用购物者的天然联系，搭建社交群，威胁到了社交平台巨头微信的统治地位。在拼多多的压力下，国内最大的线上零售商之一京东于 2017 年 8 月发布"京东拼购"，2018 年 6 月又推出拼购小程序。规模没有给这些大公司带来安全保障，反而有可能让它们陶醉在自己天下无敌的幻景中，忘记了护卫平台的首要任务——为客户创造价值。

强调价值创造并不否认一个事实，即曾有创业者和风投基金赢得了规模的竞赛，上市套现成功，问题在于这样的幸运儿少之又少，并且不无讽刺的是，规模和速度至上的策略进一步降低了创业成功的可能性。为了尽快扩大规模，让用户免费使用或补贴用户，平台营收的增加赶不上补贴费用的膨胀。面对资金链断裂的危险，创业公司不得不将宝贵的资源用于融资活动而不是技术和产品的开发。公司在城市黄金地段租用甲级写字楼；创始人绞尽脑汁想象动人的投资故事，编写精美的 PPT，奔走于拜见风投基金的道路上，以至于人们戏称这类公司既不是 2B 的也不是 2C 的，而是 2VC（面向风险投资基金）的。

2VC 对 VC 未必就是福音，专注于融资而非价值创造的企业能给 VC 带来高回报吗？当下流行的一种做法是 VC 设定规模、速度等目标和企业对赌，为了实现这些目标，企业通常牺牲长远的发展，尽一切可能哪怕弄虚作假也要交出符合目标的短期业绩。如果对赌失败，

⊖　http://baijiahao.baidu.com/s?id=1598061071267940890.

创业者必须转让股份给 VC，有时会因此丧失控股权。当创业团队的股份降到很低（比如说 10% 以下）时，创业者还会像以前那样打拼吗？ VC 手握控股权又有什么意义呢？

造就平台的是进入壁垒而不是规模。虽然壁垒在很多情况下和平台的第二性质——客户价值相重叠，但客户价值未必足以为企业构筑壁垒，而壁垒对客户一定是有价值的。共享单车有客户价值，但价值太小因而公司收入太低，是一具依赖外部输血维持生命的病体。

烧钱打造生态圈、补贴培养消费习惯、先垄断再提价，这些媒体津津乐道的策略却无一与壁垒相关，无一指向价值创造，非但不是通向成功的秘籍，反倒可能是泥潭，企业一旦陷入其中便不能自拔。

价值来自技术，谷歌前 CEO 施密特对此有深刻的见解。施密特坦率地承认谷歌在平台竞争上犯过的错误，公司曾计划将其网络广告上的优势，推广到纸媒、广播以及电视等平台。构想巧妙，背后也有创意人才的支持，但缺少高性价比的产品以及拥有突出优势的**基本技术洞见**，结果都以失败告终。所谓技术洞见，是指以创新的方式应用科技或设计，实现生产成本的显著降低或产品功能和可用性的大幅提升，与同类产品拉开距离。⊖

同样，《平台革命》的三位作者始终围绕着价值而非规模讨论平台战略，他们认为，**平台必须赢利**。这是不言而喻的，赢利说明平台价值得到用户的认可，说明平台产生的价值大于创造价值所支付的成本。规模并不自然产生利润，有时用户数量减少，平台赢利能力反而

⊖ 施密特，罗森伯格，伊格尔.重新定义公司：谷歌是如何运营的 [M].北京：中信出版集团，2015：49-70.

大幅提升。[○]例如平台可以适当收费，这样虽然排除了一些人，但愿意付费留下来的用户对平台价值有更高的认同，成交率更高。如何识别用户价值、设计定价和营销策略，关系到平台的成败，有兴趣的读者可进一步阅读该书第 3 章和第 6 章的精彩论述。

得技术者得天下

什么是"护城河"或进入壁垒？进入壁垒要满足两个条件：对平台用户有价值以及**竞争对手难以模仿**。以苹果为例，形成并保护苹果平台有两大法宝：苹果智能手机和 iOS 操作系统。自从发布 iPhone 3 以来，苹果就以一骑绝尘的态势占据了智能手机的制高点，消费者买了苹果手机就进入了苹果的平台。请注意，吸引消费者的是苹果手机的性能、外观、操作感，而不是补贴或者低价。补贴虽然对消费者有价值，但这种营销手法太容易被模仿，因而不构成进入壁垒。

使用苹果手机的人多，自然吸引了应用程序 App 的开发者，在苹果 iOS 和辅助工具的支持下，外部供应商与个人纷纷进入苹果的平台，推出销售商品、服务、视频、音乐、图书的 App，而日益丰富的 App 反过来又促进了苹果手机的销售，于是形成供应商和消费者之间的互动，由此产生双边市场效应。苹果 App Store 里有 200 多万个 App 为第三方商家开发（见图 7-4），有时甚至每一次商家将 App 上传到平台或用户下载使用都会给苹果带来收入，苹果坐着收钱，难怪企业都对打造平台、生态圈趋之若鹜。

○ 帕克，埃尔斯泰恩，邱达利 . 平台革命：改变世界的商业模式 [M]. 北京：机械工业出版社，2017：105-129.

图 7-4　苹果 App Store 里第三方商家开发的 200 多万个 App

资料来源：图片来源于互联网。

2016 年 10 月，美国《财富》杂志发表了一篇题为"苹果不再是硬件公司"的文章，注意到当年二季度苹果公司的非硬件收入达 63 亿美元，虽然只占其总收入的 13.4%，但同比增长 24%，而传统的 iPhone、iPad、电脑等硬件收入减少了 10%～20%。文章作者认为，苹果正快速转型为软件和服务公司，音乐、电子支付、App Store、云计算等软件业务将成为公司收入的主要来源。这个靠硬件起家的科技巨人无意中构建好了自己的平台和生态圈，准备在高城深河保护下的平台上大展身手。

竞争对手虽然可以模仿苹果的模式，研制自己的手机，开发自己的操作系统，但那需要时间和技术的积累，不是短期"烧"钱能"烧"出来的。当追赶者带着自己的手机上场时，苹果又推出了性价比更高的新一代产品。

反过来讲，缺少核心技术作为护城河，建起来的平台也可能垮掉。IBM 曾经是 PC 行业的标准和毫无争议的霸主，它以开放的方式采用了英特尔的 CPU 芯片和微软的 Windows 操作系统，并允许其他厂家生产与 IBM 兼容的 PC 机。这个被人们称为 Wintel 的生态系统极大地推动了 IBM PC 的销售，特别是长期压制了苹果公司 PC 业务的成长。其实，这个生态的真正获益者是英特尔和微软，英特尔借 IBM 兼容机的东风成为世界第一的半导体公司，微软则搭着 PC 机的便车卖它的 Windows，建造了自己的软件帝国。旗手 IBM 却在 2004 年将 PC 业务整体卖给联想，完全退出了这个市场。

得技术者得天下，生态圈再大，胜利终究属于核心技术的创造者。

技术构成平台的进入壁垒，这个说法和平台的开放性难道不矛盾吗？谷歌的安卓系统看上去不就是个没有壁垒的开放平台吗？其实壁垒依然存在，只是设置地点不同而已。

谷歌于 2005 年收购安卓（Android），2007 年与 80 多家软件开发商、硬件制造商和电信运营商结成联盟，共同开发和改进安卓手机操作系统，供联盟内外部商家免费使用。安卓 1.0 版本 2008 年发布，经过几次升级，很快就超越苹果 iOS，成为世界第一大移动终端操作系统。2017 年全球销售的智能手机中有 13.2 亿部安装了安卓系统，谷歌占有市场份额 85.9%，其中包括三星、华为、Oppo、vivo 和小米，苹果以 14.0%（2.1 亿部）位居第二。[⊖]

谷歌投入资源维护和更新免费的安卓系统，并不是单纯地履行社会责任。它拥有与苹果 App Store 类似的应用程序平台 Google Play，这个平台理所当然地是基于安卓系统的，而且是收费的。读者或许马上会联想到安卓系统的商业价值，的确，2018 年一季度 Google Play 上有 380 万个 App，几乎两倍于苹果的 200 万个。[⊖]

⊖ https://www.statista.com/statistics/309448/global-smartphone-shipments-forecast-operating-system/.

⊖ https://www.statista.com/statistics/276623/number-of-apps-available-in-leading-app-stores/.

苹果 App Store 的进入壁垒是苹果智能手机和 iOS 操作系统，谷歌靠什么阻挡"野蛮人"的入侵呢？谷歌自己不生产手机，安卓操作系统又是开放和免费的，如何为 Google Play 挖掘护城河呢？答案是除了苹果，谷歌无须担忧其他竞争对手的冲击。按出货量计算，安卓系手机 2017 年的市场份额为 85.9%，苹果为 14.0%[一]，剩下的约 0.1%，不足以构成对安卓系的威胁。

如果说封闭系统中的苹果智能手机是 App Store 屏障外部威胁的高墙，使苹果以不到 15% 的市场份额攫取了 80% 以上的行业利润[二]，开放的安卓手机则像一个巨大的漏斗，将消费者从安卓平台导向另一个平台 Google Play。不仅如此，从手机终端上网的消费者还为谷歌带来了巨大的搜索流量，而搜索正是谷歌的主要收入来源。2010～2015 年，安卓手机用户至少给谷歌贡献了 310 亿美元的收入。[三]

回过头来看，谷歌 2007 年组织移动终端联盟是它今日称雄的关键一步。问题在于为什么盟主是谷歌而不是别人呢？客观地讲，是竞争对手的商业模式和操作失误成全了谷歌。当年有希望角逐盟主地位的还有苹果和微软。带有创始人乔布斯的鲜明特征，苹果向来我行我素，独步天下，从未认真地探讨过与他人的合作。作为一个手机制造商，苹果也不可能与其他厂家分享操作系统。微软虽然没有自己的手机品牌，但是看到手机操作系统是下一个兵家必争之地，不得不投入资源开发 Windows Phone，无奈公司上下多年享受 PC 市场上 Windows 的丰厚利润，昔日斗志不复存在，研发步履蹒跚，产品体验问题多多，完全不是谷歌的对手。

[一]　https://www.idc.com/promo/smartphone-market-share/os.

[二]　https://www.forbes.com/sites/chuckjones/2017/05/29/how-important-is-apples-iphone-market-share/.

[三]　https://www.androidauthority.com/how-does-google-make-money-from-android-669008/.

谷歌是众望所归的盟主，彼时刚刚超越雅虎，气势正盛，而雅虎的衰落则可归因于陈旧的信息组织方式。在人类第二个千禧年初期，互联网呈现出大爆炸式的增长，谁能引导人们在星云弥漫的全新网络空间中巡游，谁就是这个新世界的舵手。雅虎沿用传统的图书馆分类，建立层级式的网页索引而抢占先机。但是雅虎的网页查找方法速度慢，准确度低，而且手工编制索引远远跟不上网页增加的速度。

谷歌的两位创始人发明了基于内容的链接查找即关系型搜索，大大提高了搜索效率，两位创始人同时还实现了索引的机器自动编制。2013 年谷歌索引上的网页数达 30 万亿个，5 年间增长了 30 倍，2016 年这个数字增加到 130 万亿个。谷歌很快取代雅虎，掌握了互联网世界的地图和入口。当手机成为互联网的移动终端，当人们寻找互联网时代手机操作系统的统领者时，有谁能比谷歌更为合适呢？

分析至此，因果关系十分清楚，没有搜索引擎的创新，就没有以谷歌为核心的安卓开放平台，也就没有 Google Play 的封闭生态圈。若想颠覆 Google Play 平台，必先颠覆谷歌在搜索上的统治地位。谷歌深知危险所在，不遗余力地开发和改进技术，确保它的搜索永远是用户体验最好的和效率最高的，搜索技术就是安卓系统以及 Google Play 生态圈的进入壁垒。进入壁垒往往也是退出壁垒，只要谷歌的搜索引擎保持最佳的体验，用户就没有理由转向排名第二的微软必应。

从苹果和谷歌的对比可知，开放或封闭并不是平台的要害所在，企业应当重点关注的是根据技术优势设计商业模式和经营策略，以及持续地为用户创造价值。只要谷歌的用户价值大于必应，即使迁移成本等于零，用户也不会流失。

壁垒不必是高科技，貌不惊人的砖头、水泥和卡车也可以成为进入壁垒。唯品会自建仓储物流，保证货品的及时配送，公司看上去资产过重，但正是这些重资产和经验丰富的团队构成了唯品会的"城墙"与"护城河"，2017 年公司的净资产收益率高达 35.5%。[一]互联网时代崇尚轻资产，其实资产轻重不能作为评估公司效率的指标，**资产回报率**才是关键。当当尾品汇是轻资产的线上开放平台，曾在 2013 年和唯品会展开"双汇大战"，自那之后至今，网上再也搜不到关于它的报道。

平台竞争：是野战还是城防

短视频的兴起将社交媒体带入一个新的发展阶段，随着用户生产内容（User-generated Content，UGC）的增加，社交平台的梅特卡夫效应上又叠加了双边市场效应：内容越多，用户观看得越多；用户观看得越多，内容制作者的回报就越高，制作积极性也越大。过去，专业人员提供内容（Professional-generated Content，PGC），虽然也有双边市场效应，但和 UGC 相比，不仅成本高而且数量少。UGC 加 PGC 放大了网络效应，短视频市场呈现出爆发式增长，抖音、快手、B 站、微信等国内多个玩家纷纷介入，展开了异常激烈的争夺。

观察各个玩家的竞争手段，总体感觉大同小异。推出新潮节目，试图引领市场；邀请知名人士登台造势；研发算法，更有效地分配流量；调整费用报酬，鼓励形式和内容新颖的创作者；全品类覆盖，从美食、体育、娱乐、游戏、购物到教育和知识。由于缺少壁垒，新的节目或新的方法在市场上一亮相，很快就会被对手模仿甚至超越，各

○ https://baike.baidu.com/item/%E5%94%AF%E5%93%81%E4%BC%9A.

家如同平原上的野战军，比拼的是投入和速度，通过频繁和快速的创新，依靠少数爆款产品取得暂时的领先。

竞争的最大受益者当然是消费者，他们享受着不断更新的多样化产品和服务，而他们使用各个平台的总时长没有明显增加，只有腾讯可能因打通旗下公众号、视频号、企业微信和小程序等平台而促进了用户的互动，对市场规模的扩大稍有助益。换句话说，市场大致处于饱和状态，各个玩家之间的竞争基本上是此消彼长的零和博弈。每个玩家的产品和运营团队都处于创新或跟随的持续压力之下，长期的投入和努力难以形成独特的优势，拉锯战打来打去相持不下，谁也达不到突破临界点的规模，因而迟迟看不到扭亏为盈的希望。

本书第 3 章曾简短介绍迈克尔·波特的"五力"竞争战略，波特的结论是企业必须聚焦于差异化，用差异化的产品、服务或技术构筑壁垒，笔者十分认同这一观点。尽管互联网时代的一个现象是企业边界模糊，企业之间既竞争又合作，以至于有学者提出"竞合"（Co-opetition）的概念，但波特的战略指导思想依然成立，平台也要聚焦自身的核心竞争力，特别是在互联网渗透率已经很高、"闪电式扩张"已无太大空间的情况下，以差异化的优势守住自己的市场，将用于扩张的部分资源投入到为现有客户创造价值上，才能增加收入，早日实现盈亏平衡。

2003 年创办于美国加州的领英是一个面向专业人士的社交平台，与脸书、推特等社交网络错位竞争，用户主要是公司的中高级管理和技术人员，以及被称为"师"的专业人士，如工程师、分析师、律师、会计师、咨询师、教师、设计师等，他们是受过良好教育的白领阶层，即德鲁克所说的"知识工作者"。虽然是细分市场，但这个群体足够大，而且随着经济的发展不断增长。专业人士用户数和用户活跃度难以和一般社交平台相比，但在相同或相近的行业和领域内，信息交流的相关度高，价值含量大，用户黏性强。

领英从专业人士的求职和招聘做起，公司开办不久便着手建设职业档案数据库。个人用户在领英上建立自己的档案，发布并更新履历、工作经验、学历文凭和感兴趣的工作领域；公司档案则包括历史与现有业务、产品和服务广告、招聘方向等信息。用户可以组建兴趣群组，就某些专门领域和话题进行交流和讨论。为了改善用户体验，领英设有垃圾信息过滤器，看上去影响了用户交互的活跃度，实际提高了阅读效率和交流质量，得到了用户的广泛支持。专业人士线上的互动产生线下的合作与交易，这在领英的会员中屡见不鲜，平台上的相互了解增强了信任，为商业活动的开展奠定了基础。

诚如领英创始人里德·霍夫曼（Reid Hoffman）指出的，梅特卡夫效应、双边市场效应和职业网络身份"三种网络效应共同构筑起一条巨大的战略护城河，保护领英业务免受任何新竞争者的威胁，甚至防止脸书等消费者网络夺走职（业）介（绍）市场"。[○]受市场规模的限制，领英的梅特卡夫效应不如社交媒体，但它具有社交媒体不具备的双边市场效应：在平台上做招聘的雇主越多，注册成为用户的专业人士就越多，反之亦然。领英最有效的护城河是利用先发优势积累起来的专业人士和市场的数据，基于对数据的分析，领英为公司客户制订广告方案和有效的招聘计划，为个人客户提供专业的应聘培训。

领英 2011 年以每股 45 美元的价格登陆纽约证券交易所，发行首日股价上涨 84%。2016 年微软以 260 亿美元的价格全资收购领英，意在与它的软件业务产生协同，云版的 Office365 在专业人士群体中有

　○　霍夫曼，叶嘉新.闪电式扩张 [M].路蒙佳，译.北京：中信出版社，2019.

大量的用户。截至 2020 年 5 月，领英在全球设有 30 多个办公室，全职雇员共 2 万多人，注册会员 7 亿人，遍布世界 200 多个国家和地区，月活跃用户数 6000 多万。公司的收入主要来自会员费、广告和付费服务，2021 年年营业额突破 100 亿美元。

小结

平台以其巨大的双边市场效应、规模经济效应和协同效应成为互联网公司的首选商业模式，但对很多创业者而言，平台似乎意味着永无休止的"烧"钱和融资压力下的焦虑。创业艰辛，守成更难，再大的平台也要时刻提防不知从哪里冲进来的掠食者。围绕着平台的爱与恨，皆源于其开放的性质。只有开放才能吸引众多的用户，激发用户间的互动而产生各种经济效应；也正因为开放，平台易攻难守。本章以进入壁垒为主题，看上去与开放的原则相悖，实则强调为用户创造价值。客户价值既是建立平台的前提，也是维护平台的根本。补贴仅仅是价值从公司股东到用户的转移，而非价值创造，而营销手段则连价值转移都谈不上。这两种常见的平台策略都不足以成事，真正的价值创造来自谷歌前 CEO 施密特所说的"基本技术洞见"。

第 8 章

共享：是公路
还是租赁

2001 年 1 月 15 日，吉米·威尔士和拉里·桑格共同创立了维基百科。截至 2021 年 5 月，这个由使用者共同维护和更新、完全免费的百科全书网站仅英文版就有 650 万个词条（见图 8-1），相当于 3100 卷印刷版《大英百科全书》，维基百科所有语种加起来总共有 5800 万个词条[⊖]。2007 年，谷歌和全球主要手机生产商（苹果公司除外）发布了开放源代码（Open Source，简称开源）的安卓系统，安卓在很短的时间内便跃居手机操作系统的首位（见第 6 章）。同样是开源的操作系统 Linux，被广泛地应用在手机、PC、超级计算机和服务器上。软件共享似乎成为一时之风。

共享的线下火热程度不亚于线上。被誉为共享经济（Sharing Economy）典范的爱彼迎创立于 2008 年，这家提供旅行住宿服务的公司在 2017 年的一轮融资中，估值就达 300 亿美元；2020 年上市首日股价翻番，市值高达 860 亿美元，两倍于全球最大酒店集团万豪的市值。优步在 2018 年初的一项交易中报出了 720 亿美元的估值[⊜]，沙特主权财富基金和软银都投资了这家未上市的汽车"共享"公司。2019

⊖　https://en.wikipedia.org/wiki/History_of_Wikipedia.

⊜　https://www.recode.net/2018/2/9/16996834/uber-latest-valuation-72-billion-waymo-lawsuit-settlement.

年 5 月优步上市，市值达 700 亿美元。要知道爱彼迎和优步这两家公司都是在亏损的状态下实现如此大的市值，这两家共享经济的代表也都采用了互联网作为运营的技术中枢。

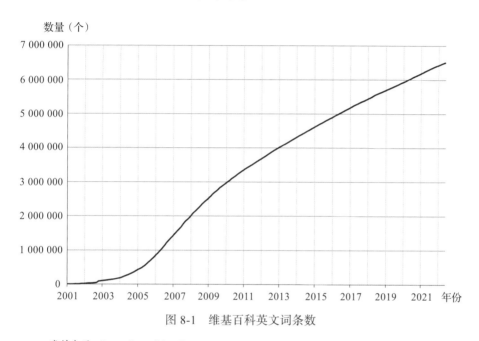

图 8-1　维基百科英文词条数

资料来源：https://en.wikipedia.org.

继电商、平台、P2P、VR、大数据之后，媒体发起一轮新名词的密集轰炸——仅名词而已，这次是"共享经济"。创业和投资的灵感如雨后春笋般涌现，共享单车、共享汽车、共享充电宝、共享雨伞……又一个美好的新时代到来了！

线上出租

仔细观察人们津津乐道的爱彼迎和优步，不难发现，两者的商业实质都是**租赁中介**，和保险销售中介或者二手房销售中介没有什么不同。爱彼迎协助个人房东出租闲置的房屋，从中抽取销售佣金，除了自己不拥有房产，其业务性质和万豪那样的常规酒店没有根本的区别，与携程的民宿酒店预订业务更加相似。

优步既不拥有车辆，也不雇用司机，在网上收到个人出行的用车需求后，转给需求者附近的车主，碰上某人比如说汤姆正好有空，汤姆便开着自己的车充当出租车司机，获得一笔收入。优步本质上是出租车服务的呼叫中心，与传统模式的不同仅在于部分司机是兼职的。

如同所有的市场中介，这两家共享经济的先行者毫无疑问为社会创造了价值。爱彼迎在互联网平台上对接房东和房客，充分利用了散落在社会各个角落的闲置房产资源，而且不同的房型和风格满足了常规酒店无法满足的客户个性化需求。民宿酒店也是个性化的，往往位于风景优美的旅游热点附近；爱彼迎的优势则在于全球性的平台，以及标准化的基本服务如合同签署、支付和房屋清洁，使它拥有巨大的规模经济效应。爱彼迎通过商业模式的创新，开发了一个新的市场，冲击了传统的酒店业，但总体来看，它与现有的连锁酒店和民宿酒店错位竞争，形成互补，目前尚未见到赢家通吃、全面颠覆酒店业的迹象。

优步的故事则不大一样。出租车服务基本上是同质的，但优步从零散的个人车辆运营到呼叫车业务，后又推出了无人驾驶出租车的概念，一旦成功，不仅将颠覆现有出租车行业，而且会深刻地改变人们的出行方式。你不必拥有一辆私家车，前一天晚上在网上预约一辆优步车，第二天一早这辆车准时到你的住处等候，载你到办公室后，再驶向下一个预约者指定的地点。傍晚下班前你如法炮制，"共享车"——其实就是出租车——再拉你回家。共享不等于免费，你约车的时候，商家已在网上绑定了你的信用卡或者支付宝，到达目的地后便自动扣费。

租房、租车公司为什么会有那么高的估值？尤其是和提供类似服务的传统公司相比，差距令人惊诧。是因为爱彼迎和优步具有强大的梅特卡夫效应吗？回顾第 5 章图 5-3，与电商的网络结构相似，优步虽然是互联网公司，但打车人和司机之间并没有像在社交网络上那样频繁和活跃的互动，他们都通过优步平台发生交易，即使存在梅特卡夫效应也是相当弱的，高估值的原因要从平台的双边市场效应中寻找。具体而言，一方面，打车的人越多，司机接单越多因而收入越高，这就吸引了越多的司机加入优步；另一方面，司机越多，就近打车越方便，等候时间越短，会有越多的打车人使用优步平台约车。双方互动形成良性循环。高估值的另一来源是互联网的规模经济效应，这与共享经济是不是未来趋势同样没有什么关系。

至于国内的各种"共享"，大都是借题发挥，意在制造资本市场上的热潮。如同我们在第 6 章和第 7 章中分析的，这类平台的两大先天不足决定了它们衰败的命运。第一，业务模式没有梅特卡夫效应，也没有双边市场效应，只是将简单的商品"出租"包装成互联网时代的"共享"。第二，"共享"创造的价值有限，营业收入不足以覆盖运营成本，商业模式不具备可持续性。净现金流长期为负，只能靠一轮又一轮的外部融资维持生存，待到投资者失去耐性，除了匆忙奔赴纳斯达克上市，便只有关门大吉了。

值得认真分析的是软件业中各种形式的共享。

情怀与利益

　　自由开源软件（Free and Open Source Software, FOSS）堪称共享经济的先行者，理查德·斯托尔曼（Richard Stallman）是业界的教父级人物，他从大学时代起就对使用计算机和软件的种种限制深恶痛绝，几乎是凭一己之力发起了自由软件运动，以坚定的信念投身和引领着这场运动。斯托尔曼于 1983 年主持发布 GNU 项目，一个类似 Unix 但完全由免费软件组成的操作系统；1985 年成立自由软件基金会，出任不带薪的基金会主席；1989 年制定 GNU 通用许可证规则（General Public License，GPL），该规则后来成为应用最为广泛的开源软件许可证标准；1999 年提出线上百科全书的设想，两年后付诸实施，建立 GNUPedia——维基百科的原型。

● 人　物

　　理查德·斯托尔曼，1953 年出生于美国纽约一个犹太家庭，母亲是教师，父亲是印刷机经销商。青少年时期，斯托尔曼便对计算机产生了浓厚兴趣，曾读过哥伦比亚大学的高中生编程课，利用假期时间编写程序。1970 年秋季入读哈佛大学，成绩优异。1974 年从哈佛大学毕业，取得物理学学士学位，后进入麻省理工学院攻读博士学位。1975 年他决定放弃学业，专注于在麻省理工学院 AI 实验室的编程。1983 年斯托尔曼发起自由开源软件运动，倡导软件的自由使用、共享和修改。1985 年成立自由软件基金会（Free Software Foundation），出任不带薪的基金会主席。为了对自由开源软件进行认证，1989 年斯

托尔曼制定了通用许可规则（General Public License，GPL）。在自 20
世纪 90 年代中期以来的大部分时间里，斯托尔曼都在组织、宣传和
参与自由开源软件运动，反对软件专利和数字版权管理，反对技术限
制和剥夺用户自由的法律，包括终端用户许可协议、保密协议、产品
激活、加密狗、软件复制保护、专有格式、二进制软件包（没有源代
码的可执行文件）等。

资料来源：https://en.wikipedia.org.

"自由开源"（Free Open Source）中的 "Free" 强调的是自由和
权利而非免费，即得到授权的使用者可以自由拷贝、修改和转发软件
给他人，拥有这些权利，软件的免费或基本免费是自然的结果。"Open
Source" 指软件的源代码公开，便于使用者操作和修改。包括斯托尔曼
在内的几位自由开源软件运动领导者将这些权利命名为 "Copyleft"（公
共版权），与传统概念中的 "Copyright"（版权）相对应。

自由开源软件运动取得了显著的成果，其优秀代表当推 Linux 操
作系统、Apache 网络服务器软件和数据库 MySQL，加上网站编写语
言 PHP，形成了一套相对完整的网络时代开源软件系统。

1991 年，纯粹在求知欲的驱动下，21 岁的研究生莱纳斯·托瓦
尔兹利用 GNU 的开发工具，推出了 Linux 操作系统的内核（Linux
Kernel），公布在一家大学的服务器上。他在线上发出公告，邀请其他
人共同参与核心系统的扩展开发，条件是凡用到 Linux 的软件都必须
免费。Linux Kernel 目前依靠 5000～6000 个个人和公司开发者更新系
统，他们大多数是软件工程师，就职于各家公司，利用业余或上班时
间，无偿为 Linux 工作。

● 人　物

　　莱纳斯·托瓦尔兹，1969年生于芬兰赫尔辛基市，Linux内核的最早作者，随后发起了这个开源项目，担任Linux内核的首要架构师与项目协调者，是当今世界最著名的计算机程序员、黑客之一。在外祖父的影响下，托瓦尔兹在11岁时就开始编写计算机程序。1988年，他进入赫尔辛基大学计算机科学系，1990年接触了Unix。1991年8月25日，在网络上发布了Linux内核的源代码。1996年，自赫尔辛基大学硕士毕业，移居美国加州，加入全美达公司（Transmeta），参与芯片的技术研发。1999年，托瓦尔兹接受Red Hat及VA Linux的股票期权赠予，这两家公司用Linux做商业软件的开发，公司上市后他的财产估值约为2000万美元。

　　托瓦尔兹坚持开源代码信念，对微软等公司的商业营销手段十分不满，言辞尖锐地反驳了微软对开源代码运动的批评，而微软则认为这场运动损害了软件的知识产权。

资料来源：https://en.wikipedia.org.

　　与Linux相类似，民间组织（Apache）从事网络服务器软件的研究与开发，世界各地的志愿者在网上沟通交流，共同负责系统的维护与更新，免费向用户提供 Apache 软件。Apache 网络服务器软件由伊利诺伊大学的国家超级计算机应用中心开发，可在大多数计算机操作系统中运行，由于跨平台和安全性高而被广泛使用。后因当初的开发者转向其他领域，Apache 网络服务器软件无人维护和升级，一些使用者和爱好者便自发组织起来，交流和转发自己修改的版本。1999 年 Apache 软件基金会成立，协调和管理开发工作，负责更新代码。截至 2022 年初，基金会有 850 多位成员。⊖目前全球超过半数的网站使用 Apache 网络服务器软件，维基百科等访问量巨大的网站都名列其中。⊖

自由开源的初衷不可谓不高尚，软件如同知识，一旦开发出来，使用不产生任何额外费用，使用的人越多则社会效益越好。边际成本为零，为什么要收费呢？斯托尔曼认为，微软那样的公司利用软件发财是不道德的。

这场运动的参与者多少都受到所谓"黑客文化"（Hacker Culture）的影响。黑客们乐于展示他们的聪明才智和技术能力，以巧妙和新奇的突破为荣，享受完成他人无法完成之事的过程。黑客文化推崇共享、开放、协作，相信所有信息都应该是免费的，人可以在电脑上创造艺术和美。斯托尔曼认为，黑客的共同特点是热爱编程和追求卓越。

然而，现实永远不像理想那样美好，卢梭说"人是生而自由的，却无往不在枷锁之中"，自由开源的理想自诞生那天起，就无法挣脱商业利益的枷锁。

⊖　https://www.apache.org.

⊖　https://en.wikipedia.org/wiki/The_Apache_Software_Foundation.

在托瓦尔兹发布 Linux Kernel 之初，网上响应者寥寥无几。半年之后，托瓦尔兹不得不放松限制，允许基于 Linux 软件的商业性开发与销售，很快用户数就从 1991 年的 100 人左右增加到 1994 年的 50 万人。[⊖]营利性公司参与开发，对开源软件的推广发挥了巨大的作用，据估计，2008～2010 年，Linux Kernel 75% 的核心代码是由戴尔、IBM、惠普、甲骨文等大公司的程序员完成的。[◎]Linux 的宗旨也从最初单纯的自由软件转变为共享和商业应用并举。

安卓手机操作系统既有开源的基础版，也有商业化的升级版。我们在第 7 章中讲到，安卓的开源是谷歌对抗苹果的精明策略，放弃在硬件市场对抗苹果，谷歌构建一个手机厂商的联盟，通过共享的操作系统，将使用手机产生的流量导入谷歌搜索，提高搜索的广告收入。谷歌还建立了 PAX 专利联盟，加强对安卓的控制力，联盟成员可以共享安卓和包括谷歌在内的彼此的专利，条件是要在手机上预装 Google Play 及其他谷歌产品。[⊜]顺便提一下，完全免费的维基百科的创始人之一威尔士同时经营着营利性的维基亚（Wikia），后者的产品和服务与前者有着千丝万缕的联系。

软件到底应该共享还有专有？应该是免费的公共工具还是商业公司的赢利手段？和所有的问题一样，答案是两者的平衡，"执其两端，用其中于民"（《礼记·中庸》）。借助经济学的分析方法，我们可以探讨这个"中"究竟在何处。

操作系统这样的底层软件类似实体经济中的基础设施，带有**公共**

⊖　梯若尔.创新、竞争与平台经济：诺贝尔经济学奖得主论文集 [M].寇宗来，张艳华，译.北京：法律出版社，2017.

◎　https://en.m.wikipedia.org/wiki/Linux.

⊜　https://yq.aliyun.com/articles/687287.

品（Public Goods）的属性。公共品的含义并非按字面理解的公有或者政府经营的商品，而是因为它的两个经济学性质：**非排他性**（Non-rivalrous）和**不可排除性**（Non-excludable）。同一个汉堡，我吃了你就不能再吃，汉堡因此具有排他性。我在一条道路上开车，你也可以在上面开车，道路就是非排他性的。我不付钱，快餐店不会白给我汉堡，这叫可排除性。你我即使没交费，警察也无法禁止我们上路（封闭起来的高速公路除外），道路因此就具备不可排除性。显而易见，软件既是非排他的，即我的使用丝毫不妨碍你的使用，也具有一定的不可排除性，即很难将盗版者排除在外，或者说发现和惩罚盗版者的成本太高。

不可排除性意味着供应商收不到钱，不愿意架桥修路，结果公共品天然的问题——供应不足就暴露出来了。于是人们请政府出面，先把路费以税的形式收了，再用收上来的钱投资建设道路。政府可以征税，私人公司怎么办呢？微软的对策是把 Windows 装到 IBM 的 PC机里一起卖。

互联网的基础设施谁来提供呢？政府的反应速度慢，跟不上急剧增长的市场需求，私人公司没有一家能够覆盖全网，即使有这个能力也不会得到所有市场参与者的承认。试想苹果公司会投奔谷歌，使用安卓系统吗？或者会放弃自己的 iOS 而用微软的 Windows 吗？政府和商业公司能力的欠缺给个人与社会组织留出了巨大的空间，既然收不上来钱就干脆免费，自由开源就是公共品供应短缺的民间解决方案，就像古代中国的乡绅自建宗族祠堂和学堂一样。

光宗耀祖的动机人皆有之，开源软件的志愿者究竟是出于什么样的考虑投身到这场运动中去的？他们的公司雇主为什么允许甚至鼓励他们占用工作时间，免费为社会开发呢？学术界的研究为我们理解这些技术人员的行为提供了线索。

诺贝尔经济学奖得主梯若尔等人的一项研究（Lerner and Tirole, 2002）表明，软件工程师之所以愿意"学雷锋"，是因为：第一，多种软件的开发可以提高他们的技能，有助于在公司里升职加薪。第二，在开源领域中的贡献可以提高他们的市场知名度，从而增加他们未来的就业机会，例如进入其他的软件公司或风投行业。第三，开源软件比自己的本职工作更富挑战，更"酷"，名声在外而易获得同行的认可，从而满足个人渴望社会地位或得到尊重的心理需求。

Apache 是网络服务器开源操作系统的民间自发和自治组织，这个组织有五个层级的委员会，委员由来自各公司的志愿者担任，级别根据他们对 Apache 的贡献来确定。尽管委员们的时间和精力投入不能换得直接收入，然而研究发现，较高级别的委员在自己公司的工资比同事高出 14%～29%（Hann，Roberts，Slaughter and Fielding, 2004）。显然，在软件业的江湖地位使公司老板对他们另眼相看，从事志愿工作的间接收益足以补偿他们的时间投入。

转了一圈，我们才知道，原来是商业软件公司补贴自己的技术人员，鼓励他们参与开源软件的开发，用迂回的方式，解决了公共品供应激励不足的问题。市场这只无形之手，真是精妙无比！

明知技术人员有自己的小算盘，公司为什么要给雇员提供这样的隐性补贴呢？其中的利益关系也相当复杂。第一，显而易见的动机是规避专利封锁，打破独家垄断。我们已经知道，安卓联盟的成立意在抗衡苹果，尽管联盟成员对此讳莫如深。开源的安卓是基于 Linux 的，安卓系的手机厂家和软件供应商当然愿意看到 Linux 不断改进和升级，以使它们在与苹果的竞争中处于相对有利的地位。与 Linux 类似，Apache 的存在也被视为业界对微软支配性力量的回应。第二，参与开发工程，加深对开源软件的了解，使用开源软件的商业性公司可以更好地将自家产品与 Linux、Apache 等开源系统对接，有助于提高产品性能。第三，即便和开源软件存在竞争关系，公司也希望员工了解竞争对手的情况，从中找出制胜的办法，具有操作系统开发能力的微软和苹果都涉足了 Linux 和 Apache，原因就在这里。

拥有众多国内读者的凯文・凯利（Kevin Kelly）在《失控》（*Out of Control*）一书的第 12 章中写道，当你发明了一个数据加密的方法，最好是挂在网上免费供他人使用，因为越多的人使用你的免费软件，你的潜在收益就越大。通常的策略是 1.0 版本免费，吸引人们研究和使用这款软件，当他们要求具有更多功能的新版本时，便是赚取商业利润的大好机会。

从公司到个人，原来都是"精致的利己主义者"。我们不否认利他主义精神在软件开发中的作用，但这并不改变一个事实：在商业世界中人们的行为主要源自理性的计算，毫不利己、专门利人的人恐怕很难找到呢。

"共享"一词多少有些误导，"合作竞争"或许更准确地表达了新模式的实质。

开源共享不会成为软件行业的主流模式，而是会和专有营利形成互补和相互促进的关系。底层基础软件的共性大于个性，易于进行跨公司、跨空间的开源研发。在直接面对终端客户的地方，应用场景差异化程度高，共同开发从技术上来讲是非常困难的，只能由软件公司针对具体需求做商业性的开发，而且只有利润驱动，软件公司才能对市场需求快速反应，才能长期补贴和支持开源项目。

软件业尚不能完全开源共享，其他行业就更不用说了。软件业的特殊性在于可以线上传输设计方案，线上讨论、修改和测试，而一款新型轿车的研发必须集中在一个或少数几个物理空间中。软件的模块化也令实体经济行业羡慕，模块化意味着一个大的软件系统可以被分解为诸多小模块或子系统，由分散在各地的团队相对独立地进行开发，一个模块内的更改不会或很少会影响到其他模块，各模块的工作完成后可在线上拼装起来调试。软件行业产品开发上的天然便利，是其他行业难以企及的。

错得离谱的经济分析

共享经济重新点燃了人们对美好大同社会的向往，不同于媒体的简单标题，学者专家的包装要华丽得多，貌似严谨的经济学原理和对新技术的阐述让现世版乌托邦具有毋庸置疑的权威。暂不考虑固定成本，《零边际成本社会》的作者里夫金预言，随着技术的进步，人类提供消费品和服务的边际成本正迅速趋近于零，根据社会最优价格等于边际成本的原则，所有产品和服务都将免费供应。[⊖]

首先，边际成本等于零的信念建立在"三张网"的特性上：互联网上信息传递的边际成本等于零；能源网上的太阳能、风能等新能源的边际成本等于零；大数据驱动的物联网使生产和运输的边际成本等于零。

⊖　里夫金.零边际成本社会：一个物联网、合作共赢的新经济时代 [M].赛迪研究院专家
　　组，译.北京：中信出版社，2014.

有了这"三张网"，作为信息发生器和传播器的市场将失去存在的必要，人们做决策所需要的信息在未来处处是传感器的万物互联网中唾手可得。商店里传感器收集到的数据揭示消费者行为；大数据分析校准仓库里的存货量，指挥生产和流通环节。智慧城市中的传感器检测和分析建筑物、桥梁、道路等基础设施的状况，以及道路堵塞状况和人流、车流密度，优化出行路线。森林、河流、土壤中的传感器监测环境的变化，及时报告污染情况，预警火灾、暴雨。传感器甚至被植入人体，检查心率、脉搏、体温，医生一旦察觉重要的体征变化，即可提前采取措施。"市场让步于网络，所有权正变得没有接入重要，追求个人利益由追求集体利益取代……"里夫金先生断言道。

如果价格等于零，企业的利润将要消失，还有谁愿意投资创建企业呢？里夫金意识到这个问题，他说企业作为生产的基本单位在"协作共同体"（Collaborative Commons）的新经济中将被边缘化，甚至不复存在。没有了利润，怎样激励企业家和员工呢？毕竟企业家的收入来自利润，员工的奖金也来自利润。里夫金又说，个人将由集体利益和与他人分享的精神驱动。听起来耳熟吧？新经济需要新型的人方能运转。如何将现有的自私自利的人转变为新型的人？里夫金没有讲，我们猜测思想改造应该是必要的。

其次，里夫金先生似乎有意而为，用边际成本偷换总成本的概念，对固定成本始终闪烁其词，他的所有结论都是在忽略固定成本的假设下得出的。遗憾的是，世界上没有一家企业能够忽略固定成本。固定成本的一部分对应固定资产，阿里巴巴的交易平台、中国移动由光缆和基站等硬件组成的通信网络、电力公司的太阳能电站（见图 8-2）都要先行投入资金建设。资金从哪里来？只能来自企业的利润结余和贷款。贷款看上去是银行给的钱，实际上银行的资金是居民和企业的储蓄，最终要用企业未来的利润来偿还。所以归根结底，固定资产的形成来自企业的利润，当价格等于零时，企业的利润为零，哪里有钱投资建设里夫金新经济必需的那"三张网"呢？

图 8-2　太阳能和风能电站

注：太阳能、风能电站不用燃料，维护和管理的人工成本也很低，发电的边际成本可以
　　近似地看成是零。但如果免费供电，如何回收电站的投资？
资料来源：图片来源于互联网。

再次，社会最优价格等于边际成本是象牙塔中脑力游戏的产物，仅当我们清醒地意识到复杂现实世界和象牙塔理想环境的巨大差距时，这样的脑力训练才是有益的。牛顿假设了一个无摩擦的理想物理世界，从中得出他的三大运动定律；经济学家也从无摩擦的"完全竞争市场"出发，得出边际成本定价的法则。面对摩擦力无所不在的现实世界，我们不会天真到要求消除摩擦力，以便证明牛顿的洞见；我们也不会要求现实经济处处都是"完全竞争"，然后依照大学教科书上的一个神奇公式，规定所有商品的价格统统为零。正确的方法是在牛顿的理论体系中加上摩擦力，分析具体的机械力学或工程力学等问题。里夫金先生的思维恰恰相反，一厢情愿地令现实经济满足"完全竞争"的全部条件，再用"三张网"的边际成本近似为零论证其美好乌托邦的合理性与可行性。

最后，除了逻辑推理混乱，里夫金还犯了一个不那么低级的错误——用一个漏洞百出的"完全竞争市场"作为理论上的基准。牛顿定律之所以得到广泛应用，是因为摩擦力的添加不改变定律本身，仅增加了计算的复杂程度而已。经济学则不同，当更多因素被加入到"完全竞争市场"中来时，先前的定律就不成立了，因为新加的因素改变了人的行为。这是自然科学和社会学科的本质不同，前者研究的是客观的和被动的物体，后者则面对的是主观的和能动的人，他们能够根据环境的变化而随时调整对策。笔者特意在这里强调用"社会学科"而不是"自然科学"的研究方法，是认为凡是由人组成的系统如企业、经济或社会，都不能简单套用自然科学的研究方法进行研究。经济学不应有海拔零点那样的绝对基准，相对高度才具有理论和现实的意义。

在通向里夫金"零边际成本社会"的道路上，网络建设的成本是无法逾越的障碍；失去利润的激励，企业家和技术人员不可能建造出令里夫金的梦想赖以成真的"三张网"；现代经济学的发展早已使"完全竞争"的范式成为经济学说史的研究对象。

小　结

"共享"是互联网时代出现的一个新名词，如同其他新名词一样，其商业本质寓于人们熟知的旧概念之中。考察各类共享模式，我们发现，它们不过是应用了互联网的租赁业务。软件的开源共享相当于公共品的民间供给，或为精明的商业策略如谷歌主持开发的安卓系统，或为一群有志之士对梦想的追寻像 Linux 操作系统，在更多情况下则为两者的混合。"共享经济"的理论基础是零边际成本，遗憾的是，这一命题在现实中并不成立。即使边际成本确实为零，免费的"借光"也会使蜡烛在世界上绝迹，无论情怀多么高尚，厂商都不可能持续地承担零收益的蜡烛生产工作。

附录 8A

19 世纪的共享经济：新和谐公社

规划和设计美好的人类社会，里夫金先生不是第一人，也不会是最后一个。

1516 年，托马斯·莫尔（Thomas More）出版了为他赢得国际名声的《乌托邦》（*Utopia*）一书，该书系统地描绘了一个理想社会中的政治组织、经济活动和人们的生活。19 世纪 40～60 年代，太平天国的领袖们基于"以自然经济为基础"的小农政治思想，发动了推翻清政府的斗争，要在人间建立"无处不均匀，无人不温饱"的乌托邦。热情的理想不久就碰上了冷酷的现实，封建特权思想膨胀、争权夺利和无法抑制的领导集团自身腐败现象的滋长摧毁了农民将士的斗志，在清军的疯狂攻击下，天国勇士悲壮地倒在了瓦砾和血泊中。

即便没有人为的打压和阻挠，乌托邦的社会实践也没有成功的先例。1824 年，罗伯特·欧文（Robert Owen，见图 8A-1）踌躇满志地从英国前往美国的印第安纳州，这位纺织企业家带着他的财富和信念，准备在新大陆进行一项伟大的实验，创造一个平等、和谐、博爱的文明社会。

欧文童年时期就开始参加劳动，目睹并亲身体验了工人的恶劣工作环境和窘迫生活，他感叹道：世界充满财富，但处处笼罩着贫困。欧文决心建立一个没有剥削、没有压迫、人人劳动、财产公有的社会。

图 8A-1 罗伯特·欧文（1771—1858）

资料来源：https://en.wikipedia.org.

1800 年，欧文担任苏格兰新拉纳克棉纺织厂的经理，管理 2000 多个工人，在那里他迈出了实现理想的第一步。欧文在工厂推行新的人性化管理制度，废除惩罚，缩减工人的劳动时间，禁止使用 9 岁以下的童工，改善劳动条件。他还开办了工人消费合作社、工人食堂、幼儿园、托儿所和学校，建立了医疗和养老金制度。新拉纳克变成了贫困阶层的"福利工厂"，闻名遐迩，吸引了国内外政商各界人士前来参观，其中包括后来的俄国皇帝尼古拉。

新拉纳克工厂的成功让欧文更加坚定了自己的信念，1823 年他提出建设"共产主义新村"的计划，并且身体力行。1824 年，欧文变卖了所有家产，举家从英国出发，带领志同道合者横渡大西洋，驶向美国。1825 年 10 月，欧文在美国国会发表演说："我来到这个国家是为了引入一个崭新的社会，把愚昧而自私的社会改造为开明的社会，消除引起个人纷争的原因，创设融合所有人利益的制度。"

欧文倾其所有，买下印第安纳州的 3 万英亩⊖土地，建立了"新和谐公社"（见图 8A-2）。欧文亲率社员砍伐树木，焚烧野草，开荒种地，盖房搭屋。不久之后，工厂烟囱林立，社区街道整齐，会议室、阅览室、学校、医院，各种公共设施一应俱全。村外则是青山绿水、花草繁茂，一切看起来都像设计的那样完美。

图 8A-2　新和谐公社

资料来源：https://en.wikipedia.org。

新和谐公社由一个 12 人的委员会来管理，欧文亲自制定规则。公社的所有成员都必须工作，必须公平地分享劳动成果。5～20 岁的儿童和青少年接受义务教育，根据年龄大小分配轻体力工作，例如修整花园、做家务、工厂实习等，以及参加公社的各种活动。20～25 岁的青年人是公社建设的主力，由委员会决定每个人从事工厂、田间还是脑力劳动。25～30 岁的社员每天只需参加两个小时的生产劳动，其余时间用于公社的保卫、产品分配、科学研究和艺术创作。30～40 岁的社员负责管理和组织生产活动；40～60 岁的社员主持对外经济和社

⊖　1 英亩≈4 046.856 平方米。——编者注

会交往；60 岁以上的老人监督规则的实施，维护规则的尊严。在信息技术相当落后的 19 世纪，欧文如此追求计划的"科学性"和精准度，简直到了匪夷所思的地步。

新和谐公社声名鹊起，各方人士踊跃加入，他们中有流浪汉、冒险家和社会改革者。用欧文的儿子戴维·欧文（David Owen）的话说，这些人是"形形色色的激进主义者""狂热的信徒"和"懒惰的理论家"。怀揣各自的想法和目的，成分复杂的社员之间不久就出现了矛盾，突出地反映在经济上。

根据欧文的设想，公社的经济活动只要满足社员的基本需要即可，以避免刺激人们的物质欲望。这一思想导致产出少、消费多，公社很快便发生了食物短缺。更为严重的问题是公有制下的平均主义分配原则，使社员普遍缺乏工作激励，越来越多的人厌恶繁重的体力劳动，纷纷提出要从事轻松的脑力劳动，以至于技术工和一般工人短缺，公社的染坊、纺织厂、面粉厂频频关门停产，甚至连当时最先进的机器也不得不闲置起来，数千英亩的麦田也因缺少足够的劳动耕作而收成惨淡。

即便如此，在美国通过《独立宣言》50 周年纪念日的 1826 年 7 月 4 日，欧文发表了慷慨激昂的《精神独立宣言》[⊖]（*Declaration of Mental Independence*）："今天我要向你们宣告，人类一直就是三位一体的恶魔的奴隶——我指的是私有制、荒诞的宗教信仰体系以及建立在个人财产基础上的婚姻。"新和谐公社固然消除了欧文谴责的这些罪恶，连儿童都由公社集体抚养，取而代之的却是持续的经营和财务危机。为了化解危机，欧文个人提供补贴，争取外部企业家和慈善家的

⊖ https://www.maciverinstitute.com/2020/02/the-failed-socialist-state-in-midwestern-america/.

捐赠，在尝试了所有的可能性后，欧文不得不违背初衷，为私有制和私营企业打开绿灯，然而这个原本可以见效的救急措施来得太晚了，公社于 1828 年破产，慷慨的投资和四年的心血全都付诸东流。

为什么一位成功的英国企业家在美国遭遇滑铁卢？显然不是因为缺乏管理经验。"为有技能和勤劳的人提供与无知和懒惰的人同等的报酬，这样的分配计划必定会自食其果。因为这种不公正的分配计划，必定会消灭有价值的成员，而只留下那些懒散、毫无技能和恶毒的人。"戴维·欧文一语道破天机——一个常识性的天机。

人类历史上的共享多发生在文明早期的原始阶段，由于生产工具的落后，人类不得不以部落或宗族为单位集体狩猎，特别是在开阔地带围猎大型动物，如此获得的食物自然是宗族成员共享的。进入农耕时代，在基本经济单位缩小为家庭的同时，仍保留了宗族、村庄内的互助，例如中国北方在春播和夏收季节，几家农户轮换，集中使用劳动力是常见的现象。中国南方的血缘纽带似乎更强，宗族共建祠堂祭祀祖先，耕种带有社会保障性质的义田以赡养孤寡，为本族子弟开设义学等，都是很普遍的古代共享。共享的动机显然是分担风险，今日的贡献是为了将来的回馈，我们不妨称之为"粗糙的利己主义"，用手指头而非电脑计算的个体利益。

自欧文亲历的工业革命之后，最小经济单位变成个人，从农村游离出来的个人具有在城镇中单独生存的能力，收入虽不丰厚，但养家糊口有余，过去小共同体提供的社会保障现在由国家承担，共享几乎完全让位于私享。

生活资料的私享要求生产资料的私有，否则会出现 19 世纪英国经济学家威廉·福斯特·劳埃德（William Forster Lloyd）所说的"公地悲剧"（Tragedy of the Commons），即生产资料的滥用和毁坏。劳埃德的逻辑是这样的，如果允许几家牧民无偿共享同一片草场，那么每家牧民都会尽可能多地放养牲畜，因为收益归己而成本为零。过度放牧破坏了草场，导致所有牧民的产出下降。公地悲剧的最坏结果是生产资料的废弃，当生活资料也共享时，没有人愿意劳动。共享的生产资料成本为零，没有人心疼，这就是欧文的新和谐公社中土地荒芜和机器闲置背后的原因。

私享当然有私享的问题，但解决方案既不是里夫金先生的共享空谈，也不是罗伯特·欧文的共享实践。

第 9 章

数字化
工业互联网

互联网在我国经历了爆发式的增长，特别是在消费者这一端，它的冲击波及各行各业，零售、邮寄、支付、贷款、出行、医疗、养老、教育、娱乐、媒体，产品覆盖了从高端国内外品牌、中产阶级的大宗日常消费品，一直到针对低收入人群的仿冒商品。与消费端的兴盛景象形成对照，供应端的 C2M（Consumer to Manufacturing，用户直连制造）、C2B、B2B 显得冷冷清清，既不是资本追逐的对象，也不是媒体报道的热点，但这并不意味着互联网的潜力已被穷尽。消费互联网的高峰或许已过，而工业互联网方兴未艾，受到了各方越来越多的关注。

工业互联网目前还没有公认的统一定义，在不少场合中人们将它等同于物联网或者工业物联网（IIoT）。工业物联网与德国推出的工业 4.0 在内容上有相当大的重合，为照顾国内的用词习惯，除非特地说明，我们在本书中使用工业互联网一词，指代工业物联网或工业 4.0。

在消费互联网的习惯语境中，工业互联网无非是从 to C 转换到了 to B，这样的提法虽然符合人们对互联网的通俗理解，但很容易产生误解。工业互联网不是简单的 to B，而是 into B，即进入企业的内部。对比图 9-1 和图 9-2，我们可以清楚地看到工业互联网和消费互联网的区别。图 9-1 是简化的消费互联网 O2O（Online to Offline，线上到线下）模式，消费者在网上通过 App 下单，企业接到订单后在线下生产和交付，科技公司建立平台，开发 App。图 9-2 的右下角多了一块企业的内容，企业除了在线上接单，还将自己的设备、人员等资源连接到线上。另外，在工业互联网和消费互联网中，消费者、企业和科技公司的关系也有明显的不同，我们会就这一问题在下文展开讨论。

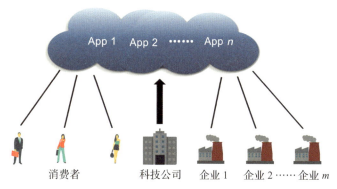

图 9-1　消费互联网

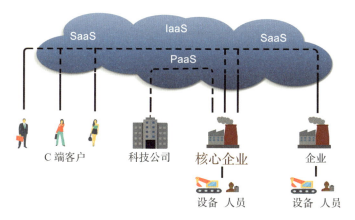

图 9-2　工业互联网

企业资源上网，前提是资源的互联互通。表现为机器和人的互联（Machine to People，M2P）、机器和机器的互联（Machine to Machine，

M2M），当然也需要人和人的互联，最终是万物互联即物联网。互联的目的是沟通和互动，而沟通需要共同的语言，虚拟世界的共同语言是数字，或者说由 0 和 1 组成的数字串。数字化意味着将文字、图像、声音、压力、温度、磁场等物理世界的信号转化为机器可以读写的数字，由电脑进行处理并在网上传递。不仅如此，工业互联网最终还要求企业经营、生产和管理的全面数字化。

全面数字化要根据企业的战略目标、客户的需求和业务的流程进行规划和设计，很显然，互联网公司要想独立完成这一工作是相当困难甚至不可能的，必须由掌握**行业知识**[○]（Industry Know-how）和了解自身特点的企业担纲，正是行业知识决定了工业互联网的逻辑与消费互联网迥然不同。

行业知识与工业互联网的逻辑

本书附录 6A 介绍了银行如何与科技公司合作，建设性质上属于工业互联网的系统，利用这个系统降低风险控制的成本，为大规模扩张奠定基础。系统的业务中台是由具备行业知识的银行主导开发的，行业知识包括对金融业务的深入理解、在长期实践中总结出的有效风控方法、熟练掌握的客户分布和特征等。这些行业知识具有专业化和本地化（Local）的性质，因行业而异，因企业而异，或存储在企业现有的信息系统和员工电脑中，或掌握在员工的大脑里。

专业化和本地化的行业知识让**企业成为工业互联网的主角**，如下

○ "行业知识"一词的确切含义是行业和企业知识，为了叙述的方便，我们在以下的章节中略去"企业"两字，希望不会引起误解。

面介绍的一家服装企业，在个性化定制领域耕耘十几年，深刻理解人体尺寸和板型之间的关系，才能开发出核心的计算辅助设计（Computer Aided Design，CAD）软件；对服装缝制工艺和流程了如指掌，才可编制出高效的电脑排产程序。没有行业知识，企业内部的物联网无法搭建，也无法根据数字化的要求重塑业务流程和组织结构，更谈不上经营数据以提高效率和创造新的收入点。数字化转型因此必须以企业为主导，科技公司提供支持，如图 9-2 所示。一些大型科技公司进入工业互联网领域，迟迟不能取得进展，原因之一就是在缺乏行业知识的情况下，反客为主，沿袭消费互联网的模式，而没有意识到场景和任务已截然不同。

消费互联网对接需求与供给，例如餐馆接到一个线上的外卖订单，安排厨房师傅做好，召唤快递小哥送出，在这个过程中，餐馆的经营运作方式基本保持不变。工业互联网则不然，供给方的企业如果不做数字化改造，接到订单却不能交货，入网就没有多大的意义。例如下一节将讨论的定制服装，传统的服装生产商不能满足个性化定制的需求，因为从布匹到成衣的加工链条长，工序和工艺都比餐食复杂得多，要做线上 to C 的直接销售，离开数字化技术是根本不可能的。前面我们说过，工业互联网不是简单的 C to B 或者 B to B，而是 C into B 或者 B into B，都是强调工业互联网从云端深入企业内部的重要性。消费"互联网思维"不再适用，工业互联网需要"行业思维"和"企业思维"。

另外，拥有行业知识的企业也存在短板，它们对数字化和互联网软硬件技术的了解有限，技术人员的队伍不可能太大，缺乏 IT 系统设计和实施的经验，它们必须得到科技公司的支持。然而，科技公司遇到的挑战是规模经济效应不足，受行业知识的限制，工业互联网具有鲜明的行业和企业属性，发电厂的系统汽车厂不能用，即使在汽车行业内，燃油车和电动车的系统也不相同。换句话说，工业互联网是个性化的，不可能出现电商、网游或电子支付那样的爆款产品，缺乏规模经济效应，这给从事工业互联网开发的科技公司造成了不小的困扰。

如何解决这个问题？一种新的商业模式从市场实践中逐渐浮现出来。以社会分工为基础，新商业模式下的工业互联网被分为三层，应用层（Software as a Service，SaaS）、平台层（Platform as a Service，PaaS）和基础设施层（Infrastructure as a Service，IaaS）。应用层相当于工业场景中或者 to B 的 App，例如前面提到的定制服装的 CAD 就属于应用程序，通常由行业知识丰富的企业自行开发。PaaS 是一个应用程序的开发平台，科技公司在开发平台上提供软件开发的通用工具，以及大数据处理、物联网、人工智能等服务。IaaS 层主要包含括数据库和计算能力，是亚马逊、阿里巴巴、华为那样的科技公司投资建设的互联网基础设施。简单讲，三者的关系是企业用户依托 PaaS 开发 SaaS，再操作 SaaS 调用 IaaS，实现各种生产和管理的功能（见图 9-2 ）。

在这样的分工结构中，企业和科技公司各司其职，密切合作，既在 SaaS 层发挥了企业的行业知识优势，构建个性化的系统；也在 PaaS 和 IaaS 层发挥了科技公司的特长。科技公司因此还获得了规模经济效益，它们的行业 PaaS 产品可以卖给多家企业，而 IaaS 层的服务适用面更广，跨企业、跨行业地销售都没有问题。值得注意的是一些大型工业公司如通用电气和西门子具有双重角色，对应图 9-2 中的核心企业，它们既是行业 PaaS 的用户也是开发者，PaaS 不仅为集团内的业务单元服务，还力图向本行业的其他企业（如图 9-2 右下角的企业）输出。以这种方式产生 PaaS 的规模经济效应，从理论上讲是可行的，市场推广的实际效果却不尽如人意。

PaaS 虽然在行业内具有一定的通用性，但无法完全满足不同企业的个性化需求。更为严重的障碍是企业间的利益冲突，同处一个行业，肯定存在竞争关系，企业愿意使用竞争对手的 PaaS 平台吗？愿意把数据留在竞争对手那里吗？通用电气开发了 Predix 系统——相当于工业的安卓操作系统，希望打造电力设备、航空发动机、医疗器械等几个行业的互联网平台。通用电气公司内部各个业务板块使用了这个平台，但外部厂商兴致索然，以至于 Predix 不能扩大销售，长期处于亏损状态。2018 年传出消息，通用电气准备出售 Predix⊖。德国西门子的制造和管理平台 MindSphere 主要在内部使用，由于没有外部企业使用来分担开发成本，西门子必须接受工业互联网综合收益相对较低的现实。国内的电器制造平台 COSMOPlat 、工程机械行业的根云、富士康的 BEACON 等平台都碰到了类似的问题，PaaS 能否作为行业互联网的底层结构或者行业的操作系统，可能还需要长时间的摸索。

除了规模化和个性化的矛盾，用户担心数据流出、泄露技术和商业机密，恐怕也是原因之一。数据正成为企业的核心资产，数据的私密性和安全性受到前所未有的重视，即便是与客户没有直接竞争关系的华为公司，也特地承诺"上不碰（SaaS）应用，下不碰数据"，⊜以打消客户对于使用华为云的顾虑。为了确保数据安全，越来越多的

⊖　参见 2018 年 7 月 30 日《华尔街日报》的报道。
⊜　https://www.163.com/tech/article/D119TG7600097U7S.html.

企业采用私有云或混合云的方案，将企业的核心数据存放在自有的数据中心即私有云上，其他数据存放在科技公司的公有云上以降低成本。

在 SaaS 层面上，企业需要认识到，无论 App 做得多么好，工业互联网都不具备消费互联网常见的梅特卡夫效应或双边市场效应。企业如果是 2B 的，它的客户数以百计，最多以千计，远远达不到社交媒体亿级的水平；如果是 2C 的，客户数量或许有几十万甚至达到百万级，但我们不能用第 4 章中的公式（4-1）计算梅特卡夫效应，因为客户之间几乎没有互动，他们都只与企业联系，购买企业的产品和服务。企业联结客户和供应商的网络结构和电商相似，见第 4 章中的图 4-5。同理，企业内部的物联网也不具备梅特卡夫效应，即便人、机、物都已联结起来，人与人、机器和人的交互方式与消费互联网完全不同，而且这些交互不产生交易和收入，工业互联网的商业逻辑要在第 3 章的规模经济效应和协同效应中寻找。

在规模经济效应和协同效应的作用下，数字化工业互联网的应用不仅提高了资源使用的效率，而且有可能完成过去难以想象的工作，例如提供新鲜而丰富的客户体验，积累数据为人工智能的应用创造条件，从客户群和供应链延伸形成企业生态，培育开发新的业务和新的商业模式，重塑企业的组织和管理，等等。企业业务形态和组织形态的变化将重新定义企业和客户的关系、企业和供应商的关系以及企业和员工的关系，对社会和人们的生活产生深远的影响。工业互联网带来的变化不再是概念性的设想，而是正在或已经变为现实，就笔者观察到的案例而言，这项新技术起码在以下几个方面具有广阔的应用前景：

- 显著改善企业的生产和经营效率；
- 大规模定制化生产（C2M）；
- 传统制造企业转型为服务和科技研发企业；
- 数字化全方位营销。

这些应用无一例外，都要求有数字化互联网系统的支持。传统的工业生产由流程驱动，IT 系统是实现和固化流程的工具，构建工业互联网系统，需要增加一个新的数据视角，即做到**业务流和数据流的双驱动**。企业建立一个无所不包的**数据湖**（Data Lake），不仅资产、人员、客户等静态数据都存放于此，业务运行过程中产生的动态数据、从网上获取的数据也都汇集到这里。数据经过清洗、标注、分类、打包，传送到**数据中台**上，供各个业务单元调用。数据湖打通了工业 3.0 信息系统（详见附录 9A）中普遍存在的"信息孤岛"或"信息深井"，实现各条业务线的数据共享，我们不妨称之为企业内部的数据协同。数据中台向**业务中台**提供经过组织和分析的、针对具体业务的数据包，业务中台上的流程在运行时调用这些数据包，而不是直接从数据湖中提取，这样可以节省时间，提高流程执行的效率。

由此可见，数字化工业互联网并非单纯的 IT 系统升级，企业需要在充分研究论证发展战略的基础上，从流程和数据两个角度重新思考业务模式和管理模式，仔细梳理业务流程，确定数字化系统的总体架构，分阶段和分步骤实施。在战略方向不清、商业模式和流程没有确定的情况下，匆匆忙忙做局部的数字化改造，比如生产线或者供应链管理的数字化就希望收到立竿见影的效果，结果往往是欲速不达，不仅扰乱了现有业务，而且给日后的全面数字化转型设置了障碍。

数字化转型既要有系统思维，也要量力而行，在整体规划的指导下，寻找一两个突破点，取得经验后再扩大战果。如同我们在下面即将看到的，突破点往往就是业务中的痛点。

并不神秘的数字化

一家从事机械加工的小型企业，受资源的限制无力自行建设数字化系统，于是采用手工工具——扫描枪，租用 SaaS 化的工业软件，进行了初步的数字化改造，收到了明显的效果。

企业从客户那里接受订单，将订单数据输入系统，并根据订单的要求采购原材料。原材料一进厂就被贴上二维码，工人手动扫码，系统绑定材料和订单，跟踪物料和零件的移动轨迹。当一个零件被送到某个工位时，工人用带有自己工号的扫描枪扫零件、操作设备和图纸的二维码（见图 9-3），根据图纸的要求进行加工，加工结束后再次扫码，将零件送到下一个加工工位。

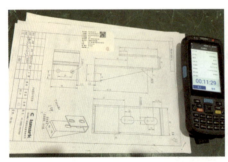

图 9-3　手机式扫描枪采集数据，绑定零件、图纸（左）、设备（右）和工人

资料来源：作者摄影。

通过这种简单原始的数字化，企业实现了生产过程的可视化（见

图 9-4），管理者可从电子看板上了解整个生产车间的情况。当看到某一客户的交货期临近时，管理者调整生产计划，优先处理该客户的订单，分派加工任务给设备和人员负荷率较低的工位，达到及时交货和充分利用资源从而降低成本的目的。有了工人的操作数据，管理者很容易计算出业绩工资，而且碰到质量问题时，也能很快在看板上找到责任人，敦促操作人员提高责任心和成品合格率。

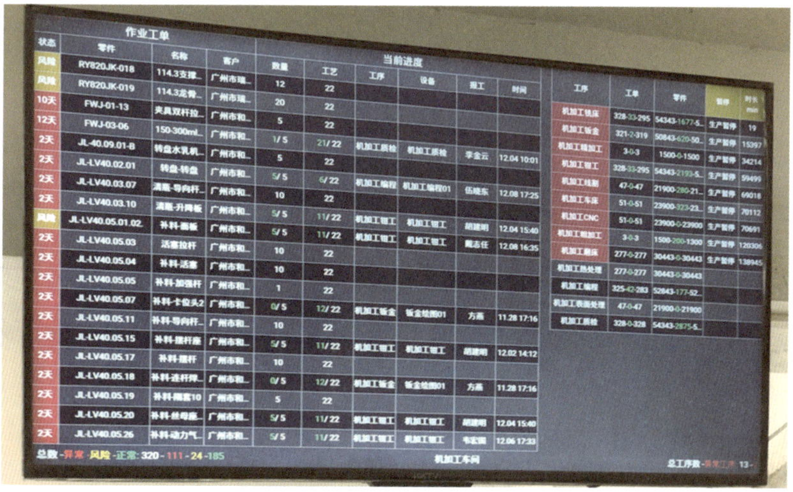

图 9-4 可视化：车间作业的电子看板

资料来源：作者摄影。

熟悉企业 IT 技术的读者可能会问，这不就是信息化吗？一点不错，数字化的部分工作与信息化重合，而且信息化时代就有了成熟的工业软件 MES（Manufacturing Execution System，生产执行系统）和 APS（Advanced Planning and Scheduling，高级计划与排程），替代上文描述的车间管理者，自动进行生产和资源的调度。信息化和数字化的区别在于前者完全是流程驱动的，IT 为流程服务，作为执行流程的有效工具；而后者则是数据和流程双驱动的，数据本身被视为一个独立的要素，与流程并列，甚至比流程更为重要。

提高到企业的战略层面上来认识问题，数字化的意义远超传统的信息化，通过数字化，企业得以完成过去难以完成的任务，开辟出过去难以想象的新业务领域，例如下面将介绍的大规模个性化定制。

大规模个性化定制

随着大众收入的提高，消费品的市场需求越来越个性化。改革开放之前，男士都穿中山装，颜色只有蓝、灰、棕少数几种，女士身着标准的翻领衬衫和过膝裙。如今人们的着装已经充分个性化，以至于两个人"撞衫"都会引起一场不小的尴尬。

不仅消费者，企业也在谋求差异化。企业在红海市场中饱受同质化竞争之苦，面对不断下降的利润率，它们认识到，必须开发特色技术和特色产品，在客户那里具有一定的不可替代性，才能获得议价权，转嫁部分原材料和人工成本，防止利润率进一步滑落。

日益增长的个性化需求和大工业化生产形成一对矛盾，个性化意味着多品种、小批量，大工业化生产却要求批量足够大，否则难以摊薄固定成本。换句话说，个性化产品没有规模经济效应。那放弃机器改为手工操作呢？问题同样存在，以定制西服为例，一个裁缝师傅一天最多能做两套，两个最多能做四套……产值和成本同步上升，仍然没有规模经济效应。回顾本书第 4 章，规模经济效应本来就和工资等可变成本无关。

在市场调研中，笔者发现了一家位于山东的服装生产企业，该企业创造性地利用数字化互联网技术，经过十几年的艰苦努力，突破了个性化西服批量生产的瓶颈。

定制化服装生产的痛点是打板，所谓打板是将人体的三维曲面尺寸转化为两维平面布料上的图形。裁缝师傅先要用柔软的皮尺给客户量体，人体的肩宽、腰围、背长都是不规则的弧线，师傅无法用数字和公式精确表达图 9-5 中背片上的那条曲线 ab。这条曲线的长度、曲率与脖颈周长、肩膀及背部的弧度有关，脖颈周长可以量得，而肩膀和背部的弧度是皮尺量不出来的，而且我们写不出这些尺寸之间准确的关系式。没有准确的公式，电脑就不可能发出指令，操纵机器裁剪布料，因而也就不可能进行大批量的工业化生产。

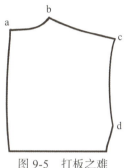

图 9-5　打板之难

在目前的定制服装行业，裁缝师傅依据多年的经验，以脖颈周长为主，参照其他相关尺寸，确定 ab 的长度和弧度。体会一下三维曲面转换为两维平面的困难，读者不妨设想在一个橘子上画出世界地图，剥开橘子，摊平橘子皮，上面的世界各国的图形会变成什么样子？再把摊成平面的橘子皮黏合起来，做成地球仪呢？

从三维曲面到两维平面，再从两维平面到三维曲面的转换，是服装个性化定制的最大难点，目前只能靠手工完成。裁缝师傅需要根据人体的十几个关键尺寸，在布料上画出西服上衣的领子、前襟、袖子、背片等几十个图形，分别裁剪，再将几十片布缝起来。成衣既要穿着贴身舒适，又要看着挺括潇洒。这个技术含量很高的操作不是一般人能做的，经验的积累至关重要。受到经验的限制，定制服装的商业形态一直是裁缝师傅开店，带几个徒弟，规模做不大。交货期长和价格高一直是这一行业的两大痛点。

传统服装制造厂家的应对方式是制作标准板型，根据人体尺寸数据的统计分析，设计小、中、大、超大等码数，但标准板型只能做到长短大致合身，无法满足身材胖瘦的个性化需求，仅适用于较为宽松的休闲外衣和均码内衣。西装和衬衫对合身度要求比较高，大、中、小三个码不够用，厂家不得不按领子或衣长分出更多的规格。对个性化要求再高的客户，就必须到裁缝店量身定做了。

这家企业从业务痛点——打板入手，采用数字技术和CAD，实现了打板的自动化。自动化打板的工作原理说起来并不复杂，先在数据库里存储足够多的板型，比如说10万个，当客户张三前来订购时，电脑从数据库里找出和张三身材最接近的比如说李四的板型，相当于从普通服装店里大、中、小三个码变成了10万个码。如果张三仍感觉不合身呢？没关系，在李四板型的基础上，电脑算法会根据张三的尺寸进行微调（见图9-6）。张三的板型设计好了之后，存入数据库，不断丰富库里的板型。板型积累越多，后面的选配就越精确，设想如果存有全国14亿人的板型（大数据！），打板就变成了简单的数据调用和匹配，边际成本是不是就接近于零了呢？

图9-6　员工正在运用电脑算法进行板型微调

资料来源：图片来源于互联网。

这项创新的实质是将裁缝师傅的经验数字化，存到数据库里，反复使用，突破打板手工作业的长周期和裁缝师傅资源稀缺的制约，以近乎为零的边际成本扩大业务规模。不仅如此，数据库就像陈年佳酿，积累的时间越久越有价值，数据本身也呈现出收益递增的特征，虽然递增的原因和消费互联网的梅特卡夫效应大不相同。

CAD 仅为数字化技术应用的一个环节，打板完成后，系统调用数据，生成每一片布的工艺、材料、工时和财务文件。电脑根据工艺文件将板型数据传到数控裁床，由机器自动裁剪（见图 9-7），站在裁床旁边的工人给裁好的布片钉上 RFID 卡（万物互联），挂上吊架，带有传感器的布片开始在缝制车间游走。每一布片的数据同时也被传到布料库，更新库存信息，如果发现库存降到了安全线以下，IT 系统自动向供应商发出采购订单。

图 9-7　数控裁床自动裁剪

资料来源：https://www.gmw.cn.

　　这么多的布片同时在吊挂系统上，由排产软件 APS 做实时运算，发出指令，将布片送至当前负荷较轻的机位上。在这里请注意"实时运算"几个字，若以分钟为单位做实时计算，每台机器只取一个数据比如负荷率，一个班 8 小时就有 4800 个数据，若以秒为单位，仅设备负荷率就有 288 000 个数据。一个车间里几百台设备，数千甚至数万片布，如何在每一时点上、将每一片布安排到"最合适"的机器上加工，排列组合的数量随着时点、布片和机器的增加而呈指数上升，没有大数据和云计算能力根本就无法完成这样的运算。

　　如图 9-8 所示，缝纫工人接到布片后，先扫码读出加工指令，进行相应的操作，如锁边、开扣眼、熨烫等，完成加工后，再扫码更新布片的状态，将数据实时输入系统，然后把这片布挂回吊架，让它向下一个工位移动。

图 9-8　缝纫工人工作

资料来源：图片来源于互联网。

　　最后，分散在各个工位上、同属一件衣服的布片由系统指挥，集中到某一工位上，由工人拼缝为成衣，经过熨烫、包装，发给客户（见图 9-9）。请注意图 9-9 中的西服是完全个性化的，款式、大小、颜色、布料都不相同，客户还可以要求绣上自己的名字或其他个性化的标志。

图 9-9　加工完毕、准备出厂的成衣

资料来源：图片来源于互联网。

支持数字化工厂运行的是完全打通的 IT 系统（见图 9-10），以板型设计匹配即 CAD 为核心，连接客户关系管理系统（Customer Relationship Management，CRM）、生产执行系统 MES、仓库管理系统（Warehouse Management System，WMS）、企业资源规划管理系统（Enterprise Resource Planning，ERP），再延伸扩展，最终形成**系统覆盖无死角、数据流动无断点**的一体化网络。

图 9-10 中的"数据集成"层相当于前面所讲的数据中台，"成衣生产"层对应业务中台，"数据调用"层显示两个中台的互动。在板型匹配阶段，业务流程调用板型数据和款式数据，匹配完成后即时更

新板型数据库。与匹配相类似，系统在生产和发货阶段进行类似的操作。从这张图上我们可以清楚地看到数字化和信息化的不同，信息化系统中的数据跟着流程走，并且被封闭在流程中，例如客户和订单信息只在客户关系管理系统里，不进入生产管理和仓库管理系统，企业无法跟踪订单履行进度，也就无法实现以客户为中心和订单驱动的经营生产计划。上一代的企业信息化系统有点像"二战"时期的军事指挥系统，步兵、炮兵、坦克兵、航空兵自成体系，彼此独立，信息不能共享，全靠总司令部打电话向各兵种司令官发出命令，再由兵种司令官逐级下令到军师旅团等作战单位。当代战争的指挥系统则打破了兵种界限，经由数据和资源的共享，改变了军队的组织结构和作战方式，有兴趣的读者可参考《无边界组织》一书，这里就不做进一步的介绍了。企业从信息化转型为数字化，与军队升级指挥系统有类似之处，意义在于共享、协同和创新，而不仅仅是提升工具和手段的效率问题。

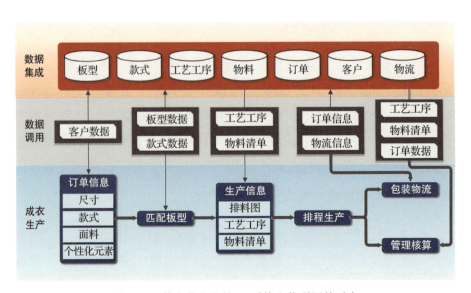

图 9-10　数字化企业的 IT 系统和物联网的对应

数字化互联网赋予企业 C2M 的能力，客户在北京的感应式设备上量体，输入个性化的尺寸、款式、面料等数据，利用手机或 PC 下单，山东的工厂根据订单设计、制作，最终用快递把服装送到他在北京的家中。与手工操作的裁缝店相比，数字化使从下单到交货的时间由一两个月缩短为一周，价格降低 50% 左右，定制服装从高收入人群的奢侈品变成了中产阶级的普通消费品，这就是熊彼特所讲的"创造新的市场"。

C2M 以颠覆性的手段解决了困扰服装行业最严重的库存问题。在时尚潮流迅速变化的今天，传统服装制造企业承受着越来越大的库存管理压力。厂家无法准确预测某一款式的需求量，备货少了可能断供，临时补货根本来不及调整或更换生产线；备货多了又怕消费者喜新厌旧，卖不出去成了库存积压，而过时商品的处理通常要打折 50% 以上，这个损失只能由厂家和销售商承担。服装行业的库存问题如此严重，以至于专门处理尾货的公司 T. J. Maxx 做到了 750 亿美元的市值。在 C2M 的模式下，消费者下单后企业才生产，从源头上消除了库存。这样做当然也有代价——消费者要等一周的时间，而不是在商店里立即取货，但如果价格降低一半，相信很多消费者还是愿意耐心等候的。

不仅制造业，金融业同样可实现大规模个性化定制（见附录 6A）。由于小微企业缺少易于变现的资产，无法用资产抵押获得银行贷款，非标的金融产品相对银行而言成本又太高，融资一直是困扰小微企业发展的难题。参见图 6A-1 所示，数字化互联网系统使低成本的个性化金融产品成为可能，科技公司与金融机构合作互助，为小微企业融资开拓了一条前景广阔的道路。

制造业转型服务和科技

卡特彼勒是全球最大的工程机械制造商，2021 年在《福布斯》全球企业 2000 强中名列第 132，也是道琼斯工业指数的成分股。这家具有近百年历史的老店经过数字化改造焕发了青春，创造了全新的商业模式和新的增长点，继续保持着行业领军者的优势地位。

公司的数字化从产品入手，在挖掘机的重要部位装上传感器，传感器实时发出零部件和整机工作状态的数据，由移动通信工具发送到云端，公司在云端为每一台机器建立虚拟模型，形成数字双胞胎（见图 9-11），对机器的运行进行实时跟踪监测。依托数字化互联网系统，公司开发出了一系列的新业务。

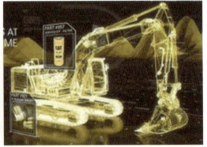

图 9-11　数字双胞胎

资料来源：图片来源于互联网。

首先，由整机销售转变为机时销售，企业用户不必购买整台设备，而是按使用时间付费，这与企业不投资建自己的数据中心而购买云服务是一个道理。按机时付费降低了一次性支出的成本，财力有限的中小企业也能够使用昂贵的先进设备，如此便扩大了卡特彼勒的市场。当公司推出新的机型时，用户向公司以旧换新，支付升级新机型的费用即可，而不必像过去那样再买一台。比更换硬件更为便捷的是软件的升级，新版软件以 SaaS 的形式放置在云端，用户可以随时下载。卡特彼勒把旧机器拉回去，不是当废铁卖，而是翻修零部件用于再制造，既减少废弃物对环境的危害，又降低了公司的成本。

其次，产品售出后，机器运行的数据源源不断地发送到卡特彼勒的平台上，公司利用这些数据向客户提供多项服务，形成新的业务增长点，例如实时监测机器的运行状态，提出改善使用效率的方案。公司用人工智能算法分析海量的数据，预测可能出现的故障和出现时点，提前进行维修和更换问题零件，防止故障的发生，或者在故障发生时减少停机所造成的损失。在这个场景中，卡特比勒实际上做了用户企业设备部的工作，或者说用户把设备的维护维修外包给了卡特比勒。这样的交易是互利的，用户虽然要支付一笔服务费，但节省了设备维护的各项开支，而且设备的维护和维修比以前做得更加专业和及时。

在卡特彼勒这一端，无论是整机销售还是按机时收费的所有产品都联网上云，形成一个小生态，在这里积累的数据不仅可用于训练 AI 算法，监测和诊断用户机器的运行状态，而且可以指导卡特彼勒自己的生产计划和库存管理。公司对全球每一部机器的功能、机龄、工作环境、磨损状况都了如指掌，下一年需要生产多少台以及什么型号的机器，生产多少用于维修的零部件，做做数据的统计分析便可得出结果，然后根据生产计划采购零部件和原材料。基于数据的计划准确度更高，更好地保证了交货期，同时减少了库存成本。

卡特彼勒通过数字化和互联网技术的应用，正在从一家传统的设备制造商转型为制造＋运行和维修服务的公司，技术带来的变化真不能低估呢。利用技术的创新不分行业，不分赛道，在下面这个案例中，我们将看到数字化互联网如何改变传统消费品公司的营销方式。

全方位数字化营销

图 9-12 展示的是消费品公司的数字化营销体系，图的上方是与公司有业务往来的消费者、（直营或加盟）门店、经销商和供应商（链），这些相关方需要做基础的数字化工作，利用各种传感器，将数据汇集到数据湖和数据中台。线下门店和线上自营平台记录消费者的购买信息，微信、微博等社交媒体上载有消费者偏好变化的数据；线下门店和经销商的进出货数据用扫描枪或自动读码机输入系统；公司给出接口，对接产品制造商和物流企业的系统，收集产品制造、库存和运输在途的信息。与公司业务相关的所有数据都注入数据湖，经过加工整理存放在数据中台上（图中未显示），供各业务单元调用。数字系统对业务的作用体现在这几个方面：引导消费、赋能员工与合作伙伴以及给予管理层决策支持。

我们先来看看引导消费功能。公司管理部门利用多渠道数据，更准确地为消费者画像，了解他们的商品偏好和消费习惯，根据每个人的不同情况在线上推送不同的商品。对消费者行为的描述也是赋能的核心内容，除此之外，系统还为公司的营销团队提供广告投放效果的分析报告，帮助他们确定下一轮的投放渠道和投放方式，设计打折、抽奖等促销活动。对线下门店和销售渠道的赋能集中在信息和培训方面，如及时更新销售半径内的人口、收入、消费习惯和友商的动态，通报行业、市场和商品销售趋势，线上培训业务人员产品知识和服务客户的技能。对供应商的赋能以产品需求预测为主，方便厂家做好生产计划，提前安排物料采购。

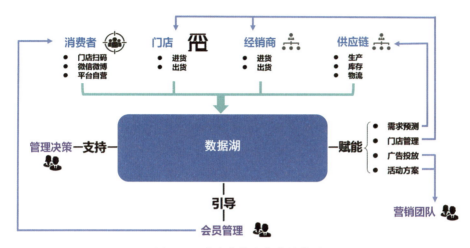

图 9-12　全方位数字化营销体系

这个营销系统从全局考虑数据的作用，数据的采集、流动和处理是跨业务部门和跨区域的，数据的丰富性和完整性非传统信息系统可比。数字化不再限于 IT 部门和 ERP 等职能软件，而是与公司的业务高度融合，数据流和业务流你中有我，我中有你，形成如同血液和骨骼肌肉的有机体关系。在这个系统的支持下，公司有可能进行低成本的规模扩张，而不再像过去那样靠拼人力、拼费用增加市场份额。强大的数据中台和业务中台为门店、员工和供应链赋能，大幅度提高前台的效率，用更少的员工和门店面积服务更多的消费者。由于操作和销售的数据都留在中台，公司可以实时跟踪分析数据，因此在扩张的同时能有效地控制了风险。

从财务结构的角度看，数字化是用 IT 系统的成本置换员工工资和店租的成本，但这不是成本的一对一简单置换，固定成本上升，可变成本相对下降，企业的性质发生了变化。回顾本书第 3 章，规模经济效应取决于成本结构，固定成本占总成本的比例越高，规模经济效应越大。几乎所有的数字化改造都会带来成本结构的变化，也正因为如此，数字化企业才有可能突破传统模式的规模限制，做成在过去难以想象的大市值公司。

系统赋能改变了公司的组织结构，管理层和员工从指令—执行的垂直（等级）分工演变为引导—自驱的水平（平级）分工，在更为扁平和"松散"的组织结构中，员工的积极性和创造力得以释放，这对于德鲁克所说的"知识经济"是至关重要的，我们将在本书第 10 章中展开讨论这个问题。

数字化转型的路径

我们一方面用案例说明数字化互联网的巨大潜力，另一方面也需要控制一拥而上的盲目数字化倾向。数字化要有针对性，比如企业发展中的痛点问题和瓶颈制约因素，而不是为数字化而数字化。服装企业通过数字化重造生产线，实现个性化定制产品的大规模生产。卡特彼勒推出数字化产品，巩固其工程机械行业的龙头地位，开辟按机时付费、维修、数据分析等服务市场，收入来源更加多样化。消费品公司依托数字化系统，精准把握客户需求，提升销售额与客户体验。这些企业的数字化无一不着力于目前和未来的核心业务，终极目标无一不是提升客户价值、企业的销售额和利润。

数字化不是单纯的技术更新，而是企业战略的定位或重新定位，在战略指导下对商业模式进行系统性的再思考，梳理业务流程，设计数字化的总体架构以及相应的组织结构，然后才进入系统开发和实施阶段。缺少战略、商业模式和业务流程的数字化是无的放矢，匆匆上马非但见不到效果，反而有可能冲击现有业务，造成业绩下降，进而动摇企业推进数字化的信心。现实中的数字化改造不一定严格按照战略—商业模式—流程—系统设计与开发的几个阶段依次展开，各个阶段上都不可避免地会有反复和调整，以在业务需求、技术可行性和财务合理性之间寻求平衡，然而可以肯定的是，无论什么样的现实道路，战略、商业模式和流程都是数字化过程中不可或缺的要素。

数字化对企业具有战略意义，因此必定是**一把手工程**。事关战略目标的确立和实现，全面规划企业的业务、技术支持和组织管理，而组织变革涉及权责利的再分配，无论从哪个方面讲，都只有一把手才能承担如此重任。华为 1998 年开始建立公司的信息化或数字化系统，就是在任正非的主持下进行的。华为如此，其他公司也不例外。2022 年 1 月梁稳根辞去三一重工董事长一职，以便有更多的时间思考和落实集团的"三化战略"，位列首位的正是数字化，另外两化分别是电动化和国际化[一]。

华为启动数字化工程时，数字化的理念还不像今天这样强烈和清晰，技术手段更多的是工业 3.0 时代（详见附录 9A）的信息化工业软件，但当年系统建设的原理和方法论至今没有过时。参照公开资料[二]，我们在下面简要介绍华为的数字化再造，希望读者能从中得到一些借鉴和启发。

[一]　https://xueqiu.com/7718618380/209611061.

[二]　周良军，邓斌.华为数字化转型：企业持续有效增长的新引擎 [M].北京：人民邮电出版社，2021.

华为公司从战略的高度强调数字化的意义，认为数字化转型的本质不是技术性的，而是业务价值链的全面数字化，是"以客户为中心"的管理变革，目标是实现公司的**长期有效增长**。20 世纪 90 年代末正是华为从制造、销售向研发过渡的转型期，如何建立研发体系，提高研发效率，在很大程度上决定公司业务转型的成败。数字化改造的任务来自公司长远发展的需要，华为选择了集成产品开发（Integrated Product Development，IPD）作为突破口，原计划 9 个月完成，实际花了 5 年时间，这还不包括后续迭代和优化的时间。

方向确定后，华为聘请 IBM 作为技术顾问，着手信息化或数字化再造的规划，顾问组召集业务主管开了几十场研讨会和宣讲会，提出组织、流程与 IT 三位一体的管理变革蓝图和实施路线，并向华为高管做了阶段性的报告。任正非肯定了这份报告，并要求在全公司做地毯式培训。这项工作在华为一把手的高度关注下进行，IBM 顾问组负责人可随时出入任总的办公室。

所谓**商业模式**，既是企业为客户创造价值的方式，也是企业获取收入和利润的方式。围绕着为客户创造价值，华为首先实现了产品开发的数字化 IPD，缩短研发周期一半以上，故障率降低了 95% 以上。由于公司全面推行这套标准化、数字化、全球协同的研发管理体系和衍生的产品数据管理（Product Data Management，PDM）平台，树立了国际客户对公司产品质量和创新能力的信心，并且通过 IPD 系统的全球共享产生规模经济效应，保障了海外市场的低成本供应交付。华为从 IPD 向上游延伸，开发了集成供应链服务（Integrated Supply Chain，ISC）平台，用 3 年的时间，把齐套备货率从 20% 提高到 85%，供应链处理效率提升 35%，进一步降低了成本，缩短了交货期。前面介绍的卡特彼勒同样以客户价值为主线，不仅改进设备使用的效率，而且提供设备维护和维修服务，从客户的角度思考和规划公司的数字化转型。

在**流程再造**阶段，我们可以看到数字化和信息化的最大不同：前者强调业务价值链的重塑和管理变革，而后者仅限于现有管理框架下业务流程的软件化和自动化。华为从业务需求出发，在流程、IT 技术和组织的相互调整过程中，融合流程和 IT 技术的最佳实践，优化公司组织，反复适配得出新的流程体系和组织结构。新体系的特点是从客户的角度出发，根据业务场景做到端对端的打通和部门之间的打通；而信息化基本上是各部门画地为牢，客户服务部门用 CRM，生产管理部门用 MES，财务部门用 ERP，因流程的分隔信息也被分隔在彼此独立的"深井"中。

经过数字化再造的流程部署在云端，形成互联网公司常说的业务中台，各地区、各业务单元可以方便地在网上调用。IT 系统部署在云端还是本地，是数字化和信息化的另一区别所在。除了云技术，数字化系统的架构也具有互联网时代的特色。针对复用度较高的流程节点即多个流程共用的节点，IT 人员开发功能模块放置在业务中台上，由业务单元根据需要自行选择相关模块，拼搭成个性化的流程，这就是软件业越来越流行的面向服务的架构（SOA）。SOA 建立在流程节点功能的模块化和标准化上，以功能强大和调用灵活的数据中台为支持。关于数据中台，因内容过多，我们无法在这里详细介绍，有兴趣的读者可以参考《华为数据之道》[⊖]一书。

进入实施阶段，华为主张少量的自主系统开发，尽可能使用成熟

⊖　华为公司数据管理部 . 华为数据之道 [M]. 北京：机械工业出版社，2020.

的商业软件包，与外部软件供应商长期合作，进行系统的开发和迭代升级。需要指出的是，以 ERP、MES 等为代表的商业软件适用于大批量生产的标准化产品，而华为正是这样的一家公司，它站在前人的肩膀上，将信息化时代的软件融入数字化系统，青出于蓝而胜于蓝。对于多品种、小批量的个性化产品和服务，市场上现有的商业软件显得笨重，购置和修改的成本过高，开发周期过长，企业特别是财力有限的中小企业难以承受。幸运的是轻便灵活的 SaaS 化软件越来越多，有可能成为互联网时代的软件技术主流，这就为中小企业提供了一个可选的解决方案。

在结束本章之前，我们提醒读者注意华为的另一项经验：培养既懂业务又懂数字化的复合型管理人才。业务主管要具有数字意识和数字化领导力，将业务、流程、技术和管理融于一体，持续进行业务流程和数字化系统的迭代升级。用华为人的话讲，数字化是一项只有开始而没有结尾的工程。

小　结

消费互联网的巅峰已过，工业互联网的大幕刚刚拉开。虽然都是互联网，但两者的逻辑有着根本的不同。工业互联网基本没有梅特卡夫效应，规模经济效应和协同效应也无法和消费互联网相比，它的行业和企业属性非常强，成功的必要前提是具备专门的行业知识。工业互联网以数字化为先行，企业实现经营、生产、管理的全面数字化之后，才能做到工业 4.0 的万物互联，也就是成为物联网。物联网不仅带来了生产和管理效率的提高，而且为企业组织的重塑创造了条件。管理的变革将激发员工的主动性和创造力，由此产生的效益超出我们今天的想象。数字化和物联网产生的海量数据要求更高的数据处理与分析能力，人工智能不再是预言家和自媒体提高点击率的玄虚辞藻，而是变成了实际应用的必需品。但是，无论人工智能和大数据发展到什么程度，市场的功能依然无可替代，机器可以处理数据，但产生数据的只有在市场上进行交易的人。计划经济注定是美好的乌托邦，即使在技术更为发达的将来。

附录 9A

从工业 1.0 到工业 4.0

2013 年德国国家工程院的一个工作小组在给德国政府的报告中首先使用了"工业 4.0"一词⊖，德国联邦政府随后制定了实施工业 4.0 的政策，政策的主要目标是引导和促进企业的数字化转型。鉴于制造业对于德国经济的重要性，政府急切地希望企业将它们的生产线柔性化、个性化和智能化，以适应日益多变的市场需求，提高企业的效率和工人的薪酬。工业 4.0 不是凭空产生的，回顾历史，它是工业技术和管理经过一两百年的演化、从 1.0 迭代到今天的最新版本。

18 世纪晚期英国出现的工业革命可称为工业 1.0，工业革命的核心是**机械化**或**动力化**，蒸汽机代替水力、畜力和人力。机器生产先应用在纺织业，渐次扩展到西欧、北美的金属冶炼业、农业和采矿业，时间从 18 世纪 60 年代延续到 19 世纪 40 年代。伴随工业革命出现的是家庭作坊和手工工场向大机器生产工厂的转变，以及人口从农村向城市的迁徙。继蒸汽机后，动力的来源逐步多样化，从电力、燃油、核能到 21 世纪的太阳能、风能等可再生能源。

工业 2.0 大致从 19 世纪 70 年代到第一次世界大战前，这一时期的代表性技术是铁路、电报和电力。人们不仅用电力驱动机器，而且通过电器控制机器的运行，将单台设备连接起来形成流水线，大大提高了生产效率。如果只选一个工业 2.0 时代的关键词，那一定是**自动化流水线**。流水线特别适合标准化产品的大批量生产，例如汽车、家

⊖　https://en.wikipedia.org/wiki/Fourth_Industrial_Revolution#Germany.

用电器、通用机床等。为了将规模经济效应发挥到最大，工业 2.0 时代产生了科层制＋事业部的企业组织——"斯隆体系"（详见本书第 10 章）。流水线和斯隆体系造就了福特汽车、西门子、松下、空客等大型公司，这些公司长期占据着工业文明的统治地位，直到 20 世纪最后一二十年才被电脑和信息技术所动摇。

随着电脑特别是微处理机的普及，人类迎来以**信息化**为主的工业 3.0 时代。机器在替代了人体之后，又开始替代人脑，计算机辅助设计和程序控制的设备得到广泛应用，生产线的自动化程度进一步提高。电脑和通信技术带来的更大变化集中在管理领域，企业采用各种功能软件，如以财务、人力资源、设备为主线的 ERP、CRM、WMS、OA，大幅提高了管理的效率。如我们在前面所分析的，企业沿袭了工业 2.0 的思路，在保持现有经营、生产方式和组织结构基本不变的情况下，将业务和管理的流程软件化，原来的手工—电器操作现在由电脑发出指令完成。信息化在为工业 4.0 做准备的同时，也制造了障碍，具体表现为这些本地部署的大型单体软件过于笨重，对市场变化的反应速度慢，信息被封闭在垂直和分立的部门或流程中，形成"信息孤岛"或"信息深井"，信息利用效率低。如何打通分立的系统，促进信息在各个业务单元、职能部门间更有效地流动？这个任务留给了工业 4.0。

工业 4.0 的核心技术是数字化互联网和人工智能。一方面，在物理世界全面数字化的基础上，万物互联，人机互联，企业与客户、供应商、第三方平台互联，实时采集数据，统一注入数据湖，经过清洗、标识，根据业务的需要组成数据库，存放在数据中台上。另一方面，信息化时代面向流程的 ERP 等系统软件被拆分为功能模块，形成业务中台，有时这些软件也作为功能模块部署在业务中台上。由于数据量巨大，传统 BI 的处理和分析能力不足，必须采用 AI 运营数据。数字化互联网系统相当于整个企业的数字双胞胎，与企业的人财物等实体一一对应，在虚拟世界中与企业实时通信、互动和同步运行。与工业 3.0 的信息化相比，工业 4.0 的硬件特点是全面的数字化，软件则是云端部署的面向服务的架构。

工业 4.0 时代的企业组织相对工业 2.0 和工业 3.0 时代有很大的不同，因国内外的企业在这方面的探索仍处于早期阶段，任何归纳性的总结都难免失之偏颇，我们仅在这里给出一些实地考察中得到的印象。数据中台和业务中台的建立弱化了科层制传递信息及指令的功能，减少了层级，企业组织结构显得"扁平化"了。如同我们将在第 10 章中讨论的，在两个平台的支持下，稻盛和夫提倡的阿米巴组织具有更强的生命力；资金和人员的时间投入有了详细的数据，为内部核算价格的制定提供了更好的依据。在这样的技术环境中，德鲁克设想的"知识工作者"的团队型结构具有更高的可行性和必要性，员工不再是机器上的一颗螺丝钉，他们的能动性和创造性得到充分发挥。过去百年间行之有效的科层制或将退出舞台，企业的"元宇宙"中将涌现出各种今天想象不到的新型组织。

从工业 1.0 到工业 4.0，从机械化、自动化、信息化到数字化，工业生产和管理技术迭代升级到今天，每一代都以上一代为基础，每一阶段都是不可跨越的，并未因某项新技术而发生断裂式的跳跃。所谓"颠覆式创新"，是事后多年外界看到的累积性成果，对创新企业家而言，他们当时看到的只是步步为营。贝佐斯卖电子书时没有料到日后颠覆零售业，乔布斯也不曾预见到触屏手机开启移动互联网的新篇章。

技术改变了生产方式、商业模式和企业形态，不变的是商业的本质和经济规律。如果认为技术可以颠覆经济规律，那么不是错把现象当成本质，就是还没有真正把握规律的逻辑。万物互联产生了人类需要的所有数据，云计算和人工智能使海量数据的处理变得轻而易举。

计划经济的可行性被重新提了出来，有人甚至认为，利用新技术的计划经济可能比市场经济更加有序和有效。

笔者在两个层面上回应技术时代的市场与计划之争。第一，如果实行计划经济，就不会有支持计划经济的云计算和人工智能技术。听起来像个悖论吧？历数工业革命以来的技术创新，从蒸汽机到互联网，几乎无一例外地都来自市场经济，因为只有市场机制才能提供足够强大的创新激励，只有在市场竞争中，企业和个人才会感受到创新的压力。计划经济体制下的企业既无动力，亦无压力，创新的缺失绝非偶然。第二，即便不论新技术的来源，配备了云计算和人工智能的计划也无法替代市场。

附录 9B

大数据 + 云计算 = 计划经济?

计划与市场的优劣是经济学的永恒主题，现实中两者的对立并非理论界所说的那样严重，我们处处可见两种配置资源方式的并存，企业内部是权威支配下的计划主导，企业和企业之间、企业和个人之间是自愿的市场交易。我们将这里讨论的计划经济定义为斯大林体制下的苏联经济和改革开放前的中国经济，除了像农村集市贸易那样的零星小型市场，整个社会的生产、消费都由政府统一计划，企业只是执行计划的基层单位，几乎没有任何人财物、产供销的自主权。计划经济的"计划"和市场经济中企业内部的"计划"是两回事，不能混为一谈。

诺贝尔经济学奖得主哈耶克指出，计划经济的最大问题是信息，中央计划者所需要的信息分散在经济的各个角落，他既不知道消费者的偏好，也不了解企业的技术和成本，像盲人聋人一样，怎么可能有效地配置资源？在市场经济中，消费者和企业的分散决策，通过市场交易形成价格，消费者的偏好和企业的成本信息进入价格，再由价格传播到市场上去。企业根据价格变化的趋势猜测市场供需缺口，决定生产什么和生产多少。当相对价格发生变化时，消费者调整购买的品种和数量。由此可见，市场是一架高效的**信息收集和发布器**。

技术崇尚者马上会说：哈耶克的担忧不再必要，万物互联的世界中传感器无处不在，机器实时收集数据，传送到中央计划者那里，他利用云计算和人工智能技术，可以像个企业总经理那样，安排全国企业的生产和每个家庭的消费。

哈耶克似乎预见到后世人们的质疑，他进一步论证说，计划经济拥护者的错误在于假设数据在开始计划前就已经存在。计划部门事先运用现代技术，将散布在成千上万个企业和数亿家庭中的信息收集起来，经过整理分析，作为制订企业生产计划和家庭消费计划的依据。实际上，数据是在经济活动的过程中产生的，计划者不可能事先获得，他只能得到上一计划期的数据，再根据过去预测未来。换句话说，计划者掌握的信息永远是滞后的。随着技术的进步，滞后时间固然会越来越短，但技术无法克服另一更大的障碍。

无论万物互联的世界或者元宇宙中有多少传感器，技术手段只能**收集数据**而不能**产生数据**，数据特别是价格的产生仍然在市场上，仍然由进行市场交易的人来完成。

当消费者面对一件商品时，比如说一部智能手机、一件最新款式的衣服或者一幅油画，他要从多个维度估计该商品的价值，例如外观、功能、使用体验，甚至还有他人的看法等。这些维度彼此不可以完全通约，因此不存在一个公式，依照这个公式加权求和得出单一的量化价值指标。消费者以我们尚不清楚的方式——极有可能他自己也不清楚——综合这件商品给他的视觉、听觉、嗅觉、味觉和触觉强度，将感觉转换为他的主观价值，然后在市场上通过交易付费将主观价值用货币符号表达出来。这个多维度评价过程消费者瞬间就完成了，看上去很简单，却是电脑无法承担的，因为我们写不出一个公式或函数，也就不能编程让计算机运算求解。

如此看来，市场不仅是数据收集和发布器，还是**数据发生器**。在很长一段时间内，我们还看不到技术实现这种感觉—价值转换的可能性，市场将继续作为原始、低成本却十分有效的数据发生器而存在。

技术进步永无止境，大胆想象一下科幻小说中的场景，未来可否绕过市场和交易这些令计划者烦恼的障碍，从消费者的感觉直接推断出需求？理论上讲不是没有这种可能，但可能变为现实必须解决两个问题：感官信号的导出和感官信号转化为需求数据。第一个问题似乎已看到解决的希望，埃隆·马斯克创立了 Neuralink 公司，研发植入人脑的芯片，读取大脑神经元发出的信号，帮助像物理学家霍金那样的瘫痪病人操作手机、电脑，或者辅助治疗脑神经受损引起的其他疾病。马斯克的脑机连接芯片有 3000 个电极，而人脑有 500 亿～1000亿个神经元！虽然脑神经科学近年来发展得很快，但我们对大脑的工作原理仍知之甚少，大脑由几百亿个神经元连接成一个非常复杂的网络，粗略估计连接的数量高达 80 多万亿，目前世界上最大的认知计算公司只能做到 1600 亿个连接⊖，人类还有相当长的路要走。

即便某一天人类造出了机器大脑，每人配备一部，每一部都是个性化定制的，但由于每个人大脑的结构和工作方式都不一样，而且要像生物大脑那样不断演化更新，机器大脑的成本也会高到没有应用价值的地步。退一步讲，就算机器大脑的成本低到了个人可负担的水平，说实话，我们真的愿意放弃自我意识和思维，把一切外包给机器，自己行尸走肉般地活着吗？这不是一个技术或经济问题，而是一个哲学问题。如果人类仍然希望享受物有所值的购买乐趣，享受作为人的自主性，那么他会放弃机器大脑而选择在市场上进行交易，交易产生的价格将指导社会的资源配置。

除了资源的配置，我们还需要市场**筛选、激励并成就创新企业家**。市场机制既不科学也谈不上完美，却是已知最好的企业筛选机

⊖ 多梅尔. 人工智能：改变世界，重建未来 [M]. 赛迪研究院专家组，译. 北京：中信出版社，2016.

制。优秀企业是在市场竞争中产生的，而不是由政府机构挑选出来的。20 世纪 90 年代，国内通信业出现"巨大中华"（巨龙、大唐、中兴、华为）四家头部企业，经过几十年的竞争，华为脱颖而出。华为坚持"以客户为中心"的价值观和"以奋斗者为本"的企业文化，高度重视和持续投入研发，以高性价比的产品赢得了客户，客户在市场上购买它的产品，用货币投票"选"出了华为。官僚机构选不出好企业，原因仍在于哈耶克所讲的"局部信息"，信息分散在企业，"只可意会而不可言传"的经验知识仅存在于企业家的头脑中，在大多数情况下不能外在表达为数据，人们根本无法知道乔布斯怎样构想新产品，怎样思考公司未来的发展，只能观察到他的决策结果，也就是市场接受度，做事后诸葛式的评价。

市场对创新企业的激励体现在超额利润上，谁能率先在市场上推出新产品和新技术，比如说苹果公司的智能手机，谁就能得到客户的奖赏——溢价以及远高于行业平均的利润，先发创新企业可保持超额利润直到竞争者开始销售类似产品。随着智能手机供应量的增加和价格的逐渐走低，苹果不得不研发新一代手机。市场溢价和超额利润驱动企业持续创新，这样的机制在纯粹的计划经济中是不可想象的，计划部门判断不清哪家企业的技术更好，自然也就无法决定应该奖励哪家企业和奖励多少了。

市场对于创新的必要性还体现在资源汇集。企业家将设想付诸实施，需要资金、人才、技术等各种资源，风险资金市场、人才市场和专利市场应运而生。亚马逊自 1994 年成立以来，有 20 多年一直处于亏损状态，却总有一群敢于承担风险、坚定地看好贝佐斯的投资人，持续不断地为公司注资，随着亚马逊的市值突破万亿美元，这些投资人获得了丰厚的回报。市场也为企业准备了不同专长和技能的人才，马斯克计划送人上火星，从市场上招聘到了美国国家宇航局的顶尖科学家和工程师。没有资源在市场上的自由流动，企业家的思想就永远停留在纸面上，而不能转化为可行、可靠的产品。

人们常以登月计划那样的大型项目作为计划的成功案例，这些项目涉及先进的科学和尖端的技术，众多政府部门和企业协同合作，组织和管理工作繁重，如果政府能够承担这样的任务，为什么不能作为经济中的创新主体呢？登月计划虽然庞大而复杂，但基本上是确定性的，目标确定、技术确定、制造方法确定、实施步骤确定，挑战主要在组织管理。智能手机研发工作量和复杂性比登月计划低得多，创新的**不确定性**却远远高于登月计划，不确定性意味着无法预测未来，因而也就无法事先制订计划。创新是个不可预知的试错过程，爱迪生测试了 6000 多种材料，才挑选出碳丝来制作白炽灯泡；为了开发镍铁蓄电池，他的助手和员工做了 5 万次试验。与技术难点相比，市场接受度是更大的不确定性。苹果推出一款智能手机，它不知道消费者是否欢迎，毕竟失败的新产品比比皆是，如果滞销，前期的研发投入就都打了水漂。创新好比原始人在亚马逊热带雨林中摸索前行，而现代人登月计划则像在 GPS 导航下穿行于北京、上海那样的超大城市。创新需要乔布斯那样既富有想象力又坚韧不拔的企业家，而登月计划则需要资深工程师和官员的探索和指挥。不同性质的任务需要不同类型的人才，市场和企业家在现代经济中是不可或缺的。

在人性不变的情况下，在"协同共享"的新型的人尚未诞生之前，私有产权、自由市场、自愿交易，这些现代市场经济的元素仍是到目前为止的技术革命的必要前提。

第 10 章

数字化互联网和
企业组织变革

企业是个生产组织，在这个组织内，拥有不同技能的人从事不同的工作，努力实现一个共同的目标——为客户提供高性价比的产品和服务。满足客户需求的企业应该也必须是赢利的（见第 5 章"企业为什么必须赢利"），为了提高企业的赢利能力，企业家们一直在市场实践中积极探索和改进企业组织。1911 年，弗里德里克·泰勒（Frederick Taylor）出版了《科学管理原理》[一]一书，标志着企业管理学的诞生。20 世纪 20 年代，通用汽车公司董事长阿尔弗雷德·斯隆（Alfred Sloan）创建了集权—分权式的管理结构，成为工业 3.0 时代大公司的标准管理模式，艾尔弗雷德·D. 钱德勒在他的著作中系统地介绍了这一模式[二]，经济学界将其称为 M 型组织[三]。

　　斯隆体系中有多个业务单元（Business Unit，BU），如图 10-1 所示的 BU1、BU2……，BU 可以是事业部、分公司或者子公司。每个

　　[一]　泰勒. 科学管理原理 [M]. 赵涛，陈瑞侠，郭珊珊，译. 北京：电子工业出版社，2013.
　　[二]　钱德勒. 战略与结构 [M]. 孟昕，译. 昆明：云南人民出版社，2002.
　　[三]　Oliver Williamson. Markets and Hierarchies: Analysis and Antitrust Implications. New York: Free Press，1975. 与 M 型组织相对应的是 U 型组织，假设某企业有 A、B 两种产品和甲、乙两位经理，每种产品都要经过制造和销售两个阶段，当两位经理按职能分工时，即甲负责 A 和 B 的制造，乙负责 A 和 B 的销售，这样的企业组织结构就是 U 型的。如果经理的工作按产品划分，即甲负责 A 的制造和销售，乙负责 B 的制造和销售，这样的企业结构就是 M 型的。很显然，U 型企业需要专才，而 M 型企业需要复合型管理人才。

BU 面对自己的市场和客户，比如凯迪拉克、雪佛兰，承接公司的经营指标，拥有对本 BU 的相对完整的管理权，除了来自集团 CEO 的指令，不受其他 BU 和职能部门的影响。以集团 CEO 为首的高管团队在各个 BU 间配置资金、销售和人力等资源，协调各 BU 的生产和经营活动，以达成公司统一的战略目标。直属集团的职能部门（见图 10-1 的右半部分）协助以集团 CEO 为首的高管团队进行资源的配置，制定相应的业务标准和规范，监督 BU 的运作，控制计划执行过程中的风险。

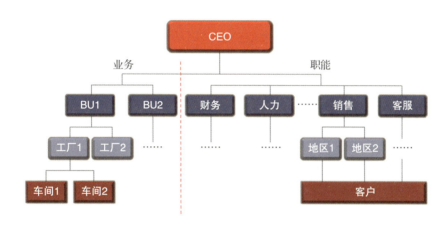

图 10-1　企业的科层组织结构

注：每个 BU 可能配有自己的销售、客服和财务等职能部门，为了表达的简洁，没有在图中标出。BU 的职能部门向 BU 的总经理汇报，也接受集团对口职能部门的业务指导。

每个 BU 内部根据类似的职能集权—业务分权原则设工厂 1、工厂 2……，工厂可以再分为车间（甚至班组）。对于全国性或者跨国公司，职能部门例如销售、客户服务也按地区划分，例如华北区、华东区、华南区等（有的大区下面又按县市分组）。如此层层递推，形成树状的企业科层组织。如果某些地区的业务相当重要且相对独立，科层组织就不再是严格的树状，而是呈现出业务—地区的两维矩阵式结构，地区总经理向集团的 CEO 汇报，其职权包含本地区内的销售、生产、供应链、后台职能；地区内的 BU 有两条汇报线，例如该地区的销售部门既要向地区总经理也要向集团销售部总监汇报。

公司每年确定总体经营目标，再将销售额和利润等指标逐层分解落实到 BU、工厂……根据全年实际执行和目标之差，决定各级管理者和员工的奖惩，作为完成总体业绩目标的激励和保障机制。

等级和职责分明的命令与控制型科层组织主导了 20 世纪的管理思想和实际操作，特别是 M 型和矩阵式组织有效地承载了标准化产品的大批量制造和销售，成为大型跨国公司的基准架构。

解决方案变成了问题本身

金字塔形科层制的兴起有它的合理性，由于单个管理者的管理幅度有限，一般不超过 8 个人，公司规模的不断扩大必然要求增设层级。如果有效管理幅度是 7 人，两层就可以管理 49 人，三层的管理幅度就达到 343 人。上万人的企业至少需要五层，超过 10 万人的企业则需要七层。有限的管理幅度源于信息的不对称和认知能力的限制，管理者不完全了解员工在做什么，他们是否充分发挥了自己的潜力，工作质量是否达到标准，员工之间能否进行有效的沟通与合作。赫伯特·西蒙称这一现象为"有限理性"[⊖]，他因这一思想以及对组织内部决策过程的研究而获得 1978 年的诺贝尔经济学奖，成为管理学家中唯一获此殊荣的人。

⊖　西蒙 . 管理行为 [M]. 詹正茂，译 . 北京：机械工业出版社，2014.

科层制解决了管理幅度和公司规模之间的矛盾，但带来了新的问题。随着层级的增加，总部的战略计划和业务指令向下贯彻的难度越来越大，每一级都会发生信息的跑冒滴漏、理解上的偏差和执行的时间滞后，累积起来的效率损失是惊人的。假设上级对直接下级发出的指令有 80% 得到执行，经过两级，能落实的剩下 80%×80% = 64%，五级约为 33%，而七级就只有约 21% 了，难怪大公司的总经理经常像政府的高级官员一样，无奈地感叹"政令不出总部大楼"。

不仅自上而下的指令传递和执行打了折扣，自下而上汇集的信息也会随着层级的增加产生越来越大的损耗。如果每一级的信息上传率是 70%，如图 10-1 的左半边，从车间到工厂，信息损失 30%，从车间到 BU 层面则损失 51%，损失率超过一半……如此上传，最高层的CEO 对基层情况能了解多少？这只是信息的自然损耗，上传的过程中还伴随着激励带来的人为扭曲问题。当公司高管需要数据制订业务计划时，下级必然高报生产和经营所面临的困难，以争取更低的业绩指标和更多的资源；如果是为了制定薪酬奖励政策，下级必然报喜不报忧，夸大自己的工作成绩。自然损耗加上人为扭曲，当信息到达总部时，与现实情况的差距可能大到足以使高管误判形势而做出错误的决策。信息的失真还会造成报酬与实际贡献的错位，挫伤一部分员工的积极性，削弱公司的总体执行力。

信息问题不只存在于上传和下达的路径上，科层制下的条块分割，使信息的传递受到内部组织边界的限制，沿着图 10-1 树状结构中的每一条路径，形成了"信息深井"或"信息孤岛"，很少跨 BU 和职能部门横向流动。斯隆意识到这个问题后，在通用汽车设立了 BU 高管委员会，促进 BU、部门之间信息和想法的分享。然而，这种半制度化的组织仅存在于高层，基层不可能用这种方式进行沟通。科层制本来是为了解决信息不对称的问题，现在却成了问题本身，制造出新的信息不对称。

较之信息失真更令管理层烦恼的问题是，科层组织结构在公司内部滋生出大大小小的利益集团，彼此争斗不休。既得利益通常沿着BU 或职能部门的条线形成，山头地盘也可能出现在地理区块中。无论条线还是区块，利益集团的产生不仅因工作关系朝夕相处，相互较为了解，还因为在官僚式的科层制中，理论上所有人都要对公司的总体经营目标负责，而实际情况是下级只对他的直接上级负责，因为他的直接上级在相当大的程度上决定了他的薪酬和升职。直接上下级的反向依赖同样存在，上级靠他的直接下级管理员工，完成公司的业绩指标。一层一层的利益嵌套，公司内部结成多个既协作又竞争的正式或非正式的小团体。

信息失真和小团体的存在使企业偏离了它的终极目标——为客户服务。层级越多，高管离市场和客户就越远，试想图 10-1 中右下角的客户需求要经过多少次汇报才能送至公司 CEO 的办公桌上？层级和部门越多，公司内部的利益小团体越多，公司政治越复杂，高管就要花费越多的精力协调层级和部门的关系，而没有精力了解市场需求和倾听客户的呼声，也没有时间和服务客户的员工在一起，关心和解决他们工作与生活上的问题。

科层组织对市场需求不能做出及时反应，在市场快速变化的今天，这对公司的发展十分不利。仍以图 10-1 右下角的客户为例，如果他对公司的产品质量不满意，先要找到客户经理，客户经理向公司的地区负责人报告，再沿着地区经理—客服总监—公司主管客服的副总（未在图中列示）—公司 CEO 的路线上报，CEO 有了关于改善质量控制的意见后，下达给图 10-1 左边主管产品的副总（未在图中列示），从公司主管产品的副总—产品 BU—工厂—车间……—最基层的操作员工，不知耗去多少时间，这还没有考虑部门之间的摩擦和利益冲突。在科层制的世界中，人人嘴上都说客户是上帝，其实心里都明白，真正的上帝是直接老板，宁可让客户等候也不能越级而犯组织错误。

科层制还有一个弊端是前线没弹药，而有弹药的不上前线。最接近市场和客户的基层业务人员手中没有资源，他们要走流程，向财务和人力等职能部门递交资源预算申请，得到批准后才能动用现有资源，或者从外部招聘和采购；离市场和客户最远的职能部门却掌握资源，有权决定资源的配置，而他们恰恰是最不了解市场需求的人。

科层制在很大程度上是制造经济的产物，斯隆体系首先出现在汽车行业，并非完全偶然。当通用汽车的研发部门设计出一款新车后，整个公司就像一部巨大的机器，高速运转起来，配置资源、安排生产，同时开展广告等营销活动预热市场。产品出厂后，组织运输，给渠道上的经销商送货。制造业流程上各个环节的不确定性较低，可以预测和事先计划，管理层最重要的任务就是确保执行到位，因此公司组织结构类似准军事化的官僚体制，也就不令人感到意外了。

“二战”之后，发达市场经济体经历了从制造经济到服务经济的转型，制造业占 GDP 的比重降到了不足 20%，公司的产出从物理产品变为服务，例如通信、金融、医疗、旅游等。物理产品的品质尚有客观指标或者可通过测试衡量，服务质量则全凭客户的主观感受进行评估，很难对各级管理者和员工做量化的绩效考核，科层制下公司经营指标的分解落实因此失去了基础，雇员的**尽责尽心**而非**执行力**成为客户满意从而公司成功的关键。服务经济时代的管理体系应该是什么样的？稻盛和夫先生通过日本航空公司的重整，总结出的阿米巴管理方法，[⊖]代表了有别于泰勒管理学和科层制的新思路。

　　实际上，在斯隆设计通用汽车的管理体系后不久，德鲁克就对科层制提出了尖锐的批评，并与斯隆多次当面交流。德鲁克具有远见地预言了"知识经济"的到来，认为企业需要从命令与控制型的科层组织转变为由知识工作者构成的"信息型组织"[⊜]，从按照职能划分的组织转变为面向任务或工作的团队。团队由来自不同领域，拥有不同背景、技能和知识的人组成，为完成某项特定的任务而一起工作，每个人都对团队的成功承担责任。[⊜]德鲁克所说的"团队"在相当大程度上与稻盛和夫的阿米巴类似，我们在下文讨论的企业细胞、自驱组织可被视为团队或阿米巴的延伸。

　　德鲁克进一步推测，相对于科层制，新型的企业组织可能是扁平的，管理层级减少，每个人都要承担分享信息的责任，而不只是单纯地执行上级的指令。我们如果视技术创新为知识经济的重要内涵，就会更加佩服德鲁克的先见之明，创新高度依赖个人的主动性和创造力，而科层组织严格限定个人的职责和可动用资源，影响了他们主动性和创造力的发挥。

　　从制造到服务，再从服务到创新和知识经济，传统的科层制越来越落后于经济的发展，人们苦于在很长时间里找不到替代方案，直到数字化互联网技术开辟了新的可能。

　　⊖　稻盛和夫 . 阿米巴经营 [M]. 曹岫云，译 . 北京：中国大百科全书出版社，2016.
　　⊜　德鲁克，马恰列洛 . 管理：下册 [M]. 辛弘，译 . 北京：机械工业出版社，2009：38.
　　⊜　德鲁克，马恰列洛 . 管理：下册 [M]. 辛弘，译 . 北京：机械工业出版社，2009：200.

层级压缩和职能简化

如上所述，科层制源于克服信息不对称的需要，但又创造了新的信息不对称。聪明的读者一定会想到，数字化互联网在相当大的程度上减少了信息不对称，应该有助于解决科层制的问题。的确如此，信息的流畅传递与快速汇集增加了有效管理幅度，为减少组织层级创造了条件。如果一个经理的管理幅度从 7 人增加到 10 人，则 1 万人的企业只需要四级，而不是之前的五级；如果管理幅度增加到 22 人以上，则三级就够了。在写作本书的调研过程中，笔者发现，主要业务已经数字化的企业，普遍在地域管理上取消了大区一级，在生产管理上取消了工段一级。

压缩层级尚不是数字化时代最重要的组织变革，公司管理体制的扁平化及其带来的结果，是科层制时代的企业管理者难以想象的，借用一个时髦的词，即具有"颠覆性"或革命性的意义。管理职能的平台化，管理（Management）转变为治理（Governance）和赋能（Enabling），为我们展现了一个崭新的组织结构，对于员工而言则是崭新的工作环境和激励机制。

在数字化的企业里，图 10-1 那样的树状组织结构可能依然以某种形式存在，除了层级减少，公司内部的职能大部分变为内部平台上的职能模块或者职能流程。以采购为例，当业务人员需要外购用品或设备时，他登录公司的管理平台，调用采购模块，提出申请和预算。系统自动审核采购申请是否符合公司现有规范和标准，如果通过则进入下一步，启动管理平台上的对外招标及财务流程。在所有相关流程都顺利进行的情况下，业务人员独立完成采购而不需要职能部门的协助和审批。当某一流程因不符合规定而中断时，业务人员会收到系统的提示，告诉他未能通过的原因，指导他提交补充信息。只有在线上的所有努力都无果时，他才会请求线下人员的帮助。

与采购相似，财务的核算与结算也可在管理平台上完成。仍以第9 章所讲的服装企业为例，在客户的身材尺寸数据输入电脑后，CAD定制化打板，把一件衣服分解为几十片布，同时自动生成每一片布的材料和工艺文件。布片由吊挂流水线送入车间，工人根据工艺文件的要求进行操作，在每一操作之前和完成操作之后都要扫描布片上钉的RFID，系统就此采集到人工和设备工时的数据，再根据事先存储的人员、材料、设备使用等成本标准，实时计算每一片布和每一件衣服的成本。传统财务部门的工作"润物细无声"地融入了生产流程，布料一片一结，客户的订单一单一结，而不必像过去那样等到月底再结算。财务工作的相当大一部分内容由系统完成，财务职能现在以流程和标准的制定为主，加上特殊情况的处理。

同样因为管理职能的平台化和模块化，企业的人力资源管理大大简化。在数字化的车间里，每一片布的每一道工序由谁完成，在哪一台设备上操作，用了多长时间，系统都有记录，因为这是一个万物互联的世界。电脑很容易算出某个员工每天做了多少工作，根据完成的工作量决定他的报酬，原先的绩效考核现在变成了简单的数字统计。人力资源管理的招聘工作也在线上完成，业务单元若有需求，相关人员打开招聘模块，线上征集和筛选简历，线上测试和约谈。当然，最终的面试仍是必不可少的，而且一定要在线下进行。

管理层级减少，管理职能简化，企业的市场反应速度大大提高。频繁和密切接触客户的基层单位可以在平台上尽快获得资源，组织生产，及时提供产品和服务。快速反应对创新经济尤为重要，企业需要敏锐地捕捉市场机会，设计和试制新产品，与潜在客户反复沟通，调整修改。如果仍像在科层制下那样，逐级上报，等待审批，企业就会贻误"战机"，若被竞争对手抢得头筹，创新的收益将大打折扣，甚至完全失去意义。在快节奏的市场上，第一个投放产品的企业往往可获得最高定价权，随着同类产品供给的增加，价格会不断走低，"时间就是金钱"的商业之道随着技术的进步越发重要。

层级压缩和职能平台化之后，企业的组织结构是什么样的？我们用图 10-2 给出概念性的说明。

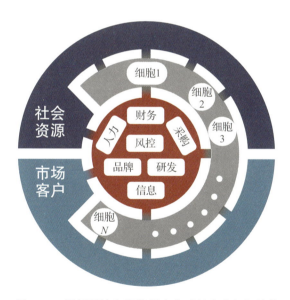

图 10-2　层级压缩和职能平台化后的企业组织结构

自驱动和自适应组织的兴起

官僚式层级缩减了，原来泾渭分明的业务和职能部门的划分模糊了，上下级的管理—负责关系变成了前台和后台的协作关系，员工不再是大树末梢的点，而是自组织细胞中的一分子。"细胞"一词生动地表达了新型企业组织的生物学特点，过去被称为**基层**的业务单元现在是**基本**业务单元，由机械式的组合变为交互融合，由上级根据需要而指定变为自行组织和自行演化，从被动和忠实地执行命令变为自主驱动和自行适应地完成任务。

一个制造业企业的细胞通常由 5～7 个技能不同的人组成，领头人具有较强的业务能力和组织能力，仿照生物学的习惯用语，我们称他为"细胞核"。细胞核在企业的平台上通过竞标承揽一项工作，比如开发一款能满足客户需求的产品。为此他和企业签订了一份内部合同，规定了与实际效益挂钩的风险分担和利益分享方法。他拿着这份合同，在企业管理的平台上发布告示，从员工中招收细胞成员，或者从外部招聘新人，组成内外人员混合的细胞。顺便说一句，招聘的操作是由管理平台上的标准模块执行的。

熟悉稻盛和夫管理模式的读者马上会产生联想，细胞不正是阿米巴组织吗？[⊖]而且"阿米巴"（Amoeba）这个词本来就是一种单细胞生物的英文名称。

如果说阿米巴是将市场机制和利润原则引入企业内部，数字时代的细胞组织则是从企业内部孵化和成长。传统的阿米巴模拟市场的运行，内部的协作单位模拟外部客户；而数字化企业的细胞直接面对市场竞争和外部客户，它像是一个独立的微型企业，可以自行获得客户与社会资源。细胞和单独企业的不同之处在于，前者背靠一个母体，从母体汲取营养，同时以提供利润分享的方式回馈母体；它也不必自

⊖　稻盛和夫 . 阿米巴经营 [M]. 曹岫云，译 . 北京：中国大百科全书出版社，2016.

建一套管理体系，依托母体的管理平台（见图 10-2 中心的圆圈）即可完成大部分的管理职能。

请读者注意，数字化企业的管理平台不仅为细胞服务和赋能，它对社会也是开放的，图 10-2 画了一条平台到市场客户的通道，意味着外部企业同样可使用中心圆盘上的多种功能模块，就像零售商使用亚马逊的交易平台一样。国内的一家知名企业开放了它的管理平台和资源平台，支持自己的员工和社会上的年轻人创业。平台使用者当然要付费，从企业的角度看，相当于把过去仅为内部服务的职能部门市场化了，或者说市场"渗入"了企业。

市场的渗入不仅由外及里，而且从里到外。企业细胞 1 到 N 的外面虽然还有一道"围墙"，但墙上开了多条通道，透过这些通道，细胞自主地与市场客户及外部资源所有者交互往来。在有闲置能力时，细胞可以承接外部的订单；而当企业内部资源不敷使用的时候，细胞也可寻找和签约外部的第三方供应商。

企业的边界正变得模糊。

如同生物界的细胞，数字化企业的细胞也在繁殖、裂变、成长或消亡。当一个细胞的工作量增加而发生人手短缺，或者面临新的挑战，现有成员难以应对时，细胞核可以招募更多的成员。一个积累了丰富实战经验的成员可以离开当前所在细胞，成为新的细胞核，在企业内部和外部的平台上招兵买马，组建自己的工作细胞，单独承接内外部业务。

有意思的是，在数字化互联网技术出现之前，我们在传统企业中就观察到了组织裂变的现象。例如某连锁餐饮公司实行师徒制，店长作为师傅带几个徒弟，徒弟学成后自己到外面开店，师傅可得到徒弟店面收益的一部分，消除了"教会徒弟，饿死师傅"的顾虑，师徒结成利益共同体，齐心协力扩大业务规模。过去店址和店长的选择是总部最困难的决策，甚至成为制约业务增长的瓶颈，现在这一集中权策被分布式的自然裂变所取代，熟悉市场和客户的基层店长充分发挥他们的积极性，取得了比总部决策更好的效果。由此可见，传统行业同样能做管理的创新，关键是洞察人性，建立顺应人性的激励机制，技术虽然是管理创新的有力工具，但它不是必要前提。

不仅细胞，企业整体的数字化也是自适应的，根据企业内外部的变化进行自我调整，具体表现为规则与流程的自动修改。当人们发现规则和流程不尽合理或者不能适应市场需求时，比如说某个财务流程，任何细胞都可以发起动议，由独立的委员会根据事先确定的决策程序，修改这个财务流程。委员会成员包括财务部人员、细胞所在业务单元的经理以及该流程涉及的其他部门人员。在这里，职能部门和业务经理管的是规则和流程，而不是员工和具体业务，他们和细胞之间不存在科层制中的上下级关系。发现问题修改流程的员工得到公司的现金奖励，成果计入 KPI 和公司贡献册，企业以这种方式鼓励员工积极参与改进企业治理。

管理学的与时俱进

以泰勒为代表的管理科学视企业为一部机器，人是机器上的零件，企业管理如工程一样服从物理学定律，管理的目标是生产效率的最大化。亨利·法约尔（Henri Fayol）深入地研究了企业的组织，率先提出按内部职能进行分工的原则，从组织设计的角度优化企业的效率[⊖]。

当管理随着企业产品的增加和规模的扩大而日趋复杂时，斯隆围绕产品线建立了如图 10-1 所示的事业部体系，适度分权以降低管理的难度，目的是尽可能地发挥大企业的规模经济效应，同时兼顾"通用汽车"品牌营销的协同效应。斯隆体系以金字塔形的层级权威为基础，贯彻执行公司的战略和经营计划。斯隆的产品条线和法约尔的职能条线两个维度，构成了企业的矩阵式组织结构，进入全球化时代之后，又增加了一个国家地区的维度，它对大型跨国公司的发展发挥了重大的作用。

在企业管理实践日益丰富的同时，经济学家从理论角度研究了管理中的分工、信息传递和激励机制等问题。20 世纪中期，诺贝尔经济学奖获得者赫伯特·西蒙提出"有限理性"概念，在很大程度上拓展了管理学的研究领域，企业不再以利润最大化为唯一目标，而是在多个目标间寻求令各方满意的平衡，企业不完全是可控的机械系统，它更像生物学中的有机体。西蒙等人对企业组织的研究侧重经验和规则而不是科学和理性的计算，[⊖]主张将经验和规则标准化为管理流程，西蒙意识到当时刚出现的电脑技术的未来潜力，预见了电脑执行这些流程的可能性。

在这一时期，信息论和心理学被引入管理学，管理不能忽视企业人员的需求、动机和欲望，同时也要意识到他们的知识储备、学习水平与问题解决能力是有限的。亚伯拉罕·马斯洛（Abraham H.

　⊖　法约尔. 工业管理与一般管理 [M]. 迟力耕，张璇，译. 北京：机械工业出版社，2021.
　⊖　马奇，西蒙. 组织 [M]. 邵冲，译. 北京：机械工业出版社，2013.

Maslow）系统地分析了人的需求，构建了著名的马斯洛需求层次理论[⊖]，对企业组织和激励机制的设计产生了深远的影响。虽然越来越重视人的因素，但无论企业的管理者还是学术研究者，仍把人看作实现公司盈利最大化的工具，而人和机器的不同仅在于人是需要激励的，管理学依然按照使命、愿景、战略、组织的顺序，自上而下地视员工为执行力的一部分，因此企业组织仍是命令控制型的，直到彼得·德鲁克敏锐地察觉到，当代经济的核心要素是知识，企业的核心竞争力是知识工作者[⊖]。

德鲁克认为，知识工作者必须被视为"资产"而不是人力资源"成本"，管理学的研究对象要相应地从体力工作者转向知识工作者。知识工作者的特点是"自带生产资料"，他们可以在任何一家需要其专业知识的企业就职，与体力劳动者相比，他们和雇主的关系是双向依赖的，因而更为平等。知识工作者的优先需求不再是经济安全感，而是马斯洛需求层次理论中的较高层次需求，如社会认同和自我价值实现。另外，知识工作者的生产效率很难量化衡量，传统的 KPI 考核方法不再适用，他们希望进行自我管理，拥有较大的活动空间和发挥创造力的空间。知识工作者的这些特点给管理提出了新的挑战，他们偏好灵活与富有弹性的工作方式，而传统管理要求的是标准化和系统化。如何解决这个矛盾？数字化互联网提供了新的思路。

笔者走访过几家正在进行数字化转型的企业，这些企业抓住新技术带来的机会，积极探索管理的重塑和组织的变革，"管理"一词被取消了，代之以"治理"或者"理正"。正者，正心明性；正者，合

⊖　马斯洛 . 动机与人格 [M]. 许金声，等译 . 北京：中国人民大学出版社，2012.

⊖　德鲁克，马恰列洛 . 管理：上册 [M]. 辛弘，译 . 北京：机械工业出版社，2009.

规中矩。正心即如华为公司那样，牢牢树立以客户为中心的理念。明性，就是承认和顺从人性。趋利、自主和自尊乃人之天性。管理者要尊重员工，平等待人，在创造客户价值的基础上，与员工分享利益。"理正"的另一层含义是建立和坚守规则，只要符合规则和遵循流程，就可以鼓励员工充分发挥个人的创造性和团队的自主性，让他们自己决定工作的目标、内容和方式；员工真正成为企业的主体，而不再是被管理的对象。员工从对上级负责转变为对客户负责，从生产线和业务线的附属品变成了服务客户的价值创造者，诚如稻盛和夫所言，现在人人都是经营的主角。

在这些企业中，科层制虽未绝迹但大面积地消失了，取而代之的是一种难以用图像表达的网状结构，网络的每一个节点代表一个细胞，即稻盛和夫的"阿米巴组织"或者德鲁克的"团队"[⊖]。如图 10-2所示，细胞既独立运行、独立核算又与其他细胞合作，接受大脑的指导，同时从企业这个大有机体中汲取营养。细胞的独立核算带来一个问题，当细胞甲与另一细胞乙合作，需要乙提供 IT 技术支持时，应该如何计算收入和成本呢？企业必须制定内部价格，甲按照内部价格支付的费用则构成了乙的收入。由于内部价格关系到方方面面的利益，定价不当可能使核算方法的客观性和公正性遭到质疑，增加各个细胞之间的摩擦和冲突。这也是为什么稻盛和夫一再强调，阿米巴组织的实施需要强大的公司文化和哲学的支撑，必须提倡顾全大局和奉献的精神，他的用意可能就在于缓和因利益相争而引起的紧张，协调各个阿米巴组织，确保实现公司的总体目标。然而，顾全大局的公司文化又和阿米巴的初衷相矛盾，在企业内部划小核算单位的本意就是亲兄弟明算账，用经营成果或利润的分享激励员工。个人主义的细胞

⊖　德鲁克，马恰列洛 . 管理：下册 [M]. 辛弘，译 . 北京：机械工业出版社，2009.

和集体主义的公司文化如何兼容？这真是件棘手的事情。

　　数字化技术有助于克服内部定价的困难，扩大细胞—网络型组织的适用范围。数字化企业中每个人的每一项操作都在系统中留下了痕迹，每一笔材料、能源、资金的消耗，每一台设备在每一时点的使用都在系统中有记录，成本核算客观、及时而准确。有了成本数据，企业可以根据统一的成本毛利率，计算内部转移价格。成本和毛利率的客观性保证了内部价格的公平公正，减少乃至消除细胞之间的摩擦和冲突，有利于在更大的范围上推广细胞—网络型组织。当内部转移价格由于某些原因无法实行时，企业可参考或使用市场价格。在数字化时代，收集价格信息的成本并不高，图 10-2 中的平台以及众多的第三方平台上有大量的市场交易发生，交易形成的价格即便不能直接用于细胞的收入—成本核算，也应该被各方认定为相对最好的计算基准。

　　尽管细胞—网络型组织具有诸多优点，如任务适应性好、市场反应速度快、创新能力强等，德鲁克仍视其为科层制的补充，他担心细胞或团队"拥有高度的自由，却又没有足够的自律性，不承担相应的责任"[⊖]。此外单个团队的成员不能过多，因为人多了便不利于团队长或细胞核协调和驾驭。数字化互联网技术的发展尚未完全消除德鲁克的这些顾虑，但已大大缓解自律不足和细胞规模带来的问题。因公司所有业务和管理操作在系统中留痕，数据实时收集与分析，管理层了解公司资源的使用和各个团队的绩效，并能及时向部门和团队提示风险，在这样的情况下，团队成员即使自律性差一些也不至于出现大的纰漏和绩效损失。同样因为有图 10-2 中管理平台的支持，公司可以在业务规模扩大时，继续保持单个团队的短小精干，通过增加团队的数

⊖　德鲁克，马恰列洛.管理：下册 [M].辛弘，译.北京：机械工业出版社，2009：203.

量来提高供应能力，而不必增加层级和管理人员。我们在本章的附录
10A 中会介绍支持细胞—网络型组织的业务中台，提醒读者注意管理
与技术之间的相互匹配和同步推进。

虽然数字化互联网技术增加了细胞—网络型组织的应用场景，但
这一组织方式更适合内部环节少、容易找到市场参照价格的服务型企
业，例如网游开发公司和营销公司。如果用利润考核细胞或团队的业
绩，收入等于市场销售额，成本主要是团队成员的薪资和使用公司资
源的费用，收入与成本之差即为利润。制造业的情况很不一样，从研
发、试制、批量生产、仓储运输到批发零售和售后服务，产品价值链
条长，上下游纵向协作的环节多，在某些环节上例如批量生产，又细
分为工艺设计、材料采购、粗加工、精加工、组装、测试等工序，各
个环节和工序上的收益和成本计算都要用到内部转移价格，数据分析
与测算以及跨部门协调工作都比较复杂。

讨论至此，我想提醒读者注意，在大多数情况下，企业的组织变
革需要强有力的技术支持，特别是内部纵向协作链较长的制造业。细
胞（团队）+ 平台的组织结构要求企业的全面数字化，在数字化的基
础上系统地梳理流程，将业务和职能流程从线下移植到平台上。在技
术支持不到位的情况下，盲目追逐潮流，推行"扁平化"或"无边界
组织"，不仅有可能打乱现有体系的运行，人为带来失控的危险，而
且实际效果恐怕还不如科层组织。

小　结

企业组织结构的设计取决于多种因素，外部环境和需求的不确定

性、市场竞争和创新的压力、信息不对称的程度、经济活动与工作的
性质、员工对工作方式的偏好等。在不确定性较低、工作任务相对简
单的制造业经济中，为了扩大企业规模，充分发挥规模经济效应，企
业采用了基于职能划分的科层制，以突破信息不对称造成的管理幅度
的限制。"二战"之后，世界各国纷纷进入德鲁克所说的知识经济和
创新经济，科层制的弊病越发凸显，德鲁克提倡的团队结构获得越来
越多的关注，稻盛和夫在管理实践中创造了阿米巴组织。数字技术的
发展减少了信息不对称，有效地增加了管理幅度，使企业有可能减少
管理层级，企业的组织结构趋向扁平化。此外，管理职能的平台化有
力地支持了团队的运作，灵活度大、创新能力强、适合"知识工作者"
的团队结构将在企业组织中发挥日益重要的作用。

附录 10A

业务中台和企业组织

企业组织形式没有"最优方案"，只要外部经营环境、商业模式、技术支持手段和企业组织之间互动互适，在开展业务的过程中以演化的方式不断改进，便可实现赫伯特·西蒙所说的"满意效果"。在附录 10A 中，我们以科技公司和服装定制企业（详见第 9 章和第 10 章）为例，说明业务中台与企业组织的关系，前者是典型的技术服务业企业，后者是数字化制造业的代表。两类企业的业务性质不同，数字化互联网系统的架构不同，但技术手段和企业组织相适应的原理是相同的。

"中台"通常指业务中台和数据中台，我们在这里着重介绍与企业组织密切相关的业务中台。关于业务中台和数据中台的联动，可参考本书第 9 章。

在第 9 章中我们提到，消费潮流的快速变化要求企业提高响应速度，笨重的科层组织难以满足这一要求，越来越多的企业开始关注和研究轻便灵活的小团队作战方式。芬兰的一家电子游戏开发公司超级细胞（Supercell）成功地采用了团队模式，由 5～7 人组成的细胞作为基本业务单元，自行选择开发项目，在尽可能短的时间里推出原型产品，投放到市场上测试，如果客户反响不佳就放弃掉，另寻新的项目，如果受到欢迎则迭代升级。这个商业模式的背后是功能齐全的业务中台，公司多年积累的游戏研发技术和体系沉淀在业务中台上，充分赋能团队，使得几个人的小团队用几周的时间就能开发出一款新的游戏[⊖]。

受到 Supercell 的启发，国内一家科技公司提出中台战略的构想并付诸实施。公司有多个事业部，2C、2B、团购、采购批发服务、营销方案、物流等，各事业部所需的 IT 技术支持不尽相同，又存在相当多的重合，几乎每个事业部都要用到业务中台上的服务例如用户中心和服务中心，与其每个事业部建立自己的 IT 系统，不如集团做通盘筹划，将共用和复用程度高的服务集中到统一的平台上，不仅降低系统开发和维护成本，更重要的是所有业务产生的数据都经过业务中台注入数据中台，有助于打破信息孤岛，实现数据的共享和统一管理。

业务中台上的服务中心执行按大类归集的功能，服务中心顾名思义由支持商品交易的服务模块组成，包括订单拆分、创建订单、付款……订单查询等，任何事业部的任一团队只要得到授权，即可根据自己的业务需要，调用这些服务模块，服务模块之间用 API 接口连接，构成完整的业务流程。业务服务模块既从数据中台调用数据，也将业务操作中产生的新数据存入相应的数据库。这里数据调用也采取服务的形式，例如完成一项交易需要订单、客户、商品等数据，系统从数据仓或数据湖中提取和编排相关的数据，形成数据服务（Data as a Service，DaaS），供各事业部的相关业务团队调用。

　⊖　钟华 . 企业 IT 架构转型之道 [M]. 北京：机械工业出版社，2017.

在业务中台和数据中台的支持下，公司的组织结构趋向扁平化，从树状演化为网状结构，形成大而强的中台、小而敏捷的前台，事业部的独立性提高，事业部内的细胞或团队有更大的自主性和发挥空间。

图 10A-1 表示一家制造业公司的中台架构，由流程层、企业服务总线（Enterprise Service Bus，ESB）、服务层和数据层组成。虽然和图 10A-2 一样，也是面向服务的架构（SOA），但二者存在几处明显的不同。第一，制造业公司采用了企业服务总线，而不像科技公司那样依靠接口连接业务和数据中台上的服务。第二，工业 3.0 时代的商业软件作为服务出现在制造业公司的架构图中，如 CAD、ERP 和 WMS 等。第三，制造业公司的业务中台增加了一个流程层。造成这些差别的原因是制造业和服务业的性质不同，还有工业软件业发展的历史原因，我们在下面就此做简要的介绍。

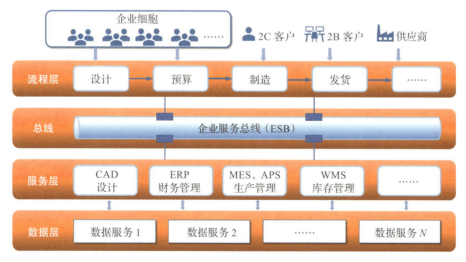

图 10A-1　制造业公司的中台架构

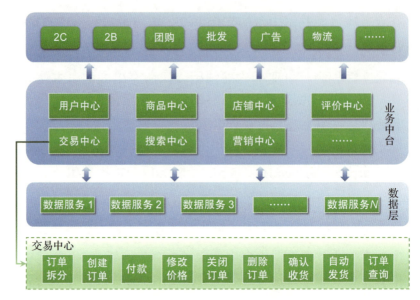

图 10A-2　科技公司的中台架构

工业 3.0 是大批量生产的时代，规模经济效应显著，软件供应商制作了以 ERP 为代表的功能软件，支持大型制造企业的生产和管理活动，取得了良好的效果，一旦停止使用或者大幅度修改这些软件，可能引起业务的混乱。另外，多家公司提供的功能和职能软件也形成了信息深井，达索的 CAD，SAP 的 ERP，西门子的 MES，Salesforce 的 CRM……彼此分立隔绝，数据流通不畅。进入工业 4.0 时代，企业需要统一管理和运营数据，服务总线应运而生。企业利用服务总线统一管理用户和应用服务的接口，连接不同厂商和不同版本的异质系统，实现数据共享。服务总线的另一任务是调用和编排服务功能，执行业务流程规定的操作。企业服务总线就这样成为业务中台的中枢，是 SOA 架构 IT 系统的核心基础设施。

科技公司没有采取设立服务总线的方式进行系统集成，原因之一是它们的 IT 系统多为自行设计和开发的，对于异质系统互联互通的要求不高。其次，图 10A-2 所示科技公司主要从事 2C 业务，订单密集，调用服务的频次高，如果都经过服务总线，可能会发生拥堵而造成响应速度下降，公司因此转而利用 API 接口联通应用服务。科技公司的业务中台架构图与制造业的另一不同是未标出流程层，这并不是说科技公司不需要流程层，而是因为公司的 2C 业务流程相对简单，各业务单元的流程相差不大，所以没有突出流程层作为理解系统工作原理的重点。

制造业公司使用业务中台的有内部的各个细胞、C 端个人客户、B 端团体客户（定制工作装）以及供应商。以一位 C 端客户为例，他用手机在家下单或者到门店量体和下单，系统收到订单后从流程库中调出 2C 的流程，第一个节点是板型设计，接下来是预算、制造、发货……每一个节点上的操作都会向企业服务总线发出服务请求，总线再调动相应的服务完成操作。

为了减少 IT 系统升级对现有业务的影响，在 2C 流程的设计阶段使用 CAD，财务预算用 ERP，生产用 MES 和 APS……这些工业 3.0 时代的商业软件现在作为服务部署在业务中台上，对各类用户开放。值得注意的是，成熟的商业软件一般而言集成功能过多，功能之间的耦合过紧，整体显得笨重，且开发周期长、更新缓慢和成本较高。数字化互联网时代的工业软件逐渐 SaaS 化，将大软件的功能拆分为独立的轻型服务模块，针对不同的应用场景将服务模块组合连接为流程功能软件，以此更好地满足多样和多变的市场需求。

只有在具备了业务中台能力的前提下，公司才能考虑扁平化和去中心化的组织结构，例如分布在国内外各地的门店不必再按大区、省、市分级管理，每个门店直接登录公司的业务中台，输入客户的订单，则自行启动从板型设计开始的流程。各个终端接受的订单汇集到公司，由 MES 和 APS 安排生产，相当于消费者通过业务中台使用公司的制造能力，这就是人们常说的 C2M。公司的细胞或团队也在业务中台上跑流程，如果是布料采购（流程与图 10A-2 所示的履单流程不同），需要调用的服务是招标、财务、审批、订货、合同、入库等，细胞的服务请求经企业服务总线传递到服务层，按顺序先后启动 ERP、OA 等相应的服务，完成采购流程。读者或许已经想到了，流程的线上平台化将使职能部门的精简成为可能。

业务中台的用户也包括供应商，仓库管理系统（WMS）随时检查原材料库存水平，若发现某些材料的库存低于阈值，即由中台向供应商发出补货通知，如果需要新的品种或供应商，则在中台上启动招标采购程序。

第 11 章

价值几许

网络带给人们的困惑不比惊喜少，其中之一就是公司的估值，股票价格既可以扶摇直上，也可以顷刻跌到谷底。

泡沫与网络齐飞

像所有的现代新技术一样，互联网带来的前所未有的可能性引发了人们的无限想象，投资大潮随之汹涌而来。在风险投资基金每个季度数十亿美元甚至上百亿美元资金的催化下，互联网公司如雨后春笋般冒出来，迅速成长。

1996 年 4 月雅虎上市，当天股价就翻了一番，那时纳斯达克指数在 1000 点左右。1997 年 5 月亚马逊上市，开盘股价上涨 31%。1998 年，社交网站 TheGlobe.com 上市第一天的股价收于 63.5 美元，比开盘上涨 606%，创下首日涨幅纪录，那时的纳斯达克指数已站上 2000 点。

神话般的财富创造让华尔街的投资客红了眼，纳斯达克指数两年后就冲破 4000 点，互联网公司的身价也跟着水涨船高。2000 年 1 月，美国在线宣布以 1810 亿美元的天价收购老牌的时代华纳公司，人们纷纷惊叹"新经济"的气贯长虹，"砖头加水泥"的"旧经济"则被弃之如敝屣。2000 年 3 月 10 日，纳斯达克指数创下了当时的最高纪录 5048.62 点。

1999 年美国有 457 家公司上市，半数以上实现首日交易股价翻番。陶醉在股价的旋风般上涨中，通信公司斥巨资争夺 3G 无线通信的牌照，同时进行一连串的收购，为此不惜大量借债。然而 3G 的收入遥遥无期，沉重的债务负担压垮了这些公司，其中一家是著名的世通公司（WorldCom）。为了掩盖经营和财务问题，世通假造会计报表，欺骗投资者。投资人从迷梦中醒来，注意到很多互联网公司依然没有利润，市场于是怀疑高股价的合理性与可持续性，在没有明显触发因素的情况下，股价调整开始了，纳斯达克指数迅速从高位下跌。

2001 年 4 月 TheGlobe.com 退市，股价 16 美分。2000～2002 年，投资者在泡沫破灭中的损失高达 5 万亿美元。[⊖] 2002 年 10 月 9 日，纳斯达克指数跌至历史新低点 1114.11 点（见图 11-1）。

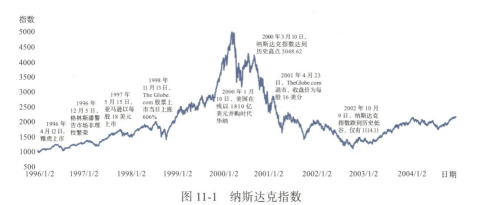

图 11-1　纳斯达克指数

"阳光下没有新鲜事"，现代网络从问世那一天起，就和金融、投机、泡沫和恐慌结下不解之缘，每一波网络冲击都以我们预想不到的方

⊖　Gaither Chris, Chmielewski Dawn C. Fears of Dot-Com Crash, Version 2.0[J]. Los Angeles Times, 2016, 7(16).

式，改变了这个世界，每一波冲击也都以我们预想不到的方式，掀起了资本市场上的狂澜。在斯托克顿—达灵顿铁路线建成的 1825 年，英国废除了《泡沫法案》，这个法案是在 1720 年南海泡沫破灭后，为了抑制投机而推出的，该法案规定股份公司的股东不得超过五人。随着这个法案的终止，实业投资和股市投资的大门敞开，铁路公司如雨后春笋般涌现，股票价格随着投资者的热情而高涨，但不久后也就是在 1827 年出现了一场小股灾，股价的下跌导致新注册的 600 家公司倒闭了 400 家。[⊖]

19 世纪 40 年代初期，英格兰银行降低利率，促使资金离开政府债券市场，转而投资铁路。铁路公司乘机大举融资，一时间鱼龙混杂，有些人拿着胡乱草就的计划书获得设立公司的许可，政府也采取放任自流的态度。铁路公司允许投资者首期仅支付 10% 的现金购买股票，其余 90% 由公司提供资金，在公司规定的时点上偿还，这相当于给股市投资者放了 10 倍的杠杆融资。疯狂炒作下，1844～1846 年，英国铁路公司的股价指数翻了一番（见图 11-2）。[⊜]

1845 年，英格兰银行提高了利率，报纸不断揭露铁路公司弄虚作假和混乱的管理，市场上经常传出公司倒闭的消息，投资者逐渐冷静下来，怀疑铁路投资能否达到预期的高收益，铁路股票价格开始下滑。铁路公司见势不妙，要求投资者交付那 90% 的融资，投资者被迫在市场上抛售股票，引发股价的螺旋式下跌。铁路股票指数于 1850 年回到了 20 年前的起点（见图 11-2），很多中产阶级家庭在泡沫破灭中损失了所有的积蓄。或许新技术的普及之路就是泡沫铺垫的，英国的铁路建设在市场风云激荡中突飞猛进，1844～1846 年完成了 3500 英里（见图 11-3），仅 1845 年一年就融资 1.3 亿英镑。

⊖ 霍默，西勒.利率史 [M].肖新明，曹建海，译.北京：中信出版社，2009：170.

⊜ Andrew Odlyzco. Collective Hallucination and Inefficient Markets: The British Railway Mania of the 1840s[J]. Social Science Electronic Publishing. 2010: 6-7.

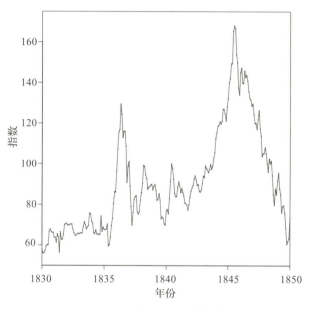

图 11-2　英国铁路股票指数

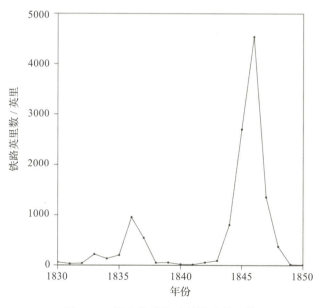

图 11-3　议会批准修建的铁路英里数

图 11-2 和图 11-3 中极为相似的曲线告诉我们，泡沫的逻辑其实很简单，一个动人的故事加上资金足矣。互联网重复着技术创新的悲喜剧，人类的贪婪与恐惧从未改变过，舞台上更换的只是演员和道具。

回顾那些疯狂的年代，极度乐观的人们天真地相信，在互联网塑造的"新经济"中，经济学原理将被改写，通货膨胀和经济周期循环将成为历史，人类可以享受财富的无限增长。传统的资产估值方法也失效了，以现金流和利润为价值源泉似乎是史前时代的算术逻辑，新经济中的公司不必赢利，甚至不必有收入，现在只要看客户数和增长速度、点击率、市场份额，或者仅凭公司的名称就可以决定股票价格。Dot-com 这几个字母具有神秘的魔力，带有这个后缀的公司就是未来财富的化身。这使我想起了 2015 年发生在中国的一幕，5 月 11 日，上海多伦股份发布公告称，将公司名改为"匹凸匹金融信息服务（上海）股份有限公司"，并变更业务经营范围，声称要成为互联网金融第一股。显然，"匹凸匹"的谐音是当时风靡全球的概念 P2P，果然，公司股价当天应声涨停。

全世界的投资者看上去都一样，没有什么文化分别。

经历了繁荣和毁灭的轮回洗礼，纳斯达克如今在 11 000 点波动，未来的道路会像过去一样崎岖颠簸，毫无疑问的是，科技公司已脱离了躁动的少年期，正变为世界主要经济体的一支成熟力量。2019 年一季度，世界十大市值公司中有 7 家是科技公司，其中包括排第 7 和第 8 位的阿里巴巴和腾讯；而 10 年前的十大中只有微软和 AT &T 两家，分列第 6 位和第 7 位。$^{\ominus}$ 有意思的是，2019 年初，按营业收入排名的世界十大公司都是零售、石油和汽车等传统行业，科技公司没有一家

　　$\ominus$　https://en.wikipedia.org/wiki/List_of_public_corporations_by_market_capitalization.

入围[⊖]，科技公司在市值上的超越基本上靠高估值，也就是投资者评估的价值。

理性分析"非理性繁荣"

公司价值多少，取决于它的赢利能力以及投资者对赢利能力的估算。从投资者的角度看问题，投资一家公司的终极目的是赚钱，而赚钱有两种途径，**分红**和**资本增值**。我们先看分红模式。设想一家公司只存续两年，第一年净利润 4 元，第二年净利润 5 元，不考虑时间折现，这家公司价值多少？显然是 9 元。如果公司只有一股，则公司股票的价值是 9 元。如果说这些数字看上去与现实世界中的相差太远，我们可以把每个数都乘上 10 万，变成 40 万元、50 万元和 10 万股，或者同时乘上 100 万，本章的所有结论都保持不变。

用符号表示，公司的价值（V）表示为：

$$V = E_1 + E_2 \qquad (11\text{-}1)$$

式中，E_1 和 E_2 分别是今明两年的净收益，当 $E_1 = 4$，$E_2 = 5$ 时，公司价值为 9 元。

看似简单的公式（11-1）表达了一个最基本的估值原理：**盈利是公司价值的唯一源泉**。如果公司经营 N 年，其价值就等于未来 N 年的盈利总和，加上结束经营时可在市场上出售的剩余资产价值，比如老旧的厂房和设备。考虑到金钱的时间价值，我们用一个折现率将未来盈利转换为今天的现金再加总，这就是金融学中最常用的**净现金流折**

⊖ https://fxssi.com/top-10-profitable-companies-world.

现（Discounted Cash Flow，DCF）估值模型。为了保持叙述的简洁，我们在下面的讨论中忽略时间价值和公司结束经营时的残值。

如果公司股票的当前市场价格正好是 9 元，投资者在二级市场上买股票，价格等于价值，不赔不赚。当股价是 8 元时，你用 8 元买下了 9 元的公司盈利，投资收益率为（9-8）/ 8×100% = 12.5%，这就是买股票赚钱的第二种途径——资本增值。如果公司价值在市场上被高估，股价为 10 元，这时进场你就要亏损（10-9）/10×100% = 10%。

除了公司的整体价值，投资者还喜欢用市盈率（PE）来衡量公司的**相对估值**。市盈率是个倍数，等于当前股价除以当期每股盈利。在股价等于每股真实价值的情况下，上面这家假想案例公司的市盈率为 $P/E_1 = 9/4 = 2.25$ 倍。2.25 倍的市盈率看上去有点低，这是因为我们假设公司只运营两年。倘若公司存续 10 年，净利润均匀分布，每年 4 万元，读者可自行验证，市盈率就变成了 10 倍。从这里可以看出，未来利润相对于当前利润越大，市盈率越高；或者市盈率越高，说明投资者越看重未来利润。

市盈率是资产的相对估值指标。假如有 A、B 两家公司，市盈率分别为 10 和 15，人们一般会说 A 公司的股票比 B 公司便宜，因为你花 10 元钱可买到 A 公司的 1 元盈利，买 B 公司的 1 元盈利却要花 15元。对于同一家公司，例如 A，如果去年的市盈率是 20，今年市盈率是 10，我们就说 A 公司的股票今年比较便宜，今年比去年更适合买入。如此看来，投资岂不是件很简单的事情？买入市盈率低的股票，卖出市盈率高的就可以了。

单看市盈率不能做出好的投资决策，市盈率等于当前股价除以当期每股盈利，这个指标没有反映出未来盈利，因此不是越低越好。在

很多情况下，低市盈率表明投资者对公司未来的盈利增长不乐观，即
"便宜没好货"，他们反而买入市盈率相对较高的公司股票。改写一下
公式（11-1），我们可以很清晰地看到市盈率和盈利增长的关系。令 g
为净利润增长率，则 $E_2 = E_1 (1 + g)$，市盈率表达为

$$\text{PE} = P/E_1 = (E_1 + E_2)/E_1$$
$$= [E_1 + E_1 (1 + g)]/E_1 = 2 + g \qquad (11\text{-}2)$$

对于上面的简单案例，净利润增长率 $g = (E_2 - E_1)/E_1 = (5-4)/4 = 0.25$，市盈率为 $2 + g = 2 + 0.25 = 2.25$，和前面得出的结论是一致的。

公式（11-2）说明，公司的盈利增长越快，市盈率也就是公司的估值越高，因此互联网公司的高估值是有道理的。这个公式也告诉我们，市盈率高的股票虽然显得有些贵，但很可能是物有所值。如图 11-4 所示，纳斯达克综合指数成分股公司的整体估值明显高于道琼斯工业平均指数成分股公司，因为前者以科技公司为主，后者则因包含了传统行业公司，盈利增长低于前者。近年来，纳斯达克综合指数市盈率大约是道琼斯工业平均指数的 1.5～2 倍，而公式（11-2）似乎得不出两倍之差，原因仍然在于我们的假想案例公司只经营两年，不能体现净利润增长率 g 的多年复利乘数效应。

简单公式（11-2）的复杂之处在于 E_2，我们仅知道今年的盈利 E_1，明年的盈利 E_2 尚未发生，投资者只能根据现有的信息预测 E_2 以计算公司的总体价值，因此 E_2 的准确定义是**预期盈利**。虽然预期盈利不是凭空臆想的，而是有一定客观事实和数据支持的，但在相当大的程度上是主观的，市场参与者个人的风险偏好、知识结构、分析方法、心理状况都影响他们对公司的看法。所以资本市场上永远都是众

说纷纭，估值不存在客观、科学和统一的标准。正因为估值的差异，有人看多想买，有人看空想卖，市场才有交易。

图 11-4 道琼斯工业平均指数与纳斯达克综合指数市盈率对比

人们熟知的投资家巴菲特从来不碰科技股，除非公司进入成熟期，收入稳定了之后再研究和买入，例如巴菲特管理的伯克希尔 – 哈撒韦基金 2016 年才开始持有苹果公司的股票。巴菲特坦率地说他看不懂科技股，他的投资哲学是不懂的坚决不投。我们可以说，巴菲特的知识结构决定了他对公司价值和风险的评估与华尔街的主流投资人不同。

有些投资者喜欢承担高风险以获取高收益，这或许是因为他们对技术的理解深刻，或许是因为他们天生就是乐观派。预期互联网公司未来的利润呈爆发式增长，眼下哪怕只有微利甚至亏损都没有关系，只要它们能尽快搭起平台，产生双边市场效应，更理想的是形成生态圈，带来神奇的梅特卡夫效应。回顾第 4 章，网络的价值和节点数的平方成正比，只要越过了盈亏平衡点，利润就呈指数级增长，这样的前景实在太诱人了，值得为之一搏。

梅特卡夫效应和估值

2014 年脸书以 190 亿美元的天价收购了 WhatsApp[○]，一个成立了 5 年的社交网络公司，公司有 52 个雇员，年收入约 2000 万美元，估值竟然如此之高，用我们上面的公式无论如何都算不出来。马克·扎克伯格和他的收购团队究竟是怎么想的？ 11 天就做出收购的决定是否太草率了？脸书给出的官方说明是通过收购获得的用户对公司极具价值。彼时 WhatsApp 有月活跃用户数为 4 亿，主要分布在美国和中国之外的地区，和脸书在美国国内的巨大优势形成互补，并且正以比脸书更快的速度指数增长。

从梅特卡夫效应的角度看问题，190 亿美元的价格也许不算太过离谱。收购之时脸书有月活跃用户数为 12 亿，由第 4 章的公式（4-2）可知，公司的理论价值是 $k_2 \cdot (12 亿)^2 = k_2 \cdot 144 \times 10^{16}$，收购之后的理论价值为 $k_2 \cdot (12 亿 + 4 亿)^2 = k_2 \cdot 256 \times 10^{16}$，脸书的理论价值因收购 WhatsApp 增加了约 78%！脸书当时的市值约为 1500 亿美元，付出 190 亿美元购买 WhatsApp，看上去像是一笔很划算的交易。除了成本收益分析，脸书可能还有战略性考虑，防止 WhatsApp 落入竞争者之手，或者担心这家快速成长的公司威胁到脸书在社交媒体的统治地位。

○　https://www.bbc.com/news/business-26266689.

　　传统的金融学估值方法在互联网行业屡屡遭受令人难堪的挫折。同样是 2014 年，网约车公司优步发起了一轮融资，估值 170 亿美元。纽约大学金融学教授埃斯瓦斯·达莫达兰（Aswath Damodaran）认为这是资本的傲慢，公司其实不值这么多钱。他估算了全球出租车市场规模、优步未来的市场份额和可能的收益，并用经典的净现金流折现法，得出公司的价值约为 59 亿美元[⊖]。一位风险投资公司的合伙人比尔·格利针锋相对，他不仅断定 59 亿美元远远低估了优步的价值，而且指出了教授估值方法的错误——忽视了优步的双边市场效应。

　　回到本书第 4 章，双边市场效应是供给和需求之间的正向互动：打车的人越多，愿意利用业余时间当出租车司机挣点外快的私家车主越多；出租车越多，打车越方便，则打车的人就越多，先前有些自驾车上班的人现在改成打车了。达莫达兰教授的失误在于假设市场总需求不变，而实际上通过引入新型的供给，优步创造了新的需求，市场需求随着优步业务规模的扩张而增长。尽管市场双边的正反馈很难定量描述，但完全忽略就会产生估值的重大偏差。

　　优步随后的融资估值一轮比一轮高，达莫达兰教授公开承认了自己的错误。2019 年初，优步在纽交所上市，IPO 发行价为 45 美元，市值高达 755 亿美元。

　　就商业的本质而论，达莫达兰教授和投资家格利的分歧并没有估值数字显示的那么大。两人都视公司的盈利为价值的唯一源泉，或者说两人使用的都是净现金流折现法，只不过格利凭借他投资互联网的

　　⊖　帕克，埃尔斯泰恩，邱达利.平台革命：改变世界的商业模式 [M].志鹏，译.北京：机械工业出版社，2017.

经验，正确地预见到了供给对需求的促进作用，大幅提高了优步的预期收入，而达莫达兰仅在"正常的"市场需求前提下做出他的预测。表面上看，两人是估值之争，实质是对互联网商业模式理解的差异。投资家的商业直觉肯定比大学教授更为敏锐，格利的胜出并不令人意外。

苹果是一家世界领先的科技公司，它的市盈率近年来在 20～30 倍，其产品虽然技术含量很高，但是销售手机、电脑等硬件，商业模式既不具备梅特卡夫效应，也没有双边市场效应。虽然苹果有个巨大的 App 生态圈，经历了高增长，目前已趋于平稳。评价公司的赢利能力，主要看它能否推出热销的新产品，销量越大则研发的规模经济效益越好。换句话说，从估值的角度看苹果公司，它更像传统的制造业企业而不是互联网公司。

我们在本书的第 3 章和第 4 章中介绍了梅特卡夫效应、双边市场效应、规模经济效应和协同效应，以及节点互动和这些效应的关系。投资者虽然不能根据两章中的公式精准地计算公司的价值，但可以从网络的丰富程度辨识这些效应，为估值提供定性的指导。社交网络节点的互动最多也最为频繁，产生了最强的梅特卡夫效应，理论上应该具有最高的估值，双边市场效应次之，在其他条件相同的情况下，仅用互联网做销售工具的企业如零售、共享单车、P2P 等类型的估值最低。图 11-5 大致反映了这样的排序，社交平台脸书的市盈率长期高于谷歌，谷歌的主要收入来源是搜索，而搜索的网络结构是一对多的点状放射（见第 4 章图 4-6），看上去甚至不像一张网。苹果公司线下卖硬件，和梅特卡夫效应、双边市场效应不沾边，它的估值又在脸书和谷歌之下。

市盈率（%）

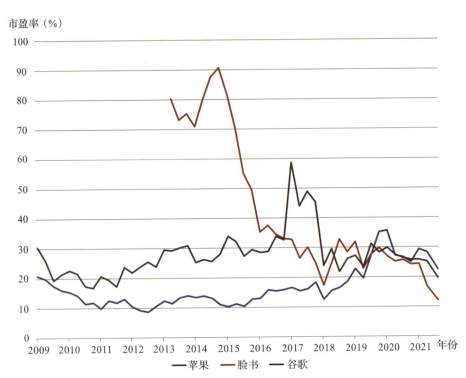

图 11-5　苹果、脸书、谷歌的市盈率

　　脸书近年来估值下降的主要原因是它的扩张已接近天花板，市场基本处于饱和状态，导致日活用户数的增长不断放缓，从 2020 年初的 4.6% 滑落到 2021 年底的几乎为零。不仅如此，在字节跳动等竞争对手的压力下，脸书的用户时间也在减少。2022 年 2 月 3 日，脸书发布了 2021 年四季度的财报，当天股价下跌 26%，标志着市场对公司的看法发生了重大的转变——曾经高速增长的科技公司进入了成熟期甚至衰退期。这是任何成功的公司都会经历的阶段，脸书也不例外，它现在亟须开辟第二增长曲线。2021 年 10 月，脸书更名为"Meta"，聚焦于建立"元宇宙"，扎克伯格表示这将是下一个前沿领域。

　　估值取决于多种因素，网络节点互动的效应仅为其中之一，梅特卡夫效应和双边市场效应能否转化为公司的收入，归根结底要看公司的产品和服务。

　　到目前为止，我们都围绕着盈利讨论公司的估值，为什么一些科技公司长期没有盈利，市场也给出了数十亿甚至数百亿美元的估值呢？比如大名鼎鼎的亚马逊在很长一段时间里只有微利或亏损，一批忠诚的投资者不弃不离，坚持用自己的真金白银给出传统理论无法支持的估值，难道他们是非理性的吗？

　　"理性"的含义是投资收益最大化，这个词在金融学中通常和基本面投资等价，而基本面就是按照未来盈利估算的公司价值。如果投资者都是理性的，资产价格应该反映公司盈利哪怕是预期的未来盈利。但股价持续偏离基本面的现象告诉我们，市场上长期存在着"非理性"投资者。非理性投资者或者纯粹是为了寻求赌博的刺激，或者根本不懂资产估值的原理，追涨杀跌，跟着热门概念和价格趋势走，例如 2000 年前后纳斯达克的互联网股票、近几年在国内异常火热的人工智能和区块链概念。

　　市场上既有理性的也有非理性的投资者，这个现象不奇怪，奇怪的是非理性例如趋势投资的经久不衰。按照常规金融学的推理，非理性投资者违反了市场规律，在遭受了亏损之后，他们或早或晚都将退出市场。然而现实是趋势投资人即通常所说的"韭菜"展现了顽强的生命力，他们从未消失，而且不断地制造泡沫，激发市场的活力并带来交易量，就像啤酒泡沫之于啤酒爱好者一样。这又该如何解释呢？

另类理性

　　理性投资者根据公司的赢利能力买卖股票，这并不是说基于盈利的投资是市场上的唯一理性。在很多情况下，忽略甚至完全不看基本面的趋势投资也可以是理性的。当某一概念比如互联网兴起时，资金一波一波地进入市场，先进入市场的以低价买到股票，待股价涨起来之后及时抛售，卖给后来者，套现获得可观的收益。这样的行为难道不是理性的吗？

　　近年来对复杂系统的研究为我们提供了理解资本市场的另一个视角。市场由各种各样的投资者组成，每个人都是独立的理性行为人，同时又要和众多的他人互动。投资如下棋，棋手要计算每一步的得失，但又无法算出准确的结果，因为每一步的得失同时取决于对手怎么落子，而对手的思考和计算是观察不到的。股票市场就更复杂了，那么多人和你博弈，你必须预测但又无法确知他们每一人是怎么想的，你只能看到分散决策的宏观表象即股票价格的变化。局面的复杂使一些人不相信经典的金融学模型能给出制胜的投资策略，还有更多的人不知道如何使用这些模型，他们通过实战总结出各不相同的和简单的决策规则，规则可能是计算基本面的"理性"投资，也可能是追涨杀跌的"非理性"趋势投资。

　　股价上涨时，你很自然地认为，市场上的大多数人看好公司的未来，如果搭上这一波行情，又能在价格下跌前抛掉，投资收益就到手了。这就是追涨的逻辑，杀跌的逻辑与此相同，只不过方向相反而已。如何判断行情的时点和幅度，经验和直觉就非常重要了，缺乏经验的新手自然会跟随巴菲特那样的常胜将军。从这个角度看问题，"跟风"也未必是非理性的。

单个投资人根据市场价格的变动计算自己的投资收益，不断修改他的决策规则以提高投资收益。《复杂经济学》[○]的作者布莱恩·阿瑟利用电脑模拟市场的运行，传统金融学中非理性的趋势投资可以成为提升投资收益的理性选择，并且在一定的条件下，基本面加趋势的混合投资策略能够取得比纯粹基本面更好的效果。如此看来，"非理性"不过是面对无法解释的现实，理论家们摆脱尴尬的遁词罢了。

回到我们前面的话题，股价偏离公司盈利，造成互联网公司估值奇高，既可能是赌博心理驱使，也可能是市场上正常的"理性泡沫"。

为互联网泡沫恢复名誉，对于市场中的实际操作者似乎没有多大的帮助。遗憾的是，对于预测未来，无论是未来的盈利还是未来的前景，除了思考的框架和定性的分析，理性所能提供的确实非常有限。投资与其说是科学，不如说是一门艺术。

小　结

互联网如同所有的新技术一样，在资本市场上掀起阵阵投资狂潮，资产价格屡屡被学院派分析人员认定为泡沫，也屡屡让他们预测落空而感到难堪。一方面，互联网公司的创业者和投资者相信技术的魔力；另一方面，理论家们往往低估了互联网的梅特卡夫效应和双边市场效应。市场实践者如果多一点理性，或许可以避免无谓的损失，尽管理性很少能作为探索未知领域的指路明灯。学者若想捍卫理性的尊严，则需要不断地思考理性的内涵，甚至重新定义理性。严密的演

○ 阿瑟.复杂经济学：经济思想的新框架 [M].贾拥民，译.杭州：浙江人民出版社，2018.

绎逻辑只是理性的一种而非全部的表达方式，看上去松散的、不那么可靠的和不那么"科学"的归纳法同样属于理性的范畴。市场是复杂的，演绎逻辑的推理只能提供极为有限的答案，基于简单规则的决策虽然谈不上"最优"，却是可行的且经常产生不错的效果。

彼得·德鲁克全集

商业模式的力量

书号	书名	定价	作者
978-7-111-54989-5	商业模式新生代（经典重译版）	89.00	（瑞士）亚历山大 • 奥斯特瓦德 （比利时）伊夫 • 皮尼厄
978-7-111-38675-9	商业模式新生代（个人篇）：一张画布 重塑你的职业生涯	89.00	（美）蒂姆 • 克拉克 （瑞士）亚历山大 • 奥斯特瓦德 （比利时）伊夫•皮尼厄
978-7-111-38128-0	商业模式的经济解释：深度解构商业模 式密码	36.00	魏炜 朱武祥 林桂平
978-7-111-57064-6	超越战略：商业模式视角下的竞争优势 构建	99.00	魏炜 朱武祥
978-7-111-53240-8	知识管理如何改变商业模式	40.00	（美）卡拉•欧戴尔 辛迪•休伯特
978-7-111-46569-0	透析盈利模式：魏朱商业模式理论延伸	49.00	林桂平 魏炜 朱武祥
978-7-111-47929-1	叠加体验：用互联网思维设计商业模式	39.00	穆胜
978-7-111-57840-6	工业4.0商业模式创新：重塑德国制造 的领先优势	39.00	（德）蒂莫西•考夫曼
978-7-111-55613-8	如何测试商业模式	45.00	（美）约翰•马林斯
978-7-111-30892-8	重构商业模式	36.00	魏炜 朱武祥
978-7-111-25445-4	发现商业模式	38.00	魏炜

我不能教人任何知识，而只能让他们思考。

——苏格拉底